一本书看透企业信用风险

信贷/投资尽职调查方法论

邵　军　唐海艇◎著

中国金融出版社

责任编辑：黄海清
责任校对：潘 洁
责任印制：程 颖

图书在版编目（CIP）数据

一本书看透企业信用风险：信贷/投资尽职调查方法论/邵军，唐海艇著.—北京：中国金融出版社，2020.12
ISBN 978－7－5220－0852－3

Ⅰ.①一… Ⅱ.①邵…②唐… Ⅲ.①企业信用—风险管理—研究 Ⅳ.①F830.56

中国版本图书馆CIP数据核字（2020）第204328号

一本书看透企业信用风险：信贷/投资尽职调查方法论
YI BEN SHU KANTOU QIYE XINYONG FENGXIAN:
XINDAI/TOUZI JINZHI DIAOCHA FANGFALUN

出版发行 中国金融出版社
社址 北京市丰台区益泽路2号
市场开发部 （010）66024766，63805472，63439533（传真）
网 上 书 店 http://www.chinafph.com
（010）66024766，63372837（传真）
读者服务部 （010）66070833，62568380
邮编 100071
经销 新华书店
印刷 保利达印务有限公司
尺寸 169毫米×239毫米
印张 16.75
字数 224千
版次 2020年12月第1版
印次 2020年12月第1次印刷
定价 60.00元
ISBN 978－7－5220－0852－3

序

企业是细胞，经济是肌体，金融是血脉。企业兴则经济兴，经济兴则金融兴。反过来讲，金融活则经济活，金融稳则经济稳。中国经济正处在结构调整的阶段，推动供给侧结构性改革和高质量发展的重要内涵，就是要充分释放微观主体的市场活力。推动金融回归支持实体经济的本源，增加金融资本对实体经济的有效供给，对实体企业发展将形成重要支撑，对推动中国经济高质量发展至关重要。

在防范重大金融风险攻坚战中，资金空转、产品多层嵌套、影子银行等金融乱象得到大力整治。在严格金融监管、收紧金融资金的政策语境下，实体经济融资受到了一定程度的冲击。2020 年初以来，为有效应对新冠肺炎疫情，落实中央“六稳”“六保”相关要求，金融资本加速流入实体经济，但仍未达到预期效果。灵活适度的货币政策要充分实现其政策意图，必须借助金融机构风控制度的筛选机制，将科技含量高、市场效益好、运行质态优的企业与资质较差的企业乃至僵尸企业区分开来，把资金精准滴灌给健康的市场主体，形成经济与金融良性互动、互相促进的良好局面。所以，要打通金融资本进入实体经济的“最后一公里”，各类金融机构要在操作层面形成强大的信用风险识别能力，摆脱抵押物依赖，打破基层“不愿贷”“不敢贷”的困局。

本书站在金融机构业务一线的视角，着眼于提高尽职调查工作水平，提高对企业信用风险的识别能力，为广大金融从业者提供了全新的学习素材。对进一步促进产融结合，加强金融机构对实体企业的理解与信任，具有较强的现实指导意义。本书不仅介绍了尽职调查相关知识，更是总结出了一套工作方法，还推荐了多本尽职调查实务领域的优秀书籍，为读者进行系统学习提供了方便、指明了方向。书中讲述的二十余个业务案例，非常生动地呈现了尽职调查的全过程，让人读起来感到轻松。

本书第一作者邵军是我院2003级经济系的硕士研究生，在公司授信业务一线摸爬滚打十余年，积累了较丰富的尽职调查工作经验，也经历了风险处置的深刻教训。难能可贵的是，在繁忙的工作之余，他坚持学习、思考与总结，形成这样创新、理性、务实的工作成果。在推动金融业高质量发展的当下，这本书可谓生逢其时，我很乐意向广大读者推荐本书。

沈坤荣

南京大学商学院院长

二〇二〇年八月

金融资产荒的成因及发展趋势

近年来，不少上市公司、地方国企、央企、“冒牌央企”先后违约，地方政府融资平台的债务违约若隐若现。金融机构突然发现，长期以来坚持的“国企信仰”被打破了，“上市公司信仰”碎落满地，“平台信仰”出现动摇。“房住不炒”终于勒住了房地产行业一路狂奔的缰绳，在监管部门坚毅的目光下，金融资金不敢也不能大肆进入房地产。过去看爹（股东）、看脸（信用评级）、看出身（国企还是民企）、看家产（优质抵押物或强担保）的金融文化，越来越不适应新时代的业务场景。国有企业、融资平台在金融机构长期“惯养”下，差钱的早已债务高企，承担更多债务的空间有限，不差钱的继续不差钱，不融资或很少融资。传统抵押文化面临诸多挑战：不动产价格快速上行时期宣告结束，甚至出现下行风险；抵押物价值太大或被分割抵押，导致难以处置；基于互联网、黑科技的新业态层出不穷，它们大多轻资产运行而无法提供抵押物。于是，资产荒——出现了。

新《证券法》正式施行，股市注册制改革已然到来，垃圾股加速退市。“忽悠式重组”等以短期市值管理为目标的资本运作行为逐步回归理性，并购重组越发重视背后的商业逻辑，赚快钱的路子越来越少。债券市场对发行人的要求渐趋灵活，抢占了信贷市场优质客户的融资份额，倒逼银行业务逐渐下沉。同时，金融业内部的优秀、资深人士在行业高速发展过程中被不断稀释，新生代还需要历练，人才储备不足，识别风险的能力不够好。债券违约潮及不断形成的不良贷款随时提醒金融机构，实体经济不易，我们的队伍素质还跟不上，所以支持实体经济的步子不能迈得太大。从因果关系上讲，实体经济融资难尤其是民营中小企业融资难，既是它们经营管理不规范的果，是金融机构吃惯了国企、政府平台和房地产金融大餐的果，也是金融从业人员素质跟不上产业发展形势和业务发展需要的果。

所有这些现象告诉我们，凭借金融牌照享受多年的饕餮盛宴渐行渐远。像产业领域转型升级一样，金融展业理念与模式也要转型升级，金融机构的下一步发展要靠深耕市场，靠精细化运作，要越来越重视企业基本面，识别企业信用风险的能力将真正成为金融机构的核心竞争力。

现有金融书籍的局限

怎样识别企业的信用风险？有很多书籍给出了答案。但是，开展金融业务是实践性很强的一项工作，既需要理论基础，也需要经验积累。无论是翻译引进的国外教材，还是国内学界的著书，都偏重理论，而对金融业务实操的指导意义比较有限。除了金融机构内部编撰和内部流通的案例分析等实务培训教材，市面上金融实务方面的书少之又少。好在近几年，金融实务界人士[①]撰写了不少非常接地气的著作，让人阅后耳目一新，受益很多。对于入行时间较短的金融小白们来说，即使掌握了理论基础知识，也看了一些实务类著作，在遇到活生生的企业时，仍感

① 崔宏、刘元庆、董汉勇、马福熠、王团结等，本书会推荐他们的著作。

无从下手。看老板、看团队，看资产质量、看盈利能力，看行业、看产品、看核心竞争力，看市场、看技术，看商业模式、看增长潜力，看“三品三表”……拜托，这么多根本看不过来，我到底应该看什么？这就像一个菜谱，它告诉你，加工这道美食需要牛肉、洋葱、红酒、油、盐、黑胡椒、酱油等作料，却不告诉你烧菜的步骤。牛肉可能需要提前腌制半小时，下锅的时候应该先放什么、再放什么，油温及火候如何把握等烧菜方法和技巧，语焉不详或干脆不讲。这样的菜谱难免会让人感到迷惑。所以，只讲知识还不行，还得讲方法。

金融机构如何开展对企业的尽职调查，现有的书籍给出了明确的目标，总结得很完善，但存在一个共同问题，就是缺乏方法论，缺乏对实现路径的指导。本书致力于解决这个问题，尝试为读者指明一条道路，学会抓尽职调查重点，提高尽职调查效率和应变能力。

本书的特点与内容结构

既然副标题叫“信贷 / 投资尽职调查方法论”，本书重点讲方法，其次讲知识。所讲的方法就是尽职调查的方法，在有限时间内，对企业进行高效、全面、深入尽职调查的方法，并在此基础上充分识别和判断企业信用风险的方法。为此，本书充分吸收了经济侦查、税务稽查、财务审计、心理学、语言学等领域的研究成果及工作方法，提炼出“充分准备”“交叉访谈”和“逆向审计”“三大工具”，实现了跨领域的融合创新。为便于理解，本书引用了大量真实的业务案例。为了保护企业及相关人员的隐私，除上市公司案例外，其余案例所用名称均为化名，案例情节有局部加工。

本书以信贷尽职调查的业务场景为蓝本，兼顾投资、并购、资管等金融子行业的业务场景，聚焦企业基本面和第一还款来源，围绕“三大工具”，详尽介绍快速识别企业信用风险的尽职调查方法。第 1 章介绍

"充分准备"，主要讲解尽职调查前应做的准备工作，以及通过认真准备，明确尽职调查重点的方法。第 2 章介绍"交叉访谈"，主要介绍尽职调查过程中与客户访谈的技巧，借助心理学、语言学知识，通过访谈对象透视企业情况，并进一步发现疑点及审计路径。第 3 章介绍"逆向审计"，主要介绍逆向审计的应用技巧，通过逆向审计，对前期已掌握的情况予以验证，实现对企业经营财务情况的终极核实。第 4 章介绍在信息系统中开展逆向审计的方法，以便读者更加适应企业管理日益信息化、数据化的尽职调查场景。第 5 章针对企业集团的尽职调查难点，给出了相应的调查策略，并结合多个真实的业务案例，让读者轻松驾驭上市公司、企业集团的尽职调查。第 6 章讲尽职调查结果的应用，如何在前几章讲的尽职调查工作基础上，形成合适的尽职调查结论，撰写完美的调查报告，并作出正确的业务决策。第 7 章主要介绍"三大工具"在信贷、投资、贷后、风险处置及担保等不同类型业务场景中的应用。

本书第 4 章由唐海艇撰写，其余章节均由邵军撰写。

本书的目标读者

本书适合读者：从事对公业务的金融机构客户经理、风险经理及管理人员、从事风险投资、投资银行及相关金融中介业务的人员，与金融业打交道、对金融业感兴趣的企业高管及社会各界。

希望本书能给读者一些启示，能为金融业务一线提升信用风险识别能力有所帮助。由于作者水平有限，不当之处，恳请读者朋友批评指正。

目录

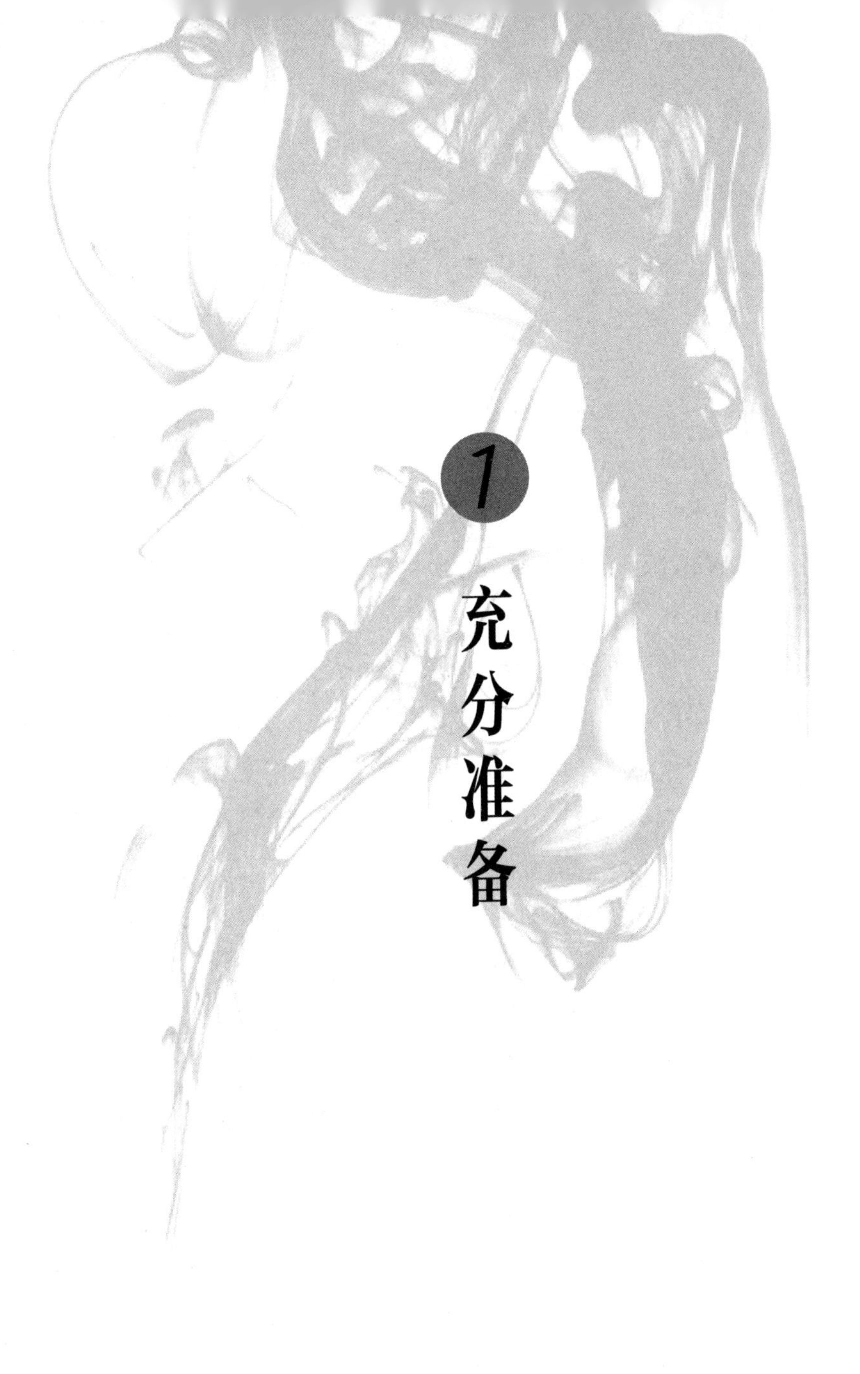

1 充分准备

任何工作的开展都有一个工作环境，都具备一些有利或不利的条件，并面临一定的约束。在社会科学领域，没有一个放之四海而皆准的定律，更没有所向披靡、能解决一切问题的工作方法。要做好一件工作，就必须认真分析形势，在现实环境中探寻解决问题的方法。同理，要做好尽职调查，充分识别业务风险，就要分析尽职调查的工作环境。那么，金融机构对企业的尽职调查工作主要有哪些约束呢？

一、进场次数有限，通常只有1~2次机会

金融机构与企业的合作主要有业务接洽、尽职调查、商务谈判和签署协议几个阶段。其中商务谈判与尽职调查一般同步推进，业务接洽和签署协议不涉及深度交流，所以金融机构进企业现场尽职调查的次数一般不超过2次，最多3次。首次尽职调查由业务部门主导，复杂的、非现场审查难以决策的项目，风险部门或分管领导才会二次进场。有些金融机构为了提高工作效率，提升客户体验，要求风险部门与业务部门同步进场尽职调查。特别重要的项目，有时主要领导会再次进场了解情况，但尽职调查形式一般只是参观交流，增强最终审批人的感性认识、便于决策。总而言之，金融机构对企业深度调查的机会只有1~2次。

二、工作时间有限，一般不超过3个小时

3个小时就是半天的工夫。早上9点到企业现场，3个小时后，中午12点就该吃饭了。下午尽职调查的话，时间大抵如此。在这3个小时的“短兵相接”中，金融机构若派出得力的团队，抓住了机会，掌握了企业情况，就能做到胸中有数。反过来，若尽职调查工作不深入，后期就会面临审批决策困难或埋下风险隐患。

三、行业千差万别，企业形形色色

在有限的时空里，尽职调查人员要面对形形色色的企业，与性格迥异的企业老板对话，听千奇百怪的商业故事，看浩如烟海的财务数据，并试图通过这些了解企业真实的经营财务状况。

在这样的外部约束下，若不事先充分准备，到了企业现场，尽职调查难免沦为走马观花。常见的调查流程大致是这样的：与老板聊一聊、在厂区走一走、到饭点的话再吃顿饭，回去按照调查报告模板的格式，把企业提供的财务报表等基础数据填进去，就大功告成了！这样浮于表面的尽职调查，显然把不准企业的脉搏，尽职调查报告结论及业务决策跟着感觉走，最终是否出风险主要靠运气。对企业的经营财务情况心中没数，尽职调查人员心里不踏实，就要求企业提供足额的资产作抵押。企业拿不出抵押资产，就不敢做业务。业务决策思维异化为典当思维，有多少抵押资产，按抵押率打折后，就做多大规模的业务，业务发展必然面临资产荒的困局。

要基于对企业信用风险的准确识别作出业务决策，就需要提高风险识别能力。从企业的经营活动出发，深入理解企业的盈利模式与财务状况，实现金融对产业的深入理解与深度融合。充分准备包括尽职调查人员的基本业务素质，对企业、行业的基本了解，对企业基础材料、财务报表、征信信息等非现场材料的消化分析，尽职调查提纲的准备等方面，本章将分四节分别讨论。

1.1 夯实知识基础，锤炼业务技能

准确识别企业信用风险，作出正确的业务决策，取决于尽职调查的深度及对企业真实经营财务情况的透视效果，从根本上主要取决于尽职调查人员的业务水平。强大的理论基础知识、丰富的现场尽职调查经验、充分的进场前准备，是尽职调查取得成功的前提。尽职调查人员首先要具备的就是扎实的知识基础，主要包括以下几个方面。

1.1.1 经济金融知识是基础

一、要了解宏观经济形势

每个企业都是经济基本面的组成部分，企业的生存与发展离不开赖

以生存的经济环境。长期从事金融工作的人都能感知到经济周期对企业的影响，当宏观经济形势向好时，多数企业都会稳中有进；反过来，当经济存在下行压力时，多数企业的财务数据都呈恶化趋势。当然，这些周期变化也会引起银行不良贷款率的波动。尽职调查人员对宏观经济形势应该有自己的理解和把握，对顺周期行业或逆周期行业胸中有数。

二、要了解国家的产业结构与政策导向

我国第一、第二 、第三产业的结构比例及其变化趋势，供给侧结构性改革的内涵，“三驾马车”消费、投资、出口对经济增长拉动作用的变化趋势以及各板块内部的动态特点，中央政府对特定产业发展的最新政策，“新基建”的内涵，社会公众对绿水青山的期待以及中央政府对环保的监管力度，中美贸易摩擦背景下中国对集成电路等高科技产业发展的扶持政策，对新能源汽车、分布式光伏电站财政补贴政策的调整动态，对稀土等战略资源进行采掘、加工及贸易的限制政策。关于我国产业结构现状的知识，关于各产业政策调整相关的新闻，都是尽职调查人员应学习关注的对象。

三、要了解国家经济改革的历史与趋向

不了解历史，就不足以展望未来。经过四十多年的改革开放，中国经济发生了翻天覆地的变化，站在新的历史起点，走进了社会主义新时代。回望过去的改革之路，有哪些成功的经验和失败的教训？立足新时代，中国经济改革的全貌大体是什么样子？改革进入深水区，要着力解决的问题主要有哪些？改革的趋势与重点领域在哪里？具体来讲，在农村领域，“三权分置”改革对农村土地流转和农村各类生产经营主体的发展将产生深远影响；在财税领域，“营改增”给不同行业带来不同的税负变化，以及企业为适应变化在经营、财务管理模式上作出相应的调整；在行政管理领域，“放管服”改革给企业营商环境带来的改变……如此等等，都是尽职调查人员应该了解的内容。

四、要掌握金融知识

首先是金融理论基础。什么是 LPR、Shibor？为什么要推出 LPR？什么是准备金率和超额准备金？央行货币政策的传导机制是怎样的？什么是货币的时间价值，内部收益率如何计算？

其次是金融产品知识。金融机构与企业合作过程中，除了要认清企业的真实面貌，还要在此基础上，针对企业的特点，为之匹配合适的金融工具，设计合理的业务方案，这个过程需要的是金融知识。从业务接洽开始，一直到业务落地实施，都需要金融知识。在金融业的各个细分行业，金融机构的关注重点、监管政策、金融产品又有很大区别。银行关心的重点是在贷款存续期内，企业能否健康发展并到期足额归还贷款本息，银行客户经理要着重关注企业的贷款用途与还款来源，要按照原银监会“三个办法、一个指引”和行内政策要求，做好现场尽职调查，撰写调查报告，认真分析信贷评审要点，并结合企业需求，为企业设计操作性强的信贷方案。投资机构在基本确认企业可持续经营能力之外，还要重点关心企业的发展潜力与前景，关心企业的治理结构、内部管理、经营绩效是否符合上市条件或预计何时能上市。若不能顺利上市，则股权投资如何退出等。券商、信托及商业银行的投行团队要了解定向增发、公司债、企业债、中期票据、ABS 等各类金融工具的特点、发行规则及监管要求，要关注市场投资者对发行人选择倾向的变化等。涉及账户监管、资金清算的业务，还要了解金融结算知识。

1.1.2 财务会计知识是关键

财务知识是金融从业人员应该掌握的基础知识，其中最常用的技能就是财务比率分析。第一，企业的财务比率主要包括短期偿债能力、长期偿债能力、运营效率、盈利能力和市价比率五类指标，这些指标的计算方法、表达意义、行业平均参考值以及存在的局限都应掌握。第二，企业的资本结构应该如何规划？经营杠杆、财务杠杆与企业的经营风险、

财务风险分别有怎样的联系？有哪些常见的筹资方式？各种筹资方式分别具备怎样的优势及不足？了解这些，我们才能站在企业的角度，对企业提出的融资需求、融资方式是否合理作出基本判断。第三，投资项目如何评价？投资决策的基本流程包括哪些步骤？在企业提出长期融资需求，用于固定资产投资、股权投资等长期投资时，我们要依靠这些知识对企业的投资计划是否合理作出基本判断。第四，企业营运资本的管理策略包括哪些？保守型、适中型、激进型筹资策略分别具备哪些特点？销售收入增长带动流动资金需求增长的内在机理是什么？如何理解企业流动资金需求的计算公式？理解这些，我们才能够基于企业的经营现状，对企业提出短期融资需求的合理性进行评估。

但是，仅仅会根据报表数据计算财务指标，并借助常见的指标分析工具来判断企业财务状况，是远远不够的，你还要懂会计知识！只会算财务指标而不懂会计知识的人，很容易陷入误区，比如看到流动比率提高，就简单机械地认为企业的短期流动性得到改善等。要养成透视财务报表的能力，精准地发现企业财务数据造假疑点，尽职调查人员必须懂得会计。会计是一门语言，用数据讲述企业经营财务状况的语言。尽职调查人员对这门语言越精通，就越能看透会计数据背后的故事。比如，会计告诉我们，企业的经营活动如何通过原始凭证、记账凭证转化为财务数据，记账凭证如何通过明细账、总账汇总输出成为财务报表。会计学知识还会让我们认识到，报表中每个会计科目的核算内容，会计科目确认与计量的准则，会计报表不同科目之间存在的钩稽关系，以及会计舞弊、报表粉饰的常见做法及识别技巧。通过对特定时点报表的静态分析，了解企业的资产分布情况及负债结构，了解企业的收入、成本结构及现金流特点。通过对多年、跨期报表进行动态对比分析，可以了解企业过去几年的发展情况，比如在建工程、固定资产的变动反映固定资产投入情况，营业收入、净利润及利润率的变动反映企业经营绩效的变动趋势，短期借款等有息负债科目的增减反映企业金融负债的变化等。财务数据的种种变动与宏观经济、产业政策、市场竞争形势、企业发展战略是否基本吻合，为我们综合分析提供依据。

1.1.3 管理知识与商业知识是升华

“知己知彼，百战不殆。”站在企业的角度观察其历史与现状，展望企业的未来，往往能帮助我们拨开迷雾，看清企业的真相。为此，马福熠撰写了一本书《回归经营的小企业信贷逻辑》。所谓“回归经营”，就是站在企业负责人的角度，从企业经营的现实出发，思考融资需求的合理性、还款来源的可靠性、制订相应的调查策略及业务方案。

企业作为尽职调查工作的研究对象，我们不仅要了解其经营财务状况，还要深入了解其内部生产经营管理的内在机理。在尽职调查工作现场，我们了解的是企业经营财务情况的现在，是静态的。但是，决定企业履约能力的是企业发展的未来，而决定企业能否行稳致远的则是其管理。经营成功的企业是相似的，经营失败的企业各有各自失败的原因。成功的企业应该具备怎样的管理制度？在企业的初创、成长、成熟、衰退等各个阶段，企业内部管理大体上应该呈现哪些特征？制造类企业一般设置哪些部门？各部门有哪些基本职能？各部门之间如何协调配合运转，又如何相互监督牵制？贸易类企业的部门设置与分工又是怎样的？掌握企业管理的基本逻辑与发展规律，对完善的企业管理胸中有数，在遇到形形色色的企业时，尽职调查人员才能对照心中有关管理的坐标与尺度，对目标企业管理的完善程度给出合理的评价。

上面讲的是管理。商业知识也非常重要，主要包括市场分析、营销策略、竞争策略、商业结算等。德鲁克《管理的实践》、吉姆·柯林斯《从优秀到卓越》、赫尔曼·西蒙《隐形冠军》、吴晓波等《华为管理变革》等书籍，都是优秀的商业、管理相关书籍。

1.1.4 其他知识是重要补充

法律知识、礼仪知识、心理学知识、社交技巧以及社会经验、社会阅历等，会对尽职调查人员的内在自信与外在表现产生影响，反映在举手投足中，体现业务人员的综合业务素质。

在访谈、合作方案谈判、合同签署等多个环节，经常会涉及法律知识。比如，不能办理抵（质）押或难以监管的资产，设计业务方案的时候你就要考虑。有产权证、具备抵押条件，但竣工不久的不动产抵押，你要核实未付工程款还有多少，因为工程款的清偿顺序优先于抵押权。一定的社会阅历，让你具备基本常识，避免掉进看上去很美但有违常规常识的陷阱。

1.2 分析企业资料，了解调查对象

经过前期业务接洽，金融机构与企业建立合作意向后，一般要求企业提供基础资料。最基本的材料主要包括过去 2~3 个年度的审计报告、最近一期月报、主要科目明细、有息负债明细、企业简介、营业执照、公司章程、实际控制人简介或履历、大额购销合同等。借助企业提供的基础资料，结合互联网公开信息及一些特定的查询渠道，业务经理可以初步了解企业的基本情况。市面上有大量的书籍阐述调查企业的角度，写得很全面，所以本节不作重点介绍，仅摘要简述。

1.2.1 行业与主营业务

“覆巢之下，安有完卵”，行业的生存状态对企业有重要影响。传呼机、胶卷、磁带、收音机等物品早已淡出了人们的生活，背后是众多行业和企业的兴衰故事。“站在风口上，猪都能飞起来”，则是换一个角度看，若是行业发展趋势好，企业就更容易获得成功。不管从哪个角度，都说

明了行业对企业经营有重要影响。

行业的发展一般分为导入期、成长期、成熟期和衰退期四个阶段。行业发展阶段决定了企业的扩张速度及其资本支出需求，决定了企业不同的盈利特征，对应不同的偿债能力与风险水平，读者可以查阅有关行业生命周期各阶段特征的阐述。你可以通过很多渠道了解一个行业：阅读专业书籍、互联网搜索行业信息、查询相关研究文献、学习金融机构的行业研究报告、浏览行业主管部门、行业协会及龙头企业的网站，还可以参加行业会议[①]。学习深度取决于你要在这个行业做多大的业务。

“好的行业里也有差的企业，差的行业里也有好的企业”，强调的是群体中的个体差异。所以，在了解企业所处的行业之外，还要了解其主营业务。只有了解客户的业务，才能“急客户之所急，想客户之所想”，交流时更深入，设计的业务方案更贴近客户的心，风险控制措施更精准。了解的内容主要包括商业模式、盈利模式、产品或服务等，了解的渠道包括浏览企业官网、看企业简介等。

1.2.2 股东及其关联企业

股东是企业的出资人，股东会是企业内部的最高权力机关，所以股东决定了企业的初心，股东背景决定了企业的血统。大型设备制造商发起设立租赁公司，其主要目的通常是扩大销售规模、加强应收账款管理和强化对下游渠道的掌控力；银行发起设立租赁公司，其主要目的是绕开表内信贷规模、丰富业务品种和拓宽利润来源。发展目标和战略定位不同，企业的生存状态和市场行为就会不同。厂商系租赁对股东所处行业的理解比较深入，不缺行业客户资源，但开展金融业务的经验相对较少；银行系租赁则相反。通常来讲，股东资本实力越强、行业经验越丰富、

① 崔宏在《财务报表阅读与信贷分析实务》第四章中，王团结在《小微企业贷款调查技术》第四章中，都详细阐述了行业分析方法。

越重视企业发展，则企业发展的前景越好，反之则反是。

股东若比喻为父母，那么关联企业就是兄弟姐妹，家庭兴旺离不开每一个家庭成员的平安与幸福。关联企业若出现困难，股东的第一反应是要想办法救，难免会调动本企业的资金和资源。现实中，很多企业经营正常，但被关联企业拖垮了，正所谓“城门失火，殃及池鱼”。所以，除了看股东，还要看企业的关联企业，这样才能看清楚整个企业家族的面貌。有些关联企业公开易查，但也有企业会利用一些隐秘的关联企业进行业绩造假，你要花一番功夫才能发现。深挖关联企业的途径主要包括股权关系，人事（高管）关联，姻亲或亲属关联，资金往来，购销往来，互相担保，注册地址、通信地址或联系电话一致等。曾经有一家企业的大股东、法人代表是张三多，通过一些蛛丝马迹，笔者高度怀疑这家企业的第一大销售客户 ×× 物流公司是其关联企业（这意味着企业存在重大销售业绩造假），但苦于没有证据无法确定。经网络搜寻，查到这个销售客户的办公电话。打过去，电话接了，对方应该是公司前台，接话音“你好，×× 物流”，笔者问:“张三多董事长在不在？”对方答“不在”。读者朋友，这家企业是关联企业吗？相信你一定明白了。这提问中暗含的技巧，具体参见 2.4 交叉访谈的技巧。

1.2.3　实际控制人及其团队

这里讲的实际控制人是指负责企业日常运营管理的自然人，他可能是大股东或其代表，也可能是“股权分散的无实际控制人”（定义解释参见 3.2.1 治理结构）企业的高管团队中的核心人物。基础资料中一般包括实际控制人甚至高管团队的个人简历，这有助于我们了解实控人的行业履历、社会地位及影响力。

实际控制人的品行、国籍、家庭与婚姻状况、文化层次、学习能力（接受新事物的能力）和成长经历对企业发展至关重要。“德不配位，必有灾殃。”有的老板不够自律，或品行不佳，手里钱多了就飘飘然，赌博、拈花惹草、脱离实际大搞收藏甚至吸毒等，将企业引上不归路。老板的成长经历也很重要，因为惯性的力量非常强大，会严重局限人的思维，降低人对环境变化的适应能力。马福熠[①]认为，企业衰败最为原始的根源是企业家心智中形成并固化的经营理念，通常是过去曾经有效但非普适性的经营理念。比如，在过去的创业经历中，实控人曾经率领企业不断扩大生产规模，置办不动产，在经济上行、资产价格上行时期取得了巨大的成功，当经济形势发生逆转时，他很可能会继续沿用曾经的发展策略，导致企业在市场竞争中落败。依靠政商关系发财的企业家，更热衷于拉拢政府官员并承接政府采购项目。所以我们看到，在社会商品从供给不足转向产能过剩后，在改革开放前三十年创业成功的一些文化层次相对较低、较难适应变化的企业家日渐式微，很多人出现严重的决策失误，亲手葬送了企业的前途。迈进新时代，文化程度高、学习能力强的知识型企业家已经主宰了商业世界的舞台。

1.2.4 工商、征信、诉讼等外围信息

有很多渠道可以查询企业的外围信息，主要包括市场监管总局管理的国家企业信用信息公示系统、最高人民法院管理的中国执行信息公开网、中国人民银行管理的企业征信系统以及“天眼查”“企查查”“企信保”等商业征信平台。巨潮资讯网可以查询上市公司公告，中国债券信息网可以查询企业发债信息。大型金融机构有自行研发或外包给第三方、独立的风险识别系统，有行内的企业信用评级系统。此外，还有百度等互联网搜索工具，可以查询到企业的招聘信息、员工评论等。

1.2.5 分析融资需求的合理性

分析融资需求的合理性，主要从两个方面入手：一是企业描述的资

① 参见马福熠著《回归经营的小企业信贷逻辑》第二章，相关分析非常精彩。

金用途是否合理，与经营现状是否匹配；二是融资渠道及成本、期限是否符合常理。

一、资金用途是否合理

不管是股东投的钱还是借来的钱，都要用来赚更多的钱，而且利润比融资成本高才算合理。新增融资资金进来后，要多赚钱，就要扩大销售规模，进而要扩大生产（贸易）规模。所以，融资资金可能会投入流动资产，用于在现有产能下扩大经营规模；也可能会投入固定资产，用于扩大现有产能。

根据企业的经营规模、运营周期、业务特点等条件，利用企业运营资金需求测算公式①，我们可以计算出企业流动资金需求额度的合理范围。若是用于固定资产投资，其暗含的前提是企业的现有产能已充分释放，基本处于满产状态，或现有产能需要进行改造升级。对于贸易行业，道理大体是相同的：利用现有销售渠道扩大销售规模，就要相应地提高采购量，占用更多的永久性流动资金；要开拓新的销售渠道，就涉及对新渠道的铺底投入。你可能会说，提高生产效率也可以扩大销售规模，但它最终还是会体现为对现有产能的充分利用。也就是说，企业现有产能充分利用在先，新增融资需求提高产能在后。

上述探讨的是资金用途的常见情形，在现实工作中，资金用途可能有很多种，尽职调查人员要在现场调查中，结合企业对资金用途的计划和描述，凭借经验作出判断。

二、融资渠道是否合理

企业的融资方式与其资产负债表科目的对应关系，大致如表 1-1 所示。在这些融资方式外，还有混合型融资工具，比如可转换债券等。在实践中，融资方式会更多，比如股权融资又分为 IPO、定向增发、

---

① 参考原银监会《流动资金贷款管理办法》。但这个公式也有它的局限性，具体可参见刘元庆：《信贷的逻辑与常识》第 25 章。

PE/VC 等。

表1-1　企业融资方式与会计科目的对应关系

融资方式	资产科目	负债及权益科目	融资方式
	货币资金	短期借款	银行贷款
贴现或转让	应收票据	应付账款	基于商业信用的经营性融资
保理	应收账款	应付票据	
	其他应收款	其他应付款	非经营性往来/拆借
	预付账款	应付工资	
动产质押	存货	应交税费	
不动产抵押、项目贷款及设备租赁	固定资产	长期借款	银行贷款
	在建工程	应付债券	发行债券
抵押	无形资产（土地使用权）	长期应付款	融资租赁
知识产权质押	其他无形资产（专利等）	所有者权益	股权融资/质押

银行、信托、证券、租赁、财务公司、担保、小贷、风投、保理……所有持牌金融机构和非持牌的类金融机构都可以提供金融服务。对大企业而言，证券和银行是最常用的资金渠道。对中小企业来讲，银行则是成本相对较低、金融产品比较丰富的重要融资渠道。企业选择融资渠道时，考虑的因素主要有：融资成本低、与金融机构的合作历史、资金期限是否合理、使用资金是否方便等。短期内，如果企业存在大额还款或对外付款需求，也可能会选择率先到位、成本略高的资金。如果一个企业放弃与低成本资金渠道的合作，转来找你，却又提高了成本，那么你就要多些小心。企业当然知道你会就此提出怀疑，他们会说，“我们不想跟他们（指银行）合作了，他们那个客户经理太不靠谱……”或是“他们要求多，资金不好用”，你信还是不信？具体对策，详见 2.4.5 不同访谈对象的应对策略。

1.3 分析财务状况，明确调查重点

初出茅庐的审计助理发现不了的猫腻，很快被主任会计师或合伙人识破。资深风险审查官花五分钟时间翻阅业务部门提交上来的业务资料，就能提出切中要害的问题……这样的场景在实践中每天都在上演，其间差别主要在于阅读与分析报表的能力及其熟练程度[①]。如何阅读和分析财务报表，有审阅法、复核法、结构分析法、比率分析法、杜邦分析法等，看起来很复杂，这方面的书也可谓汗牛充栋，比如《三分钟教你学会分析财务报表》之类的书籍。对金融机构尽职调查人员来讲，当一套报表摆在面前的时候，到底应该如何去分析？采用哪种或哪些方法？怎样发现报表数据背后存在的企业经营或财务问题？

本节站在金融机构尽职调查的应用视角，引入审计中的分析性复核技术[②]，谈谈分析财务报表的步骤与技巧。

1.3.1 什么是分析性复核

分析性复核是指审计人员对被审计单位重要的金额、比率或趋势进行比较和分析，并对异常变动和异常项目予以重点关注的审计方法。分析性复核的过程实质上是将企业财务数据的逻辑关系与非财务信息进行对比分析，进而判断出哪些财务数据存在明显异常，并就明显异常形成原因进行调查的过程。分析性复核主要分析的是目标企业财务数据的重要金额、比率或趋势，通过对金额、比率或趋势的比较和分析，找出存

① 有一种观点认为，企业的财务数据水分大，没法儿看，看了也不信，所以也没必要看。但是，财务报表是了解企业经营财务情况的起点，也是最快途径。如果不从会计报表出发，从哪里出发呢？尽职调查就在企业转转、看看、谈谈，跟着感觉走吗？

② 崔宏将其称为“闻嗅复核”，并给出“闻嗅复核”的定义：是指通过研究不同财务数据以及财务数据与非财务数据之间的内在关系，对财务信息作出评价，详见崔宏：《财务报表阅读与信贷分析实务》。

在的异常变动和异常科目。

分析性复核的优点十分明显：一是可以帮助尽职调查人员加深对目标企业的了解，确定重点调查领域，制订有针对性的尽职调查方案，成本低、效率高。二是可以帮助发现会计资料存在的人为错误或舞弊。在阅读企业提供的基础资料过程中，我们比较的信息资料都有各自独立的来源。如果企业为了掩盖错误或舞弊而操纵记录，那么通过比较不同来源的资料则可能发现这种行为。三是可以提供整体合理性的证据。翻阅会计凭证、查阅重要商务合同、考察重大投资项目或核心子公司、查阅水电费发票、报税凭证及缴税证明等，能够证明的只能是单个项目或单笔业务的存在性，而分析性复核所针对的是报表或账户层次的某个整体，通过将反映该整体的数据与其他来源的数据或信息资料进行对比分析来判断其合理性，其获得的证据可以用来证明该整体的总体合理性。

分析性复核的局限也很明显。一是如果目标企业外部环境变化大，或内部生产和管理发生结构性的调整，那么不同信息资料间存在的相互印证、互相说明和互为因果的关系可能被打破，分析性复核的结果将失去有效性。比如，ST 上市公司重组以后，主营业务由化工变成了土木工程施工；餐饮企业受 2020 年初新冠肺炎疫情影响，业绩出现大幅下滑。二是分析性复核难以得出准确的结论。分析性复核是对目标企业基础资料总体上的合理性判断，可以帮助识别差的企业，但不能确定就是好企业。三是分析性复核的有效运用对尽职调查人员的要求较高。尽职调查人员要掌握会计信息各构成要素的关系，有足够的专业知识，了解会计信息与非会计信息间的关系，了解目标企业的经营情况，并具备丰富的尽职调查经验，才能作出专业判断，实施有效的分析性复核。在某些情况下，目标企业虽然存在着重大反映失实的问题，但某些数据间的依存关系可能仍然存在，这就对尽职调查人员的知识和经验提出了更高的要求。

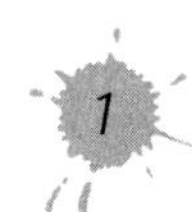

1.3.2 分析性复核应考虑的主要关系

一、目标企业会计科目之间的关系

财务信息是对会计主体财务状况和经营成果的综合反映，基于复式记账法，企业资产、负债和所有者权益，收入、费用和利润，以及现金流量表各科目之间存在大量依存关系。在不同的会计期间，如果外部环境没有发生大的变化，企业内部的资本结构和产、供、销没有进行大的调整，那么利润表各项目，如主营业务收入与主营业务成本之间、同类产品的销售收入与销售成本之间应存在相对稳定的比率关系；资产负债表各项目之间，如各资产项目占全部资产比重、负债科目及所有者权益科目与总资产比重也将存在较稳定的比率关系。在同一会计期间，资产负债表项目之间，如固定资产与累计折旧之间、存货与存货减值准备之间、应收账款与坏账准备之间存在一定的依存关系；资产负债表项目与利润表项目之间，如各种有息负债与财务费用之间、固定资产与折旧费用之间、当期利润与权益之间、应收账款与销售收入之间也同样会存在一定的依存关系；资产负债表项目与现金流量表项目之间，固定资产的增加与购建固定资产支付的现金、有息负债的增减与取得借款收到的现金或偿还债务支付的现金之间等，也存在一定的依存关系。

二、目标企业会计信息与非会计信息之间的关系

财务信息与非财务信息放在一起，才是企业经营活动的完整信息拼图。财务数据是用专业语言对企业经营活动和经营成果进行的综合反映，与其他反映企业经济活动和经营成果的非会计信息之间存在紧密的关联。企业员工人数、结构及不同结构人员的工资水平与当期工资总额之间、企业租用销售场地的面积和租金标准与相关的销售费用之间、企业的生产与销售数量或进货与销货的数量和相关的资产、销售收入或成本记录之间；企业的销售回款情况与销售商品、提供劳务收到的现金之间等都存在着一定的依存关系。如果你观察到企业固定资产增加，就要思考这样规模的增加是否符合企业的经营需要。你可以查阅浑水做空瑞幸咖啡的分析报告，到处都是对财务数据和经营数据的对比分析。

三、目标企业会计资料与同行业平均水平或同等规模企业资料间的关系

同一行业的不同企业之间由于其经营的外部环境相同，且会计资料采用统一的核算口径和指标，因而其会计资料之间存在一定的可比性。同行业中规模相近的企业之间，反映其盈利能力和流动性的财务指标不应有太多的差异。如果有太大的差异，则与此相关的会计数据可能存在舞弊或粉饰的情况。

1.3.3 分析财务报表的步骤

一、整体审阅

整体审阅的目的在于了解企业的财务概况，主要内容包括：了解企业总资产规模，比如企业的总资产是 2 亿元还是 20 亿元，决定了后续审阅报表结构时，各会计科目重要性水平的确定；预估企业资产负债率水平；了解年营收规模及净利润水平，与企业的净资产相比，预估企业的盈利能力；浏览现金流量表，观察企业的现金流特点。总体而言，这一步的主要目的是对企业的整体财务状况做到胸中有数。

二、观察资产负债表结构及其变化

首先，我们要观察资产负债表结构，了解哪些科目在总资产中占比较大。比如，企业总资产 20000 万元，其中存货 5000 万元、应收账款 10000 万元。那么，存货和应收账款就应该确定为下一步调查的重点，因为这两项资产是否真实、足值，对企业的资产质量起到决定性作用。

其次，要观察报表结构的变化。比如，我们观察到企业总资产较上年（或上期）增加了。那么，在资产负债表左侧，是流动资产增加了，

还是长期资产增加了？若是流动资产增加了，进一步观察是存货，还是应收账款、其他应收款或其他科目增加了。若是长期资产增加了，那么是固定资产还是无形资产、长期投资或其他科目增加了？在资产负债表右侧，是负债增加了，还是所有者权益增加了？若是负债增加了，是短期负债还是长期负债增加了？具体地看，哪些科目增加得多、增幅大？

三、对比分析财务报表数据之间的依存关系是否合理

这个环节最考验尽职调查人员的财务与会计知识基本功。基本功扎实，就能通过一个数据的变化联想到另一个或一组数据的变化。经验丰富的人，有时能达到见微知著的效果。

第一个层次是企业当期报表的对比分析。比如，我们注意到企业的短期借款、长期借款显著增加，就要去翻看利润表中的财务费用是否同等幅度地增加。若报表数据比我们预期数据要高，则企业是不是在资产负债表中隐藏了部分有息负债？是不是其他应付款或长期应付款中有融资租赁、信托、小贷公司等负债？若报表数据比我们预期数据要低，则是不是存在部分利息资本化？那么，企业是否有在建工程等符合利息资本化的条件？再如，企业销售收入同比增长20%，那么营收数据与“企业收到提供商品或劳务取得的现金”在规模上是否匹配？若“企业收到提供商品或劳务取得的现金”未实现同等幅度的增长，则应收账款等科目是否明显增长？总的来讲，就是要通过一个科目的变化信息，联想到与之关联的其他科目的应有变化，再将预期数据与报表数据进行对比，若相互印证，则暂时放过[①]；若相互背离甚至严重背离，则应揣摩背后的原因。

① 相互印证可能是因为企业报表数据真实，也可能是企业造假水平较高或者说是隐藏得很深，所以并不能因此得出企业经营财务稳健的结论，还需要进一步调查。

第二个层次是报表数据的跨期分析。比如，你观察到企业投资性净现金流在上一年度和当期报表中均为负值，显示企业近期在投建固定资产。那么，你应该去翻看前年甚至再前一年的报表数据，看这个情况已经持续了多久，从哪年开始？累计投了多少资金？在资产负债表在建工程科目中是否有相应的反映？这笔固定资产投资的建设内容是什么？与企业当前的经营状况及经营战略是否匹配？如果你还没去现场，不清楚企业的经营战略，那么你可以揣摩这项固定资产投资反映了企业怎样的经营战略？企业现有厂房已经不够用了吗？还是厂房够用，但生产线不够用？要扩建生产线，还是现有生产线老旧、低效，要改造升级？每一个问题都会继续延伸出更多的问题，并且都会在企业生产经营现场有直观的表现。比如现场调查时，你看到新的厂房正在建设，或新的生产线正在调试等。

第三个层次是报表数据表现与企业经营环境之间的对比分析。比如，你观察到印刷行业的几个客户经营业绩都在下滑，你认为这与移动互联网时代无纸化办公、无纸化传播的时代特点相符。但今天接触的这家印刷企业，业绩持续逆势增长。那么，你就要问，它是怎么做到的？这是虚妄的假象，还是客户神通广大、有独到的经营方式？

四、形成对企业重要经营活动的预判

通过对企业所处行业的经营特点、报表科目余额及其变化的一系列分析，根据会计核算的基本逻辑，我们会形成对企业经营财务状况的预判。各种信息、各个数据分别代表了什么含义，尽职调查人员要利用自己的专业经验与思考能力去揣摩。通过会计数据，去领会会计语言讲述的企业经营故事。

分析认为企业若存在硬伤，比如扩张过快、债务过重、资产不实，各种已掌握数据之间“驴唇不对马嘴”，那这个项目就到此为止了。当然，你还要记住会计准则的局限，比如历史成本原则下，企业某项资产当前的实际价值可能远远大于其账面价值，所以要尽量避免仅凭纸面材料就

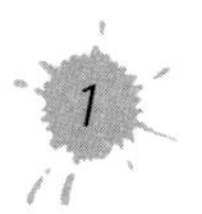

轻易否决一个项目，防止“错杀”[①]。如果没有硬伤，你就要带着预判、线索和疑问，在交叉访谈和逆向审计程序中去寻找证据、探明真相，这是第2章及以后章节的内容。

1.3.4　川鑫公司案例分析

一、企业概况

2017年4月，川鑫节能材料有限公司申请贷款800万元，期限12个月。该公司成立于2012年7月，生产和销售加气混凝土砌块、灰加气混凝土砌块、蒸压灰砂砖等新型环保建筑材料，是东部某省较大的加气墙材生产供应商之一，销售区域半径不超过200公里。产品主要利用污泥、矿渣等废料，加入水泥等原料后，经整形、压实、切块、高温烧制等工序加工而成。经查实，该企业没有关联企业。

2017年3月末，该公司在银行贷款570万元，分别以实际控制人及企业销售副总的个人房产作抵押，无对外担保。该公司法人代表及实际控制人黄某，出生于1963年，1984年大学毕业，1996年开始创业，2010年进入该行业。名下有住房按揭420万元、汽车消费贷款44万元、个人经营性贷款226万元，征信记录良好；其配偶在省会城市某公立医院工作，独女在某银行一级分行工作。

本次申请贷款资金用途：300万元置换其他银行贷款，500万元用于补充流动资金。还款来源为企业经营回款。担保方式：黄某及其女儿名下住宅抵押，位于省会城市主城区，市场价值800万元；黄某夫妇信用

---

① 刘元庆在《信贷的逻辑与常识》一书中，介绍了紫金矿业和深康佳两个例子。其中，紫金矿业基本面看似不佳，但其持有的上市公司股权价值不菲，远超其账面价值，通过办理股权质押，信贷业务成功落地。深康佳案例中，康佳公司将积压的电视机一次性降价甩卖，确认了大量损失，形成了该年度的大额亏损。尽管利润表很难看，但回收了大量现金，偿还了银行贷款，卸下了历史包袱，财务状况明显转好。笔者也曾遇到一家老国有企业，报表不好看，但现场调查发现很多资产的价值被严重低估。

保证。

A 公司主要财务数据如表 1–2 所示。

表1–2 A公司主要财务数据

科目（元）		2014年末	2015年末	2016年末	2017年2月
资产负债简表	一、资产总额	81890372	112514416	123522463	106530273
	货币资金	5049352	2147712	416295	1470892
	应收票据	200000			
	应收账款	9905417	33498466	39601375	23631440
	其他应收款	1770599	884216	2520994	2671194
	预付账款				
	存货	10859846	5856622	9701489	8731765
	流动资产合计	27785216	42387018	52240154	36505293
	长期投资合计				
	固定资产原价	32303929	74426145	98383564	98383565
	固定资产净值	31093961	68590376	70089010	68931682
	长期待摊费用	1772481	1537021	1193298	1093298
	无形资产及其他资产合计	1772481	1537021	1193298	1093298
	二、负债总额	28676566	58137568	67034946	49722008
	短期借款	9100000	10600000	5700000	5700000
	应付账款	13180394	18129545	33927374	24250302
	应付票据				
	其他应付款	4898526	26048847	23724571	16868323
	预收账款				
	流动负债合计	27965366	57788860	66586238	49273300
	长期借款	711200	348707	448707	448707
	长期负债合计	711200	348707	448707.92	448707
	三、所有者权益	53213805	54376847	56487517	56808265
	实收资本	50000000	50000000	45000000	45000000
	未分配利润	3213805	4376847	11487517	11808265

续表

科目（元）		2014年末	2015年末	2016年末	2017年2月
损益表简表	一、主营业务收入	27414198	48756555	56969806	5874256
	减：主营业务成本	19573994	33970693	41440481	4698987
	二、主营业务利润	7840203	14698457	15404478	1145352
	减：营业费用	3234625	5582469	4819507	306384
	管理费用	1649562	4163583	3094319	304943
	财务费用	438519	1468464	1685714	211413
	三、营业利润	2517496	3483939	5804936	322610
	加：营业外收入	850000	690881	1393214	
	投资收益				
	减：营业外支出	40000		87481	442
	四、利润总额	3327496	4174820	7110669	322167
	减：所得税				1419
	五、净利润	3327496	4174820	7110669	320748

看到这里，建议读者停下来，沉下心看看这份报表，对照 1.3.3 分析财务报表的步骤，认真揣摩一下该企业的情况。

……

如果已经看完，分析过了，我们就继续往下走。

二、整体审阅及观察报表结构

首先看总体水平。企业的总资产近几年平稳增长，维持在 1 亿元左右。所有者权益非常平稳，负债与总资产的波动趋势、波动幅度高度一致，资产负债率维持在 55% 以下的适中水平，流动比率低于 1，较低。销售收入增速较快，2016 年度超过 5000 万元。

其次看报表结构。资产结构中，固定资产、应收账款、存货账面余额最大，三项合计占总资产的 95% 以上。负债结构中，应付账款、其他应付款和短期借款余额最大，三项合计占总负债的 95% 以上。毛利率稳定在 30% 左右，净利润率围绕 10% 上下波动。

最后看科目余额的变化。2015 年，企业总资产增加 3062 万元，在资产负债表左侧，应收账款增加 2359 万元，固定资产净值增加 3750 万元，货币资金及存货等科目有所减少；在资产负债表右侧，其他应付款增加 2115 万元，应付账款增加 495 万元，其他科目变化相对较小。2016 年，总资产增加 1101 万元，在资产负债表左侧，应收账款、存货、其他应收款均有所增长；在右侧，应付账款增加 1580 万元，其他应付款减少 233 万元，短期借款减少 490 万元，实收资本减少 500 万元，未分配利润增加 711 万元。2017 年 1—2 月，总资产减少 1699 万元，在左侧，应收账款减少 1597 万元；在右侧，应付账款减少 685 万元，其余科目变化较小。

三、对比分析钩稽关系

通过观察科目余额的变化，我们发现企业资产结构的变化主要体现在几个主要科目的变动上。接下来，要重点对这几个科目及与其有关系的科目进行对比。

首先看应收账款科目。通常来讲，企业处于销售扩张阶段时，应收账款会出现同步增长。该企业应收账款快速增长的同时，销售收入也在增长，但应收账款余额与销售收入相比明显过高，2015 年和 2016 年应收账款周转次数均低于 1.5 次。2015 年销售收入增加 2135 万元，但应收账款增加 2359 万元，超过了销售收入的增长，也就是说，2015 年当年实现的新增销售收入，均未实现现金回笼。这样的情形对处于销售扩张初期的企业来讲，是符合常理的。但毫无疑问，企业为这种增长投入了大量的流动资金。到 2016 年，企业销售收入增加 821 万元，同时应收账款增加 610 万元，基本上延续了 2015 年的情形。

接下来看固定资产科目。2015 年企业固定资产增加 4213 万元，但如果注意观察，会发现固定资产净值增加 3750 万元。进而观察 2016 年固定资产增加 2395 万元，但固定资产净值仅增加 150 万元，这种情况是有悖常理的。因为固定资产折旧逐年逐月提取，新增的固定资产在当年计提的折旧与固定资产原值相比一般会很小。通常来讲，固定资产上升，固定资产净值会有同等的增加，不会出现该企业固定资产数据较大的差距。2017 年 1—2 月，固定资产不变，计提折旧后净值下降 116 万元，是符合常理的。

再看短期借款与财务费用。2015 年初（2014 年末）和 2015 年末的短期借款余额分别为 910 万元和 1060 万元，平均余额为 985 万元；长期借款余额过小，可以忽略；2015 年全年的财务费用为 146.85 万元；计算得出综合财务成本约 15%。到 2016 年，短期借款余额大幅下降 46%，长期借款余额基本未变，而财务费用却增长了 15%，这一点显然不符合常识。另外，长期借款余额为什么会出现几十万元数量级变化？

根据前几点分析，2015—2016 年，企业不仅在流动资金上大幅增加了投入，在固定资产上也增加了投入。那么，问题来了，钱从哪里来？再看应付账款、其他应付款等科目。2015—2016 年，应付账款增加 2075 万元，其他应付款增加 1882 万元，未分配利润增加 828 万元，货币资金下降 463 万元。但要注意的是，同期短期借款下降 340 万元，实收资本减少 500 万元。

四、形成预判

根据上述分析，我们推测企业当前所处的经营状态。

企业当前处于“爬坡过坎”的关键时期。企业在过去几年投入了大量资金，意图扩大销售规模与经营规模，但从效果来看，下游收款遇到了困难，导致货币资金大量消耗，对上游欠款也大幅增加。企业的经营风险与财务风险当前均处于较高的水平。随着时间的推移，应付账款拖欠的时间越长，供应商的耐心越来越受到挑战，债务危机越来越近。度过这个艰难时期的关键在于，企业要迅速收回应收账款，并进一步扩大销售规模与利润空间。从 2017 年 2 月报表来看，2017 年春节前后，企业收回了 1000 多万元应收账款，缓解了部分困难，但后续发展的怎样，还需要继续观察。

面对当前的困难，银行及股东对企业的信心似乎有所动摇。2016 年短期借款和实收资本均出现明显下降，尤其是实收资本下降不同寻常，是什么原因？结合企业的股权结构，是小股东退股了吗？

1.4 起草调查提纲

1.4.1 梳理问题并进行外围查证

我们继续以 1.3.4 案例分析川鑫节能材料公司的素材为例。根据前面的分析，我们对川鑫公司的调查要解决一系列问题。

1. 当前的应收账款质量决定了当前资产质量是否健康。那么，应收账款质量如何？

2. 未来的销售增长取决于周边市场的发展空间、公司产品的竞争力、公司的营销能力等因素。公司是否具备相应的扩大销售的能力？

3. 未来的销售回款将构成本次贷款的第一还款来源。那么，企业近期有哪些订单？交易对手实力如何？销售上有哪些发展规划？

4. 企业当前的贷款担保方式为自然人名下住宅抵押。那么，企业名下净值近 7000 万元的固定资产能否提供抵押，并作为本次贷款的抵押物？这将构成本次贷款的第二还款来源。

5. 了解 2016 年短期借款下降的背景，压缩前是什么授信方案，原来的担保措施是什么？了解本次置换 300 万元、新增 500 万元的背景。了解同业竞争形势及企业谈判地位（企业虽然弱势，但到底有多弱势？比如存量的贷款综合成本是多少？有多少附加条件？是否符合企业用款特点等），便于开展本次贷款方案的谈判。了解企业老板对本次贷款资金用途的想法。

6. 企业固定资产增加的背景是什么？增加的内容是什么（是什么固定资产）？为什么会出现固定资产原值与净值增幅的背离？

7. 其他应付款的构成是什么？是股东对企业的追加投入？还是未确

认收入的政府补贴？还是员工集资或其他隐性负债？财务费用为什么明显偏高，与短期借款规模不匹配？

8. 了解其他小额科目的核算内容，如其他应收款、长期待摊费用、无形资产、长期借款等。

如果企业基础资料中提供了主要科目明细及有息负债明细，或企业的年度审计报告附注比较详尽地列出了科目明细，那么问题 1、4、6、7、8 可能会得到一定程度的书面解释。如果看不到科目明细，尽职调查人员有两个选择：一是要求企业补充提供，以便更充分地做好进场前准备；二是将问题带到尽职调查现场解决，但这会拉长尽职调查时间，并降低尽职调查效率与效果。假定已知科目明细，拿问题 1 来说，我们就可以看到应收账款的对手方及其欠款余额，这个对手方是工程甲方还是施工总承包商？是大企业、央企还是中小企业，支付能力如何？我们就会对其应收账款质量大体上有个预判，做到胸中有数。

1.4.2 掌握交叉验证方法，起草调查提纲

前文所述，财务信息与非财务信息放在一起，才是企业经营活动的完整信息拼图。面对大量的信息，我们要循着企业经营活动的逻辑，寻找不同数据之间的内在联系，将大量零散的信息勾连起来、交叉验证，形成真实反映企业经营财务情况的框架。在本小节，我们以主营业务收入为例，感受一下交叉验证的基本套路。其他科目的验证方法，将在后面章节再进行讨论。

一、产能核定法

对资本密集型、机械化程度高的制造企业，适合用机器产能来核定产能。比如，企业有三条生产线，每条生产线的日产能为 2 吨，那么企业日产能为 6 吨。对劳动密集型制造企业，适合用人工产能来核定产能。比如，一线工人有 300 名，每名工人日产衣服 10 件，那么企业日产能为 3000 件衣服。

二、原料核定法

掌握企业原材料尤其是主材的消耗量后，根据每单位产成品需投入的主材比例，倒推出企业产量，结合销售价格，推算企业销售收入。具体应用可以查阅 2.4.7 应用案例中大伟公司案例。

三、包装核定法

根据企业产品包装的使用量倒推其产能。比如酒厂消耗酒瓶或外包装纸盒 5 万个，平均每瓶 1 斤酒，那么年销售 5 万斤酒。

四、核心工序核定法

在制造工序中，个别工艺环节是必经程序，容易计量或是产能瓶颈，那么可根据该工序的产能倒推企业产能。比如，轮胎的制造工序：炼胶—成型—硫化—质检，企业自述并经核实，硫化环节为产能瓶颈，那么就通过硫化环节的产量倒推轮胎产量。

五、成本费用核定法

成本费用结构中，有些成本费用的占比是比较稳定的，比如通过电耗、水耗、气耗或工耗的金额及变动趋势，倒推企业产量及其变动趋势。

六、绩效核定法

销售人员保底薪酬每月 3000 元，保底任务为月均 10 万元；超出保底任务部分，每万元销售收入提成 2% 作为绩效薪酬。企业销售人员绩效薪酬总额为 300 万元，可以倒推企业的销售收入。

至此，我们已经了解企业的基本情况，明确了调查重点，掌握了交叉验证的调查思路，就可以进入充分准备的最后一个环节：起草调查提纲。调查提纲的作用是进一步整理调查重点和调查思路，提高现场调查的计划性、目的性和针对性，确保现场调查取得理想的效果。调查提纲主要包括三个部分：一是企业生产经营现场实地考察的重点；二是与哪些人开展座谈或独立访谈，主要围绕哪些主题，解决哪些疑问；三是抽查哪些会计科目或经营数据。

本章的最后，我们再来看一个案例：臻爱珠宝有限公司。为节省篇幅，本案例仅提取关键素材予以分析。

臻爱珠宝是一家珠宝零售公司，申请贷款800万元，拟提供公司的存货玉石作为抵押，根据其提供的基础资料，结合业务接洽过程中初步了解的情况，业务人员拟开展现场尽职调查。

该公司成立于2002年，以经营玉石饰品为主，兼营翡翠等宝石饰品。企业股东为朱某与其父亲两人，实际控制人为朱某及其妻子。朱某早年即从事玉石生意，在玉石行业摸爬滚打多年，行业经验比较丰富。公司自创玉石品牌，有较好的市场美誉度。为拓宽营销渠道，公司在全国经济发达城市的主要商场开设100余家门店。公司主要财务指标如表1–3所示。

表1–3　公司主要财务指标

单位：万元

科目	2018年末	2019年末	2020年4月末
总资产	22520	24871	24363
总负债	8834	9308	8932
净资产	13686	15563	15431
占比较大或变化较大科目			
存货	18880	20749	20880
应收账款	919	1075	1002
长期投资	2000	2000	2000
短期借款	1100	1100	1100
应付款合计	7589	8140	7782
主营业务收入	19852	20680	5821
主营业务利润	7127	6894	1844
净利润	3184	2737	607

续表

科目	2018年末	2019年末	2020年4月末
主要财务指标			
资产负债率	39%	37%	37%
流动比率	2.24	2.34	2.45
存货周转率	0.67	0.66	—
毛利润率	36%	33%	32%
净利润率	16%	13%	10%
净资产收益率	23%	18%	—

通过以上财务数据可以看出，该企业近两年财务数据基本平稳，资产负债率较低，流动比率较高，净利润率及净资产收益率表现都不错，但存货偏大，存货周转较慢。通过对财务数据的具体分析，产生以下疑问：

1. 企业存货在总资产中占比一直维持在80%以上的高位，这是行业特点决定的，还是企业的经营模式决定的？企业存货的计价方式是否合理？存货的数量、计价方式及管理规范性，将对存货的总价产生显著影响，进而显著影响企业的总体资产质量及资产负债率。存货的变现速度也将显著影响企业的短期偿债能力。

2. 企业的2000万元长期投资，投资对象是谁？通过“天眼查”等渠道，查询到企业的另一家关联公司B公司。根据企业补充提供的B公司资料，该公司未实质经营，但名下持有一处商业资产，已抵押用于3000万元短期借款（包括本企业名下的1100万元贷款）。

3. 企业的销售收入及利润是否真实？销售回款是否正常？

4. 若以部分玉石存货质押作为本次贷款的主要担保措施，玉石价格不透明，金融机构不专业，那么如何评估存货的价值？能否接受这样的担保措施？质押期间存货如何监管？

这些问题的解决方式，详见3.5.3臻爱珠宝案例。

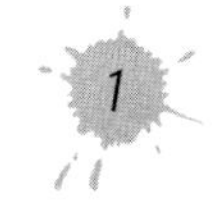

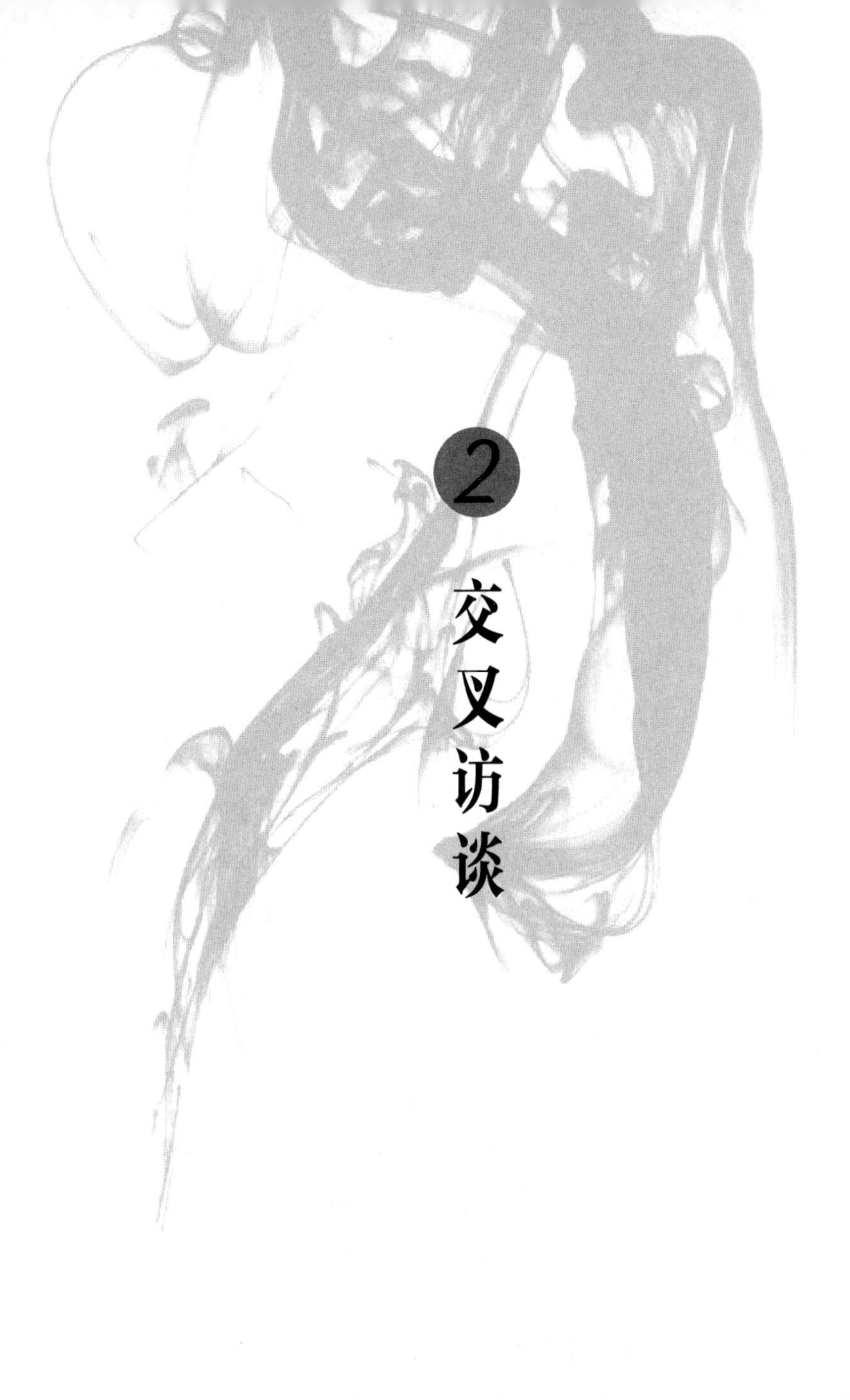

2 交叉访谈

在新闻调查、采访及社会科学研究工作中，“访谈”是一门学科。党内巡视、警察审讯、纪委监委办案等工作中，都会大量使用访谈工具，这些跨行业的经验与智慧，对金融机构尽职调查有十分重要的借鉴意义。党内巡视工作中，受专业知识的限制，很多巡视组成员对被巡视单位起初也不甚了解，但通过与干部职工的大量谈话与充分沟通，在很短的时间内就可以掌握被巡视单位的大量信息。警察对犯罪嫌疑人的隔离审讯，纪检监察机关对办案对象及其身边人背靠背式的调查，都是在利用“交叉访谈”工具。

心理学认为，我们每个人对客观事物的感知或者自己经历过的客观事物，作为记忆经验存储在大脑的记忆中，当再次需要自己经验过的客观事物出现时，大脑的记忆会把曾经存储过的事物的某些特征或某些情况再现出来。这种被再现出来的自己曾经历过的客观事物的记忆，心理学称为“心理事实”。员工长期在企业内部工作，企业的经营情况、老板的管理风格、员工薪酬发放情况、加班情况、队伍稳定情况等信息，都会形成员工对企业情况认知的心理事实。在具体岗位上，员工所从事的工作涉及的制度、流程、经营数据等信息都会形成员工的心理事实。这些心理事实与企业经营情况的客观事实是基本一致的，在尽职调查人员的询问下，这些心理事实会被大脑中的记忆所唤醒。出于各种原因，员工在访谈时可能会选择坦诚，也可能会撒谎，也可能会部分修饰或掩饰。但不管他作出怎样的选择，总会体现在丰富的肢体语言中，并为尽职调查人员所发现。此外，谎言势必会与其他调查证据相冲突，在“交叉”的尽职调查工作环境中，往往会不攻自破。

所以，金融机构同样可以通过交叉访谈去了解企业的非财务信息，收集大量言辞证据，以便作出正确的业务决策。

2.1 交叉访谈的概念、特征及意义

2.1.1 交叉访谈的概念

访谈是结构化的对话。在日常对话交流中，双方交替发言，答问次数较为均衡，话题可以天马行空，除了社交别无他求。只要你懂得如何进行日常交流，你就有可能成为一个优秀的访谈者。但在访谈中，多数问题由一个人提出，而另一个人几乎只是进行回答。访谈者倾听每一个回答，不断搜寻特定的信息，并据此决定接下来提什么问题，引导谈话围绕自己关心的重点，鼓励被访者给出具体、深刻的回答。尽职调查访谈中的许多话题是尽职调查人员有意引导的，因而访谈比普通对话更为结构化。

本书所指“交叉访谈”，是指在金融机构走进企业进行现场尽职调查的阶段，与企业不同岗位的多名人员分别进行访谈的过程。所谓“交叉”，主要内容是通过对企业内部处于不同岗位员工的访谈，获取反映企业真实经营财务状况的关键信息，并在访谈过程中使这些关键信息得到不同角度的交叉验证，最大限度、最真实地还原企业的运行状，以减少金融机构业务决策中的信息不对称问题。与新闻采访、司法审讯等人际访谈工作相比，尽职调查中的交叉访谈主要有以下几个方面的不同：

1. 目的不同。新闻采访的目的是大众传播，是新闻工作人员通过访谈对可能受到广泛关注且鲜为人知的信息的收集活动，是一种特殊的调查研究。司法审讯的主要目的是揭露案件真相，证实犯罪和查明犯罪行为人，司法工作人员以言辞的方式对犯罪嫌疑人就案件事实和其他与案件有关的问题进行提问，以获取真实供述的侦查行为。金融机构对企业人员的交叉访谈，其目的是掌握企业真实的经营财务状况，减少信息不对称问题，提高业务决策的科学性，保护金融机构的资金安全。

2. 对象不同。新闻采访的对象一般不限定具体对象，在特定时间内与某事件相关的人员都可以进行采访，采访对象彼此之间不一定认识。

司法审讯对象一般为犯罪嫌疑人及其同伙，他们在实施或共同实施犯罪行为的过程中形成了共同记忆，掌握同一犯罪事件的进程。金融机构交叉访谈的对象一般是在企业中从事采购、生产、销售及管理等相关人员，他们掌握企业生产经营中的大量信息，这些信息相互关联、相互印证。

3. 情境不同。司法审讯中，审讯人员与讯问对象之间是强制与被强制的关系，审讯人员通过营造封闭、隔离的特定审讯环境，结合“坦白从宽、抗拒从严”的政策环境，将犯罪嫌疑人逼入“囚徒困境”进而走向坦白之路。交叉访谈中，金融机构与企业则是对等的商业合作关系。

4. 方式不同。新闻采访和司法审讯可能会采用全程录音录像等多媒体方式，新闻剪辑后对外公布，审讯内容对内作为证据。金融机构交叉访谈涉及企业秘密及员工个人隐私，一般不会录音录像。

5. 时限不同。新闻采访中，固定的采访对象一般会提前沟通采访提纲，采访时长基本固定；不固定的采访对象则可以在一定范围内随机选取多人，时间自由度较大。司法审讯中，审讯人员对审讯时间、审讯时长、审讯方式等均可以高度控制，一次审讯效果不佳，还可以再次、反复提审。尽职调查中的交叉访谈受工作环境所限，时长一般不超过两个小时，而且是一次性、连续的过程；项目复杂的情况下，才会出现两次及以上的交叉访谈。

尽管有上述不同，社会沟通（包括新闻采访）、谈判、司法审讯活动中对语言学、心理学的综合运用技巧，对交叉访谈仍然有着十分重要的借鉴意义。跨学科领域的很多书籍[①]，为金融机构从业人员提高交叉访谈能力提供了丰富的营养和大量的案例素材。

① 比如特里·费德姆著，闫宁译《提问的艺术》；查尔斯·J. 斯图尔特、威廉·B. 凯什、龙耘著《访谈的艺术》；克里斯·沃斯、塔尔·拉兹著，赵坤译《掌控谈话》；刘墉著《说话的魅力》。司法领域的书籍有邹碧华主编《法庭上的心理学》、吴克利著《镜头下的讯问——全程录音录像下的讯问方略与技巧》、杨耀杰著《反贪审讯秘笈》、毕惜茜著《心理突破——审讯中的心理学原理与方法》等。

2.1.2 交叉访谈的特征

一般来说，交谈访谈具有以下基本特征。

1. 目的性。交叉访谈的目的非常明确，就是要在充分准备的基础上，运用各种心理学、语言学技巧，鼓励访谈对象如实回答访谈人员提出的问题，通过与调查对象企业不同岗位员工的交谈，了解企业的真实情况。

2. 对等性。交叉访谈中，金融机构与企业双方法律地位相等，是基于商业合作的平等关系，金融机构访谈人员与企业中的访谈对象同样是平等关系，对访谈人员提出的问题，企业员工有选择配合或不配合、如实回答或隐瞒真相、完整回答或选择性回答的权利。

3. 对抗性。为了获取融资，争取更大的融资额度和更有利的融资条件，企业往往倾向于展示自己最光鲜的一面，对存在的问题和困难则只字不提或轻描淡写。在访谈过程中，企业受访人员隐瞒问题的行为动机，与金融机构竭力发现问题、了解真相的行为动机之间，就形成心理对抗，这种对抗贯穿尽职调查的全过程。

4. 辨析性。为了尽可能全面、真实地掌握企业经营财务状况，尽职调查人员通过非现场调查和充分准备，了解了企业的基本信息。在交叉访谈过程中，企业实际控制人、财务总监及其他受访人员口头提供了其他信息。所有旧的信息与新的、动态的信息汇集在一起，尽职调查人员都需要进行分辨，快速判断各种信息的真伪，并在后续提问中作出针对性的动态调整。整个访谈过程都是一个对访谈信息进行汇总、辨别与动态分析的过程。

5. 谋略性。交叉访谈过程存在的博弈与对抗决定了其谋略性。访谈对象在所从事的领域从业时间较长，专业知识比较熟练，特别是企业老板，生活阅历和社会经验都比较丰富。没有谋略，尽职调查工作就很难取得较好的效果。谋略的内容主要包括：访谈前明确访谈目标与重点，谋划提问策略，框定访谈对象，访谈中隐藏提问目标，运用个人智慧和沟通能力，讲究访谈技巧和提问步骤，让真实信息自然而然、水到渠成的显现。

6. 不可预测性。强势的、健谈的访谈对象可能会控制访谈、转换话题或主导节奏。双方有时会相互怀疑甚至心怀敌意，也可能会边谈边看、暗中较劲。访谈场景也可能会比较特别，比如为了体现对你的重视，体现企业所在地政府对企业的认可与支持，企业老板将园区管委会或财政局领导请来作陪，而这种场景又在你的预料之外。

2.1.3 交叉访谈的意义

一、有利于提高尽职调查工作质量

日常工作中，金融机构与企业实际控制人、财务负责人或其高管团队中的1~2人集中见面访谈比较常见。这些访谈对象是企业中的领导力量，个人利益与企业发展高度相关、利益共享、信息互通、心系相连，对尽职调查人员报喜不报忧，很少会在访谈中露出破绽。但“偏听则暗”，导致这种单一的访谈形式往往很难取得良好效果。所以，本书所指“交叉访谈”，关键在于“交叉”。通过“交叉”，与关键岗位的多名员工进行独立访谈，就会起到“兼听则明”的效果，提高尽职调查工作质量。调查科技型、服务类等轻资产或知识密集型企业，交叉访谈的重要性更加凸显。这些企业中，人力资本往往是最核心的企业资源，有形资产规模小，当前的收入利润情况对企业未来发展不具备重要意义，盈利模式、核心团队、科技含量、激励机制、员工精神面貌等非财务因素很重要。但这些信息都是无形的、看不见的，大部分存在于员工的内心。仅仅听取企业老板的介绍易失偏颇，交叉访谈就非常重要。全球著名的私募股权投资机构黑石集团也很重视交叉访谈①。

---

① 苏世民（美国黑石集团联合创始人）在《我的经验与教训》一书中提到，“我还决定永远不只与任何潜在投资的主要合伙人交流。如果有具体的问题，那么我会打电话给最初级的人，一个负责整理电子表格，对数据最熟悉的人……我可以观察和聆听那些知道具体细节的人，通过他们的姿势或语调判断他们（对并购交易）的感受”。

二、有利于提高尽职调查工作效率

金融机构对企业现场尽职调查时间十分有限。在有限的时间内，要在企业财务数据、会计凭证的茫茫大海中抓住关键信息，得出调查结论，是一项几乎不可能完成的任务。你提出了疑问，客户要是没骗你，你就迅速地获取了很多信息；他要是骗了你，被你察觉到了，你就可以追问一系列关联的问题把他的谎言放大，再通过逆向审计收集证据并予以证伪。实际工作中，会计师事务所对企业进行年报审计，一般会派多人团队驻点工作，花费时间很长，但也离不开与企业进行访谈的工作环节。信用评级、投资并购、管理咨询等各类金融服务的尽职调查工作，都必须借助访谈工具。在充分准备的基础上，交叉访谈可以让我们快速掌握企业情况，发现问题线索，为逆向审计等下一步工作指明方向，节约尽职调查工作需要的时间资源与人力资源，提高尽职调查工作的针对性，增强尽职调查人员对尽职调查结论的信心，提高业务决策效率。

三、有利于开展金融服务交叉营销

通过与老板等高管交谈，我们可以了解企业的发展战略、盈利模式、组织架构、制度流程、业务结构等总体情况。通过与员工交谈，我们可以了解员工精神面貌，核实薪资发放情况、制度执行情况及在企业基层执行中的具体做法和存在的问题，可以对企业老板或高管介绍的情况进行交叉核实验证。这样一个倾听来自企业内部多名员工对企业不同角度看法的机会，是企业老板都无法拥有的。尽职调查人员有时会在不经意间发现企业存在的问题，结合金融机构财经管理理论基础扎实、走访企业多、了解企业先进做法多的优势，为企业改善经营管理提出建设性意见。有意在某个特定的方向为企业提供更多增值服务的金融机构，则可以在访谈中兼顾交叉营销的目标，开展有针对性的访谈。

四、有利于更准确地判断企业发展的未来

尽职调查的任务是要分析企业发展的历史与现状，站在当前的时点，去预测企业发展的未来。但时代的脚步太快，经济社会生活的场景变化

之大，让人目不暇接。对金融机构来讲，最好的状态莫过于客户企业“他好我也好”。企业能否应对未来想得到以及想不到的各种风险挑战呢？在厚厚的纸质材料中，你很难找到线索，客户的这种能力就写在管理团队的履历、眼界、思路和谈吐中，写在企业员工的精神风貌及其反映的企业文化和制度中。通过访谈你能够感知企业之间存在的差异，访谈的企业越多，对比越强烈。访谈对象的语言、表情和肢体动作建立在其心理事实之上，很难造假。所以，交叉访谈可以让你透过客户的眼睛去展望企业的未来。

五、有利于培养高素质尽职调查人才

尽职调查是一项专业性水平要求很高的工作，也是从事金融一线工作应该掌握的基本技能。打造一支高素质、专业化的尽职调查队伍，是金融机构开展业务的组织保障。鉴于交叉访谈在尽职调查中的重要作用，提高交叉访谈能力是金融机构从业人员提高尽职调查能力的关键所在，同时也是难点所在。从知识属性上看，“充分准备”和“逆向审计”涉及的知识主要是“归类知识”[①]，而“交叉访谈”涉及的知识属于“沉默知识”。每一次交叉访谈都是开创性的，没有参与过交叉访谈工作的人很难把握其中的奥妙，更难以将其自如地运用。一些工作时间较短的新手在尽职调查中普遍存在访谈目标不明确、访谈思路不清晰、提问内容散乱等问题，在访谈过程中还会出现僵局、冷场，不得不草草结束，其造成后果就是一通操作下来，对企业还是云里雾里，无法形成明确的尽职调查结论。因此，调查人员只有亲身参与实践，并在实践中不断摸索、体会、总结，经历成功的体验和失败的教训，才能成为访谈高手，提高业务综合素质水平。

① 归类知识是指能够通过读书、听讲等渠道获得，沉默知识主要靠实践取得经验。

2.2　交叉访谈的准备

2.2.1　礼仪与装备

尽职调查属于商务场合，每一个尽职调查人员的形象既代表自己，也代表所在金融机构。你的发型、着装、言谈举止、精神面貌都会影响客户对你的印象。外部形象上，男士不留长发、面容清洁、擦亮皮鞋、衣着干净无异味的应季服装，女士要端庄、大方、干练，穿着要正式一些，过于休闲会让客户感到不受尊重。讲话要谦和礼貌，态度不卑不亢。

出门前要带好装备，主要包括商务包、记事本、笔、调查（访谈）提纲、重要的基础资料、名片、U 盘等。如果企业情况复杂、基础材料多，你也可以带上手提电脑，便于随时查阅资料。访谈时注意手机要静音。

2.2.2　心理准备

一、要足够自信

与企业经营者相比，你不可能比他们更加熟悉行业，比如价格波动、技术诀窍、成本结构等方面。交流过程中遇到不懂的问题，要大大方方地虚心请教，既虚心倾听，又不卑不亢，目的是把问题搞清楚。提出问题时要有底气，不能心虚。当然，这种内生的自信需要访谈者具备较好的学识、阅历与社会经验。阅历少一些也没关系，只要事先认真研究企业特点，你也能较好地驾驭访谈。访谈中，对方讲的哪些是客观事实，哪些是谎言，访谈者要胸中有数，才能牢牢掌握访谈的主动权，达到访谈目的。准备得越充分，尽职调查人员就越有底气。

二、心理上要处于“进攻”状态

“老王卖瓜，自卖自夸。”若顺着访谈对象尤其是企业老板等高管的介绍思路，一定是多讲企业好的方面，对存在的问题则轻描淡写、“打太极”或只字不提。有一次，企业老板天花乱坠地讲完自己的优势以后，

我问他，企业内部还存在哪些问题，老板说有两个问题：一是受环保政策影响，地方政府一直批不下来“电镀”业务牌照，自己的产品总要运往外地电镀，增加了成本；二是订单太多，资金跟不上，有单不敢接。看起来回答了问题，但很显然这是在“打太极”。遇到这种情况，尽职调查人员要胸中有数，及时改变提问策略。尽职调查人员心理上的“进攻”状态，是一种自觉的、积极的、主动的心理活动状态，是一种要深挖企业潜在问题、全面掌握企业情况的内在心理诉求，有利于尽职调查人员对访谈工作全身心地投入，保持注意力高度集中。

三、树立良好的专业形象

专业形象是在访谈过程中尽职调查人员与访谈对象交流中形成的印象，它是在良好的仪表和风度的基础上，通过谈吐表现出来的，能够体现尽职调查人员的理论功底、金融业务实操经验和社会阅历等综合能力。尽职调查人员通过自然地、不经意地展示自己的综合能力，展示自己对本次尽职调查工作的充分准备，就能潜移默化地对访谈对象产生心理影响，引起访谈对象对尽职调查人员发自内心的尊重和对访谈工作的重视。访谈时，尽职调查人员要镇定自若，沉着老练，语言生动、合乎情理、富有逻辑性，知识渊博、经验丰富，情绪饱满、明察秋毫，打消访谈对象企图敷衍了事、蒙混过关的心理。

2.2.3 掌握基本的肢体语言知识

心理学研究以及日常生活经验表明，人的内在心理活动会通过面部表情、眼睛、眉毛及各种体态信息表现出来。有观点认为，65% 到 93% 的人际沟通是通过非语言行为和表情来进行的。有时，一个动作信号会传递一条信息。瞬间的眼神接触可能告诉你，对方隐藏了一些事或在说谎。非语言传播有时比语言更重要，传递的信息也更真实。如果语言信息和非语言信息相冲突，我们情愿相信非语言信息。尽职调查人员首先要注意自己的肢体语言，避免给访谈对象发出错误信号；其次要学会观察对方的肢体动作，判断其心理状态，以便及时调整访谈策略。

一、注意自己的肢体语言

如果你想要积极的、深度的回答，就要表现出开放的风度。如果你觉得对方讲得不错，希望他多讲，那就身体前倾，让对方知道你感兴趣。尽职调查人员的肢体语言应把握以下基本原则：

双臂向外张开，不要交叉在一起。

提问时身体直面你的访谈对象。

提问时看着对方的眼睛。

站立或坐立时要保持身体端正。

让两只脚都落在地面上，不要摇晃身体。

如果想鼓励对方多讲，就不要看起来焦躁不安，即使对方在某些问题的回答上过于冗长，让你感到厌烦。

提问完之后，身体向前倾，表明你对答案的兴趣。

保持脸部肌肉的放松，避免皱眉、皱额头、噘嘴、咬嘴、斜视、龇牙咧嘴等引起沟通不适的表情。

微笑，保持友善面孔。

保持正常呼吸。提问完后的一阵重重的叹息声可能会让对方不安。

要表现得像对回答结果有所准备一样。要永远为意料之外的答案做好准备，奇闻怪事不常发生，但还是有可能发生。要应对自若，泰然处之。

有时候，你无意识地看表就可能被对方理解为告别动作，而实际上，你只是为了看看还剩下多少时间，而不是准备结束。所以，要对你的肢体语言保持警觉。

二、学会解读对方的肢体语言

注目正视，表示尊敬、关注。

眼睛眨个不停，表示疑问、思考。

瞳孔放大，说明心情兴奋，对某种事态的反应迎合了自己的心理需求，或达成了共识。

眉毛紧锁，有时会下意识地抿嘴咬牙，则可能是在说谎，思想矛盾，触及了要害问题。

点头一般表示赞同，点头动作的快慢、强弱，表示赞同的程度。

将左腿交叠在右腿上，双手交叉放在左腿跟两侧，表明优势心理和自信心很强。

两腿和两脚后跟紧紧并拢，双手放在两膝盖上端端正正，表明心里处于顺从状态，愿意接受问询（常见于企业员工）。

身体自然半躺或后靠而坐，双手自然下垂到两腿之间，则心里平静（常见于企业老板）。

此外，肢体语言还有很多种，你可以查阅更多有关肢体语言的书，并在具体业务访谈场景中加以体会。

2.2.4 起草访谈提纲

交叉访谈是个费脑子的活儿。访谈时，你不仅要搞清楚对方说了什么，还要知道对方说的什么意思，然后还得作出适当的反应，并提出能够刺激对方说出更多信息的问题。职场菜鸟往往会顾虑重重，担心自己的反应不够快而无法做好访谈，或者害怕丢失试图追问的线索，这时你需要一个访谈提纲。

访谈提纲是一系列问题的组合，是访谈指导材料。你可以写得比较正式，这样就可以报经验丰富的领导或同事审阅，请他们提出建议；也可以写给自己看，可以很不正式，自己能看懂就行。准备一个访谈提纲并不意味着访谈时你一定要依靠它。你经常会发现，一阵寒暄之后，被访者就主导了谈话，介绍起他认为你会感兴趣的话题。对方讲了一个半小时后，才问你想了解些什么。你刚开口问了一个问题，他又讲了半个小时。这种情况下，准备好的提纲就很难发挥作用。即使拿着正式的访谈提纲，访谈通常也不会按照拟定的提问顺序进行。如果对方在回答前面的问题时顺便已经回答了后面的问题，你可以直接跳过后面的这些问题。另外，访谈提纲上罗列的问题也不是一成不变的，如果你发现一些新的重要问题，也可以追加询问对方。

访谈提纲一般都能派上用场，至少它可以提醒你还有哪些重要问题没有问到，避免遗漏。但它也会让新手在访谈时分心。如果总是依赖访谈提纲来决定接下来要问的问题，你就很难用心聆听对方回答的内容，并根据他们的回答来调整你的问题，你好像只是在重复一个事先准备好的清单，而不是在作访谈。所以，你也可以用一些简单的词汇或符号，为自己准备一个提问方向的清单，而不要用完整的语句把问题写出来。

2.3 参观企业生产经营场所

现场走访参观企业生产经营场所，是尽职调查的重要一环。充分准备是基于书面材料产生的对企业的理性认识，现场参观则是对企业的感性认识。俗话说“百闻不如一见”，感性认识与理性认识相结合，才能形成对企业的准确判断。有的企业不太注意“打扮”自己，本来经营财务状况十分健康，但报表数据上却不尽如人意甚至十分难看。也有的企业则包装过度，败絮其中，却金玉其外。比如，按照会计核算的历史成本原则，固定资产按历史成本入账，有的企业长期专注主业，不在房地产上大量投资，账面固定资产本就不多，再经过多年折旧，其净值更是所剩无几，但到现场调查一看，实际上主要资产中的房产位置很好，地处闹市区，市场价值已远超账面净值。只有通过现场走访企业才能发现这些信息，挖掘市场机会，或识别潜在风险。

现场调查走访是金融业务制度必然的要求和必经的程序，但实际工作中到底应该如何参观？有没有基本套路或基本规程？有哪些注意事项？人员培训的时候往往会忽视这些问题，导致这个环节始终处于模糊地带。参观前有所准备，参观时胸中有数，参观后有所收获，才是理想的现场效果。本部分内容首先介绍厂区规划、生产管理等工厂现场管理

有关知识，再列出现场参观要点及注意事项。

2.3.1 提前约见

与所有拟访谈的人见上面，是访谈成功的基础。提前告诉企业，你打算在哪天去现场尽职调查，希望见哪些人，对方帮你约好相关的人，就可以尽可能地避免尽职调查无功而返，或出现调查不充分、不全面的问题。访谈对象一般包括企业老板、财务总监、会计及其他重要岗位的员工。老板指民营企业的大股东或实际控制人，国有企业的董事长或主持日常经营管理工作的主要领导。财务总监是指分管财务的副总、总会计师或财务部负责人。会计指在会计岗位上并能随时调阅会计凭证的人。其他重要岗位的员工则是个泛称，可以包括企业中其他任何岗位的员工，包括其他高管、中层领导或基层员工，具体人员要看尽职调查重点而定。

比如，存货是你的尽职调查重点之一。与存货相关的部门：采购部门，负责存货（原材料）的采购，掌握采购数量、采购渠道、采购方式、采购价格等信息；仓库负责所有存货的保管，掌握存货的数量信息，入库、出库等流量信息，但一般不掌握价格；生产部门负责存货的领用；销售部门掌握存货（产成品）的销售数量、销售渠道（主要销售客户）、销售价格及结算方式等信息；财务部门负责所有环节的会计记账，并通过内部管理制度要求的各种凭证、表单，掌握与存货有关的所有信息（存货质量除外）。你要见的“重要岗位的员工”可能要包括库管员，通过他，你可以了解库存的平均水平、主材的备货水平，当前库存是高、低还是正常的判断。结合对仓库的实地走访和有关存货数量、价格、总价的会计记录或财务数据，你就能对存货价值的充足性、存货水平是否合理等情况作出一个基本判断。

即使提前约见，到了现场，仍然会碰到各种情况，比如约谈对象临时外出办事，或孩子生病请假了；要现场查阅的材料还没有准备好；管纳税和网银的出纳去税务局了；临时停电，或系统突然崩溃；网银U盾在保险柜里，掌管保险柜钥匙的人却不在公司；政府临时通知老板、财务总监或其他高管开会；等等。遇到这种情况，尽职调查人员首先要在内心打个问号，是约谈对象真的临时不在，还是企业有意回避关键问题。同时，应及时调整策略，通过其他人员、其他方式了解情况。如果仍然遇阻，那就大概率要放弃了，因为企业感觉到你触及了实质问题，不敢向你展示你要看的东西。特别重要、不能轻易否决的业务，可以选择改天再次上门的方式延后处理。达不到尽职调查目的，就不能充分识别潜在风险，就绝不妥协让步，杜绝糊里糊涂做业务。

2.3.2 企业的生产运作管理

要看懂企业现场，发现生产经营现场的秘密，就要了解企业如何进行现场管理。现场管理是一个比较小的概念，它归属于企业的生产运作管理。

企业之间的竞争到底靠什么？不同的企业有各自不同的发展战略和不同的成功经验。但归根结底，都体现在企业所提供的产品和服务上。企业的核心竞争力来自市场渠道、生产技术、成本管理或人力资源等方面，但所有这些竞争力都是为了体现在最终产品和服务上，因为消费者或客户不关心你的核心竞争力是什么，只在乎你提供的产品或服务给他们带来的价值或效用。哪个企业的产品质量好、价格低、服务及时，哪个企业就能在竞争中获胜。而企业产品或服务的竞争力，在很大程度上又取决于企业生产运作管理的绩效，即如何保证质量、控制成本和及时交货。某种意义上来说，生产运作管理是企业竞争力的真正源泉。

一、什么是生产运作管理

把输入资源按照社会需要转化为有用输出，实现价值增值的过程就是生产运作活动的过程。一个企业的产品或服务的特色与竞争力，是在转化过程中形成的（见表2–1）。

表2-1 不同行业的生产运作过程

行业	输入资源	转换过程	输出资源
制造业	厂房、原材料、设备、工人	制造、装配	产成品
医院	病人、医生、护士、药品、医疗设备	治疗、护理	恢复健康的人
学校	学生、教室、教师、教材	传授知识、技能	受过教育的人才

生产运作管理的工作对象是生产运作系统。所谓生产运作系统，是指实现上述转换过程的手段，包括一个物资系统和一个管理系统。物资系统主要由各种设施、机械、运输工具、仓库等组成，与生产过程中的物资转化过程相对应。管理系统主要是对物资系统进行设计、信息收集、传递、控制和反馈，与生产中的管理过程相对应。生产运作管理的目标是高效、低耗、灵活、清洁、准时地生产合格产品或提供满意服务。在企业各项管理活动中，生产运作管理处于执行的地位，是企业管理活动的基础。

二、生产运作管理的内容

生产运作管理主要包括生产运作战略制定、生产运作系统设计、生产运作系统运行及生产运作系统改善四个方面。其中，后两个方面与尽职调查相关度较高。生产运作系统的运行及改善主要包括市场需求预测、制订生产计划、作业计划与控制、库存管理、企业资源计划（ERP）、供应链与物流管理、项目计划管理、设备综合管理、生产现场管理、质量管理等方面。

用生产物流管理举例来说。生产物流是指企业在生产工艺过程中的物流活动（物料不断离开上一工序、进入下一工序，不断发生搬上搬下、向前运动、暂时停滞等活动）。生产物流管理的总体目标是要让物流规范有序并降低物流成本。首先，要规划、设计好厂房布置，如图 2-1 所示。其次，按照加工工艺顺序，布置好车间内的设备。最后，在仓库内根据搬运频率、搬运难度等因素，科学放置各类物料或产品。总的目标是做好统筹规划，理顺厂区内物流，尽可能方便生产，控制运营成本。

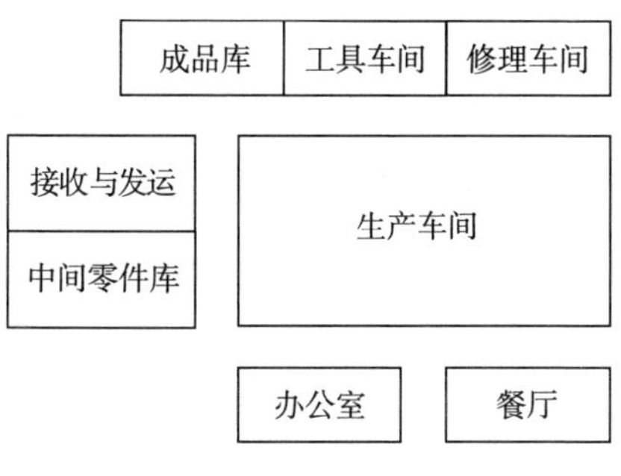

图2-1 常见的厂区设置

2.3.3 现场参观调查要点

一、生产场所

1. 要按生产制程或工艺流程参观，从原材料开始，看生产加工的全过程直至产成品，直观感知企业主营业务和核心产品。

2. 看厂区内厂房建设和设备安装的饱和程度，以及设备开工率，了解现有厂址的扩产能力，观察固定资产成新度，估计对比其变现价值与账面价值。

3. 看车间内生产管理看板与员工精神面貌，直观感受企业的生产管理水平。

4. 看制造工艺的现代化、自动化程度，估计企业生产工艺的先进性水平，估计其资本密集、技术密集或劳动密集程度，进而联系其成本结构，判断是否基本合理。

5. 看水耗、电耗、气耗等能源资源消耗水平，看安全生产保障措施，看废水、废气、废固与环保设备，直观感受企业生产对能源消耗及环境的影响，评估其安全生产及环保政策风险。

6. 看仓库中存货的装箱日期或物流日期，看存货包装或货架表面的浮尘，判断是否有积压存货，估计存货水平与报表数据是否基本匹配，存货是否存在明显虚增或减值。

二、办公场所

1. 看部门设置，注意有哪些部门，各部门的办公面积、人员数量及在岗情况，看员工的精神面貌与工作状态，比如忙闲程度。

2. 看办公环境，了解企业文化，揣摩员工幸福指数。比如不同的企业可能分别配备有咖啡机、食堂、健身房、棋牌室等，反映企业倡导的价值观与人文关怀。

3. 看老板办公室的陈设，侧面了解其爱好。有的老板桌面的东西很少，可能产业较多，不常在此办公；也可能是喜欢整洁的办公桌面。有的会摆放紫砂壶、字画或各种高雅收藏。有的摆满了产品样品、模型或设计图纸等工作用品。这些都可以帮助调查人员侧面了解老板的爱好和工作状态。

2.3.4 注意事项

1. 不要一味地跟着企业的人走，要根据现场考察情况随机应变，必要时应主动要求改变参观路线。

2. 边参观边交流，向对方请教各种问题，比如在生产场所询问生产工艺的问题，在办公场所询问部门职责的问题等。这些交流不仅帮助你了解这家企业，也帮助你熟悉企业所处行业，为日后工作提供帮助。

3. 切忌走马观花、浅尝辄止，尽量步行参观，确有必要可乘坐厂车参观，忌怕热、怕冷、怕脏、怕吵、怕臭等各种怕苦。

4. 参观仓库时要往里走，因为常用的东西总是放在门口，而呆滞的、不常用的存货总是会被自然而然地挤到角落。

5. 要根据充分准备的情况及尽职调查提纲，看企业生产经营的现场信息与财务数据反映的情况是否存在明显不符，着重注意尽职调查重点。

笔者参观过一家照明灯具生产企业，参观前通过书面材料感觉企业各方面都正常。老厂区生产节能灯，厂区较小，因顺应市场形势，产品要升级换代为 LED 灯，就建了新厂区。一圈转下来，新厂区的厂房建设规模明显过大，厂房显得比较空旷。再问新厂区投用了几年，五年多了，这就不正常，说明企业前期固定资产投入过大，现在产能却没有跟上，这种情况就很难盈利。在老厂区，走在厂区道路上跟着老板参观，笔者就发现不远处的一处厂房，显得有点落寞（不要问我怎么看出来的，反正经常有人、车经过的路面与人迹罕至的路面，看上去就是不一样）。老板也没打算往那个厂房的方向去，笔者就临时要求参观一下那个厂房。找人来把门一开，满仓库都是积压3年以上的节能灯及配件。这种情况，企业就比较危险，老产品已被淘汰，形成包袱；新产品市场渠道还没打开，前期投入大，很难盈利。这家企业在当地算是明星企业、纳税大户，地方政府很支持，考虑到担保措施比较充分等多种因素，最终给予了贷款支持，但不到一年企业的资金链还是断了。好在担保措施充分，笔者所在金融机构并未形成损失。

还有一家企业，生产民用不锈钢制品，比如锅碗瓢盆等日常生活用品，原材料是废旧钢材，生产过程没有很高的技术含量。到现场一看，厂房建好了，还没有正式投产，小电炉摆了十几台，一看就是高能耗的东西，同样是除锈、冶炼、熔铸等工艺，但关键装备落后了，生产成本肯定比竞争对手高，从一开始就注定要失败，结果这家企业没过两年就关张了。你可能要问，既然外行人都能看出来，那老板他就干这一行，那他岂不是个傻子？这老板原来跟着别的老板干这行，刚刚出来自主创业半年，很自然地就采用原来的工作方式，这就是工作惯性问题。这就是“当局者迷，旁观者清”。

2.4 交叉访谈的技巧

访谈并不是每个人天生就会的，而是需要后天学习的一种技巧和艺术。绝大多数人都是依靠观察职场前辈、团队领导以及亲身实践来学习如何进行访谈。然而师傅的水平是有限的，而且是参差不齐的，所以徒弟通过观察学习来的水平往往也难以提高。即使访谈能力被实践证明很好，20 年的经验也许只是进入职场第 1 年的不完美经验的简单重复。对既往经验的反思、总结与升华以及再实践，在任何领域都是必需的。交叉访谈是一种实践活动，对访谈实践的理论总结与学习十分重要。

进行一次交叉访谈并理解访谈对象表达的意思所需要的技能远远超过日常谈话，提高这些技能需要大量的观摩、学习和实践。在第 1 章充分准备、2.2.4 起草访谈提纲和 2.3 参观企业生产经营场所中，我们明确了调查重点和访谈主题。那么，怎样选择合适的访谈对象？怎样引导对方配合并保持专注？以怎样的形式提出适当的问题？能不能相信对方告诉你的一切？本节试图解决这些问题。

2.4.1 访谈场景安排

一、访谈时间

访谈时间一般应安排在客户企业的行政上班时间，制造业企业应同时是正常生产时间。一般应在早上 9:30 之前或下午 14:30 前进场，保证有效工作时间充足，能够较从容地完成尽职调查提纲中拟定的尽职调查内容，对尽职调查过程中发现的新情况，也要有预留时间予以应对。避免出现访谈工作还未完成，拟作为访谈对象的员工却已下班离开公司的尴尬情况。

二、访谈地点

访谈地点一般安排在客户企业的办公场所，具体地点主要有两个地方：一是老板（实际控制人）或财务总监（财务负责人）的办公室；二是会议室。

最理想的地点应是会议室。会议室是一个相对独立、封闭的场所，便于开展对不同访谈对象的独立访谈。访谈间隙中，尽职调查团队内部还可以作简单交流。

办公室是老板（实际控制人）或财务总监（财务负责人）的办公场所，

也是他们的私人空间。在办公室访谈的好处：访谈人员有更多机会去观察老板办公室的陈设，侧面了解老板的性格与喜好。但更多的是不足，在其办公室，老板会受到日常工作较多的干扰，比如合作单位临时登门、员工找老板签字、员工汇报工作等，导致访谈进程容易被打断，影响访谈进程及访谈效果。另外，在私人空间里，老板会有更强的心理优势，对访谈效果造成潜在不利影响。

偶尔也会有例外。比如风险投资机构与企业实控人的交流可能会有多次，每次交流的目的都有所不同，初期交流一般也不涉及深度的尽职调查，这种访谈的地点可以在创投机构的办公室，也可以在安静的茶餐厅等双方都愿意去的地方。

三、访谈人员

金融机构有关尽职调查的制度要求至少 2 人，分别为 A、B 角。为减少对客户的烦扰，一般安排 2~3 人进场为宜。A 角应主要承担提问和语言交流的任务，要求工作经验更丰富；B 角对访谈内容做好记录，做好相应访谈工作底稿；两人相互配合、相互补充。若尽职调查难度较大或该笔业务重要性较高，业务团队负责人应亲自带队，承担访谈任务；或仍由 A 角主问，负责人把握整体进度与访谈局势，并作重要补充。

合作金额大、风险敞口大、尽职调查难度大或内部争议大等情况复杂的业务，业务部门提交尽职调查报告后，风险审查团队或上级领导可能会组织二次进场。二次进场前，进场团队仍要充分准备，掌握企业基本情况，并了解业务团队尽职调查的过程及成果，提高对首次尽职调查未查清问题的针对性，尽量避免重复劳动，提高尽职调查复核的工作效率，确保工作效果。当然，审查团队也可以对业务团队尽职调查成果进行抽查，核实尽职调查报告反映情况的真实性。

四、访谈对象

同金融机构对接的人一般是企业负责融资的人，到了现场，自然少不了他来接待，再加上企业老板或某位高管亲自出面，对方 2~3 人和己方 2~3 人一起谈，是比较常见的情形。在这第一场访谈中，老板和融资对接人应对金融机构的经验比较丰富，不同机构提出的问题往往又有较大的共通性，所以你提出问题中的大部分一般都能得到解答。

在第二场、第三场乃至后续访谈中，你要注意挑选不同部门、岗位的员工，向他们了解企业情况，从不同角度对企业情况进行交叉核实。同警察隔离审讯嫌疑人的道理一样，为达到交叉核实的效果，这个阶段一般应独立访谈。此外，同正确的人交谈是解答尽职调查问题的关键所在，但谁才是正确的人选往往却未必一目了然。选人，其实就是选岗位。哪个部门的哪个岗位，清楚你要了解的情况，那么他就是你要找的人。要找到这个人，你就要了解企业的部门设置及职责分工，常设部门及其职责请查阅 3.2.2 部门设置。然而，不同行业中，企业的部门设置及部门职责会截然不同；同行业中不同规模的企业，其部门设置及职责分工也会大相径庭；同行业同等规模的企业中，部门设置差别虽然不大，但在具体分工上还是会存在差异。具体到今天现场调查的这家企业，其部门设置及分工是怎样的，你要在第一场访谈中解决。

五、录音录像

尽职调查通常不需要录音录像。但有两种情况时，可以考虑：一是对重要项目，内部意见可能不统一，需要音频或视频作为内部辩论时的证据；二是想利用一些访谈场景用于内部培训，以及对访谈过程进行后评价。

如果要录音录像，之前应征求对方同意。在访谈开始时，有的人可能会“正襟危坐”，但大多数人很快就会忘记记录设备的在场。录音录像当然也有弊端：在一些需要保持随意的场合，多少会让人感觉到别扭；如果需要对方说出秘密，则不宜录音；过度依赖录音，会让你的记忆能力下降。

2.4.2　访谈过程

访谈过程大致可分为三个阶段：开场白、提问交流和结束性谈话，其中提问交流阶段占用时间最长。在第一阶段，尽职调查人员可以介绍自己、介绍访谈主题或访谈目的，并与被访者之间建立一定的信任关系。在第二阶段，尽职调查人员提出一些针对现实、更敏感、更难回答的问题。快结束时，则逐渐降低讨论的强度。

一、开场白

尽职调查人员与访谈对象虽同在一室，身体相距近在咫尺，但相互初次见面，又存在询问与被询问甚至调查与反调查的关系，心理差距、情感差距往往离之千里。只有从心理上接近访谈对象，才能营造宽松的访谈氛围，取得良好的访谈效果。

访谈通常会以几分钟的闲聊开场，闲聊的内容可以包罗万象，比如天气、重大新闻事件、企业展示的荣誉、猪肉价格、体育赛事、中美经贸摩擦等。闲聊之后，尽职调查人员可以简单介绍来访人员及所在金融机构的简要情况，介绍本次访谈目的，告诉对方一个明确的大概时长，介绍本次尽职调查工作的大致程序和工作内容。一般来讲，企业老板、高管及财务总监等人对来访目的比较清楚，但如果对同一人进行二次甚至多次访谈，对方可能不清楚访谈目的。企业的非财务部门或基层员工一般不清楚访谈目的，必要时应予以说明。

二、提问交流

在足够的开场白之后，根据访谈提纲上列出的一系列问题，尽职调查人员开始提问。提问是整个访谈过程的核心，决定着尽职调查访谈的成败。但紧张的访谈氛围可能会使被访者感到不安而想尽早结束访谈，回答问题会很快、语言简短而缺乏深度。访谈双方放松的状态，为全面、丰富的访谈创造良好的环境。

为了让访谈对象放松下来，最初的几个问题至关重要。这一阶段，不妨问一些泛泛的、没什么难度的问题。比如，“你是哪年来这里工作的？”“怎么来的？”“现在哪个部门？具体做什么工作？”这些问题都能让被访者感到轻松自在，并且有话可说。这是寻求建立友好联系、

发展良性关系的关键时机。

接下来，访谈才正式进入核心阶段，可以问一些更敏感、更难回答的问题，围绕尽职调查人员重点关心的问题，展开系列的问答。具体技巧会在下文详细阐述。

三、结束性谈话

结束访谈前，可以对照访谈提纲，看主要任务有没有完成。访谈结束时，被访者应当因为畅所欲言而感到自在，尽职调查人员也因解开了心中所有疑问而感到高兴。访谈结束的理想方式应当是积极的，因此有争议的或敏感的问题应当在访谈中段提出。

结束语表示访谈结束，而不是你们的关系结束。“买卖不成仁义在”，即使合作不成功，双方也可以保持社会关系或一见如故的朋友关系。在结束性谈话阶段，你可以：

1. 向对方的接待与配合表示感谢；

2. 谈一谈自己对企业的良好印象与初步认可，简单提 1~2 点改进建议（有话则谈，无话就不要勉强）；

3. 表达对双方下次会面的美好期盼；

4. 介绍推动双方合作的下一步工作安排；

5. 询问对方私人问题，表达对他的关心，并传递访谈话题已经结束的信号。

除语言信息外，你还可以搭配一些肢体动作：从椅子上站起来；把双手放在膝盖上好像要站起来；主动握手；看表；等等。

2.4.3 如何提问

在访谈中，提问是用来获取信息、检验信息准确性、激发感情和思维的重要工具，提问的质量决定了访谈的质量和效果。掌握提问的类型及其使用技巧，你就可以迅速地提出恰当的问题，得到满意的回答，顺利完成调查任务。反过来，提问方式不当，会将简单问题复杂化、浪费时间或使访谈陷入僵局，达不到理想效果。

一、问题的种类

尽管问题的类型可以归类为几十种甚至更多，但每个问题都有三个最基本的特征：开放的或封闭的；初级的或次级的；中性的或诱导性的[①]（见表 2–2）。

表2–2　问题的基本分类

	中性		诱导性	
	开放式	封闭式	开放式	封闭式
初级	你们老板对员工怎么样?	你们老板对员工好不好?	很多员工反映说老板人品很好，你怎么认为?	很多员工反映说老板人品很好，你也这么认为，对吗?
次级	为什么这样评价?	举个例子来说呢?	那你为什么对老板还有意见呢?	经常加班，所以你想走，对吗?

（一）开放式问题

开放式问题指让受访者自由作答的问题，在所提问题的后面，不会列出可能的答案供受访者选用。这类问题很宽泛，回答者有自由的空间来决定提供多大的信息量。例如：

你觉得王老板人怎么样?

你觉得未来几年公司发展将面临哪些机遇和挑战?

是哪些因素，吸引了你在这个公司待了 12 年?

开放式问题的特点主要包括：

通常会被积极对待，激发对方的谈话热情；

能够涵盖很大的范围，促成既有广度又有深度的参与；

能够将一件事完整地说清楚；

① 详见：查尔斯・J. 斯图尔特、威廉・B. 凯什、龙耘著《访谈的艺术》。

让尽职调查人员有机会观察对方的知识水平和性格特点；

会拉长访谈时间，对紧扣访谈主题和控制访谈节奏的要求更高。

（二）封闭式问题

封闭式问题指事先设计好备选答案，受访者从备选答案中挑选自己认同的答案，回答问题被限制在很小的范围。例如：

你们每月几日发工资？

这笔付款的对手方××公司，他们的李老板是咱们王老板的小舅子，是吧？

这笔应收款是不是就收不回来了？

封闭式问题的特点主要包括：

缩小讨论范围，保持聚焦主题，不给离题一丝机会；

用于获取尽职调查人员要了解的特定信息，防止模棱两可的回答；

答案简练，包含的信息量较小，过度使用会导致信息过于琐碎。

将开放式问题和封闭式问题组合起来使用，发挥它们各自的作用，往往能取得较好的效果。例如：

开放式：你的财务功底怎么样？答……

紧接着问一个封闭式问题：知道怎么计算净资产收益率吗？

（三）初级提问与次级提问

初级提问用来引出新的话题或将同一话题引入新的角度。这样的提问独立性较强，即使脱离特定的语言环境，也具有意义。例如：

你（仓库管理员）的日常工作主要包括哪些？

对生产车间的日常管理有什么改进建议吗？

为了拓宽海外市场，公司采取了哪些措施？

次级提问设置在一个初级提问或次级提问之后，用来发现其他隐含信息。次级提问只有和其前面的提问结合在一起才有意义。例如：

再具体一点讲呢？

还有什么建议吗？

这些措施产生的效果怎么样？

（四）中性和诱导性的提问

中性提问让被访者在没有暗示或压力的情况下自由发挥。诱导性问题给被访者暗示带某种倾向的答案，或设下一个圈套，引导被访者给出有利于提问者的回答。例如：

中性提问：你们的工资每月都能准时发放吗？

诱导性提问：你们的工资经常会拖欠，是吧？

中性提问：上个月到期的 2000 万元贷款，你们是怎么还上的？

诱导性提问：上个月到期的 2000 万元贷款，你们是从哪个机构过桥的（暗示着企业存在过桥融资）？

诱导性问题有其一定的应用价值，这取决于你希望达成什么目的。但诱导性问题也有它的弊端，被访者为了避免正面冲突或迎合你的意思，可能会歪曲自己的本意，给出一个对你来说合意却背离事实的答案。所以，要谨慎使用这种问题。

二、追问的技巧

在访谈中，如果你听到了过于简化、宽泛的概括时，或对方提出了某种新观点，意料之外的重要话题或与其他线索相对立的观点时，就应当进行追问。追问的句式可以很简单，比如：怎么了？为什么呢？什么原因呢？为什么会这样呢？能举个例子吗？具体表现呢？或者重复对方的话、沉默、点头等。先来感受一下：

问：本次融资主要用于什么目的呢？

答：经过前期漫长的检测、考察与论证，我们可能很快就要成为 ×× 的合格供应商，正式进入它的供应商体系了。×× 的订单会更加稳定并有望实现快速增长。

问：（点头，沉默，鼓励对方继续）

答：现在我们正在跟 ×× 谈一笔订单，如果能顺利落地，就预示着我们与 ×× 的深度合作即将开始。所以这个订单非常重要，我们必须提

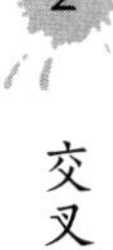

前作一系列准备，争取尽快签署协议，并及时组织生产，按时交货。

问：（追问）具体要作哪些准备呢？

追问可以将访谈引向深入，获取关键信息，追问的时机大体上可以应用在以下几种情形。

1. 刨根问底寻真相。通过财务数据的变化去揣摩企业经营情况的变化，将财务语言转化为经营情境，再将经营情境联系到企业相应的各种内部变化，实现各方面信息的交叉验证。比如：

问：这几年公司的营业收入增长很快，主要是什么原因呢？

答:（可能的几种解释）扩大了产能、开拓了新市场、开发了新产品（服务）、产品价格上涨等。

不管什么原因，任何变化都会带来相应的变化，我们都可以通过不同的角度予以验证，详见表 2–3。

表2–3　不同情形下交叉验证的方法

经营变化	交叉验证的方法
扩大了产能	现场走访中车间有新的生产线吗？生产线是否增加了？资产负债表中固定资产余额是否增加了？审计报告附注中固定资产明细是否有相应体现
开拓了新市场	销售团队是否扩大了？是增设了销售部还是原销售团队增加了人员？找销售部人员访谈核实，或找人力资源部（人事专员）询问
开发了新产品或新服务	找销售部、生产部门或技术部门询问
产品价格上涨	产品的市场价格形势是否如此？可以通过公开信息查询或找销售部、财务部询问，也可以通过销售合同进行对比

所以，不管对方如何回答，你都可以将表 2–3 列出的交叉验证方法转换为追问的问题，将访谈引向深入，逐步接近真相和细节。

2. 信息前后矛盾，发生事实性错误。

问：有息负债增加了 5000 万元，但财务费用为什么增加了 1000 多万元？融资成本有这么高吗？

3. 描述夸张，缺乏事实和证据。

问：您谈到的这些投资项目都非常好，能不能为我们展示一下，与这些项目相关的投资协议、可行性报告或商业计划书等文件呢？

问：您刚才多次谈到，通过生物酶技术，可以大幅提升药品化学成分的转化速度，缩短生产周期、降低生产成本、减少污染排放，而且国内仅有贵公司一家拥有这项技术。那么，这项技术的原创专利从哪里来？生物酶又是怎样培育的呢？

4. 答案与问题不相关或不完整、模棱两可。说话绕圈子，故意说得模糊不清，企图蒙混过关、拖延不决……如果发生这种情况，你可以转变风格，从和蔼可亲、谦虚委婉、为他人着想，变得原则性强、富有对抗性和韧性，不达目的不罢休。对方对自己的回答方式其实胸中有数，所以你必须让他明白自己需要最真实的答案。狡猾的对手可能会有意岔开话题，这时，注意不要顺着对方的回答偏离方向。

问：您为什么不直接回答我的问题呢？

问：这个问题我们可以待会儿再讨论。我还是想知道，这个项目您到底已经付了多少钱？还欠多少工程款？

访谈新手在进行追问方面可能会存在困难，但只要勤加练习，就可以使即时追问变得越来越容易。那些看起来像是随机应变产生的追踪问题，实际上常常是事先准备的结果，而不是单纯靠聪明才智和临场的机敏发挥。擅长在访谈中追问会让诚恳的交易对手在内心里对你肃然起敬，也会让有意欺骗的对手对你“恨得牙痒痒”。

三、深度提问

鼓励被访者提供具有深度且详细的回答的最好办法，是让他知道，你对企业及其所处行业已经有相当程度的了解，你知道当前的行业形势，比如行业主流产品的价格、技术、工艺等方面正在发生哪些变化。这样，他就会明白泛泛地随便谈一些内容是不行的。使用被访者比较熟悉的一些行业术语，就可以暗示对方，你不需要肤浅的回答。例如，你问“这

套环保设备运行的怎么样？”得到的通常是“还不错”这样的回应。如果你问“这套干式除尘器现在还能达到环保要求吗？”对方的回答就会更加深入。

2.4.4 常用问题

访谈过程既要达到访谈目的，又要让人感觉交流话题自然顺畅，不受约束，要求提问者准备一系列现成的问题，以便随时调用。另外，如果访谈人员经验不足，将很难持续专注于访谈对象的谈话内容。因为在对方回答的时候，你总是忙于为下面的提问作准备，思考接下来该说些什么。一两次回答没听清楚还不要紧，如果持续地忽略对方表达的内容，你就会错失大量信息，而且回答者一旦发现你漫不经心，也会轻视你的问题，不再认真地作答。所以，准备一个访谈问题库很有必要。当你不知道该说什么的时候，它可以帮你避免紧张或防止冷场。表 2–4 列出了尽职调查场景中常用的问题。

表2–4 访谈中常用的问题

序号	问题内容	适用对象	提问目标
1	能不能简单说说您的个人经历？	老板	了解老板的创业史、性格及心路历程，侧面了解其财富积累的过程，了解其资本实力。对于复杂的、跨行业创业的经历，可以再追问一些有针对性的问题
2	公司内部有哪些部门？大体上是如何分工的？	老板、中高层员工	了解企业的组织架构与核心岗位人员，为选择交叉访谈对象作准备。追问核心部门内部的人员分工，进而找到核心岗位人员
3	除本公司外，您实际控制的还有哪些公司或产业？	老板	了解老板的商业版图，避免尽职调查“盲人摸象”，尽职调查不全面。可以追问这些公司成立的初衷，现在是否运营，运营状态如何。为了防止老板隐瞒情况，与员工访谈时也可以问
4	您觉得当前公司发展中存在哪些困难和挑战？	老板、财务	了解老板对公司运营管理的直观感受，与充分准备过程中形成的预判进行对比。如一致，对有关疑问进行核实；如不一致，可以进一步追问一些问题

续表

序号	问题内容	适用对象	提问目标
5	未来几年，公司有什么样的发展战略或目标?	老板	了解老板的发展思路，分析其可行性，判断其未来发展中可能面临的风险
6	公司的主要产品（服务）是什么？有什么竞争优势?	老板	了解企业的核心产品及核心竞争力
7	我们的业务有淡旺季吗?	老板、所有员工	了解企业的经营周期特点
8	您是哪年进公司的？与老板怎么认识的?	中高层员工	了解中高层人员与老板的关系，了解管理团队是否稳定
9	去年全年实现的营业收入中，各产品（服务）实现的销售占比大体上怎样?	销售、财务	了解企业的销售结构，了解企业的核心产品（服务）
10	毛利率大致在什么水平？在所有成本费用中，哪几项占比最大?	老板、财务	了解企业的盈利能力与费用控制能力，将财务负责人的日常工作经验数据与财务报表数据进行对比分析，了解企业盈利的核心环节及成本结构
11	现有债务融资中，分别是哪些担保方式（可对照企业金融负债明细问）?	老板、财务	了解企业各类资产的抵（质）押状况，了解企业融资渠道是否稳定、通畅，是否存在大量对外担保（或互保）
12	本次新增融资的用途是什么?	老板、财务	若用于流动资金周转，则测算其是否有流动资金需求；若用于债务结构调整，降低融资成本或调整债务期限结构，则分析是否合理；若用于项目投资，则按照项目贷款的调查、审查思路来分析是否合理
13	本次融资打算提供什么样的担保方式?	老板、财务	了解对方想法，判断是否可行，协商优化方案
14	到期还款资金来源怎么打算的?	老板、财务	了解对方想法，分析是否可行
15	进公司几年了？经历了哪些岗位?	所有员工	了解员工队伍是否稳定，观察员工精神面貌，了解员工的基本情况，了解访谈对象对企业经营情况应该具备的认知程度，以便下一步提问。一系列简单的问题，便于放松访谈对象的紧张情绪与戒备心理
16	部门职责是什么？有多少人？怎么分工的?	所有员工	
17	你的工作职责是什么？具体做什么？怎么做？忙不忙……	所有员工	

续表

序号	问题内容	适用对象	提问目标
18	工资每月正常发放吗？工资包括哪些组成部分？	所有员工	了解企业工资发放是否正常
19	出差多吗？主要跑哪些地方？	所有员工	结合非现场准备中了解的企业业务发展区域的分布情况，判断与访谈内容是否对应；通过追问，可能会挖出隐性的关联企业
20	老板人怎么样？	所有员工	侧面了解企业实际控制人的人品
21	对公司的日常经营管理，你有什么建议吗？	所有员工	引导基层员工通过“外来的和尚（指访谈者）”向企业管理者反映情况，提出意见建议，有时会有意外收获。但要记得提前打消员工的顾虑

2.4.5 不同访谈对象的应对策略

每个人都有其独特性，不同的岗位、独特的学识、独特的工作经历、独特的表达方式等。有些人是自我发散的，会滔滔不绝；有些人则比较拘谨，需要鼓励才会多说些内容；有些人比较浮夸和形式主义，喜欢泛泛而谈、“满嘴跑火车”；另一些人讲话则比较谨慎和保守；有些人喜欢简单地描述，有些人喜欢举例说明。面对不同的客户企业，不同的访谈对象，尽职调查人员唯有采取不同的访谈策略，才能达到理想的效果。访谈对象的类型可以从工作岗位、客户关系、性格特质等几个维度予以区分。

一、按工作岗位分

按照不同的工作岗位，我们把访谈对象分为四类：老板及高管、财务负责人、基层财务人员、其他员工。

（一）老板及高管

老板及高管最了解、最关心企业情况，个人利益与企业利益紧密相关，所以最倾向于站在企业利益的角度说话。他们对待尽职调查的心理有几种。一是坦诚，他对企业的状况有信心，希望你了解真相，并在了解的基础上建立信任，然后你才会及时给予资金，支持企业发展。二是担心，企业情况不太好，真实情况对你有所隐瞒，甚至严重造假，担心你发现真相，放弃与其合作。三是轻视，认为你年轻、稚嫩，没什么经验，像大多数金融机构的人一样，来企业晃一圈、走个程序，搞不出什么名堂。掌握你想做业务的心理，有优势心理，严重的会表现出傲慢的态度。

对方心里坦诚，行动上就会配合，这种情形是比较容易对付的，按照尽职调查方案推进工作就行。在你提出要查账或查阅重要合同时，有的老板可能会有顾虑，你要告诉他，你不是税务局，看到账外收入也不要紧。你会保守他的商业秘密，对敏感资料可以不拍照、不复印甚至不做笔记，仅现场查阅。

在后两种心理状态下，对方可能会不配合，比如找理由不提供材料、乱吹一通拖延时间等。对有重要人物打招呼的项目，对方可能会觉得跟上边领导已经谈好了，你来就走个程序，所以不配合。这种情况下，你可以告诉他，金融机构的程序特点是“我说行不一定行，我说不行肯定不行[①]”。至于是强硬地还是委婉地告诉对方，取决于现场的气氛。对拖延时间的行为，你可以告诉他本次尽职调查的时间安排、任务内容及完不成既定任务的后果（尽职调查不充分，业务没办法往下推）。对轻视你的，要让他感觉到你是有备而来，表现出你对行业、企业的理解，表现出你对生产工艺的了解，表现出你的与众不同，迫使他重视你。

（二）财务负责人

财务负责人（也可能是资金部负责人）与老板打交道多，一般是老板的贴心人。跟金融机构打交道多，掌握金融机构的心理，见惯了金融机构的调查程序，知道金融机构共同关心的问题，是财务会计行家，清楚应该从什么角度回答你的问题。所以，访谈的时候，财务负责人普遍比较从容，对答如流。工作职责上讲，他要负责融资，希望对接金融机

① 我说行不一定行：业务部门觉得可以做的业务，可能被审批部门或评委否决。我说不行肯定不行：业务部门觉得不能做，项目不上报就行了。

构的效率越高越好，所以心理上通常与企业利益站在一起，会美化企业情况，知道避重就轻。

（三）基层财务人员

基层财务人员通常是给你提供企业资料的那个人，也可以是你主动挑选的财务部其他员工。他们知道的情况会比较多，但作为普通会计人员，会计职业的谨慎习惯让他们一般不愿说假话，但也会以不清楚为由回避问题。

对策：财务负责人及基层员工在态度上是配合的，至于表达信息的真实性，要靠你的直觉去判断，并通过交叉访谈和逆向审计去验证。

（四）其他员工

其他员工包括非财务部门的中层管理人员和基层员工。他们不知道你之前跟老板或其他人聊了什么，也不知道他们是怎么回答的，更不知道你已经掌握了哪些情况，有时还没搞清楚为什么要来接受你的访谈，就被通知来到你的面前。所以，他们通常只有一个选择：说实话。圆滑的人，会把话说得活一些，留有进一步解释的余地。对公司心存不满的，也许会有情感的流露。经过善意的鼓励，有些员工会提对公司的建议。他们也会担心说了什么不该说的话，传出去对自己不利。

对策：你要告诉他，你会对谈话内容保密。而且，你访谈的员工有很多，他只是其中一个。要想方设法让他相信，你是一个靠谱的、值得信赖的人。

同一件事，不同的岗位会给你完全不同的解释，一起来感受一下。

问 1：这两年有不少员工离开公司了，是吧？

答 1（老板）：我们对产品结构作了一些调整，顺便把不遵守纪律、工作质量差的一些员工裁掉了。

问 2：这两年有不少员工离开公司了，是吧？

答 2（车间基层员工）：这两年厂里效益不好，经常拖欠工资，有人受不了就走了。

问 3：去年销售收入有所下降（其实是明显下降）啊？

答 3（老板）：经济形势不好，我们担心坏账，所以压缩了账期，有些订单就流失了，不过丢掉这些订单我们也无所谓，资金回笼会快一些，我也不用那么操心收账了。

问 4：去年销售收入有所下降（其实是明显下降）啊？

答 4（销售部基层员工）：去年客户投诉比较多，退换货比往年多……

请问，你选择相信哪一种回答？作出选择后，怎样去核实？

通常来讲，操作层的人比管理层的人更可信，业务人员比财务人员更可信，级别低的人比级别高的人更可信。

二、按客户关系分

有一种比较形象的客户关系分类，分为高度我求人、我求人、双方互求、人求我和高度人求我五种类型。这几种类型客户的特点及应对策略如表 2–5 所示。

表2–5　客户关系类型与不同的应对策略

客户关系类型	客户特点	应对策略	注意事项
我求人	融资渠道宽，选择余地大，优势心理明显，要求效率高、成本低、手续简便	高度重视，充分准备，找准关键问题，集中火力问询关键信息，现场尽职调查力求“短平快”	有些企业经营质态严重下滑，但仍利用良好的历史业绩与外部形象，利用金融机构争相营销的心理，虚张声势，骗取信任，尽职调查人员要认真鉴别
双方互求	心态平和，愿意配合。会将你的尽职调查工作、业务方案与其他机构对比，再择优选择	根据访谈情况适时调整尽职调查策略，在胸中有数的前提下，适度把握尽职调查深度	
人求我	内心急于达成合作，配合度较好，经营好的一般很坦诚，经营不好的对深度调查有顾虑	首次合作客户要认真调查，围绕重点认真开展尽职调查访谈	要容忍小瑕疵，接受目前稍差、但潜力好的客户，同时防止业绩差的企业蒙混过关

三、按性格特质分

访谈对象说得太多或太少，都是比较棘手的情况。面对过于健谈、思维发散的被访者，你要注意控制时间，适当多问一些封闭性问题。当他们滔滔不绝的时候，你可以不露声色地把他们引回正题。例如，你可以说“罗总，我知道您特别忙，我们来一次也不容易，能不能继续谈谈……”关键在于干预的方式要有策略，要尊重对方。对性格内向、拘谨少语的被访者，你可以从封闭式问题开始，先通过简单的问题热身，再提出开放式问题。

还有各种性格和表达习惯的人。对牛气冲天、满嘴跑火车的人，你可以用数据将他拉回现实。对事先串通口径的人，你可以问细节让他们漏洞百出。有的老板介绍自己的企业时，吃瓜群众会认为他的商业帝国很大，有8家公司，横跨多个行业，产品都特别好……你明明知道他在吹，你就可以问他：“这个建筑模具公司，听起来很不错，去年销售收入有多少啊？总资产呢？”

有时你不得不面对多人访谈，在这种情况下，被访者之间的关系对谈话内容的影响比你问什么问题更重要。比如跟员工访谈的时候，老板也在，你问员工工资是否正常发放，员工怎么回答呢？

访谈实践中遇到的情形非常多，本书无法穷尽，如果遇到，就要看你见招拆招的水平了。

2.4.6 访谈技巧

交叉访谈的形式，主要是尽职调查人员提问，企业受访人员回答问题并进行双向交流的过程。如何确定问题的内容，如何应对各种不同的访谈对象，怎样提出合适的问题，如何结合现场进展情况随机应变，都是访谈人员必须掌握的技能。

一、要善于倾听

倾听可以让对方感受到你对他的关注，鼓励对方与你互动，营造良好的访谈氛围。擅长沟通的人都会很注意倾听。要做一个积极的听者，尽量排除外部因素和内心繁杂事务的打扰，集中注意力去听，尽量捕捉各种语言及非语言交流的信息。

通过认真的倾听，访谈者既倾听被说出的内容，也倾听没有被说出的弦外之音，即时领会被访者陈述的内容。当你无法领会被访者的意思时，就提出进一步的问题以便获得明晰而精确的理解。比如：

问：中美经贸摩擦对你们的业务有什么影响吗？

答：目前看没有，但这还是引起了我们的担心。

这句话你体会一下，他其实没讲完，在等着你的追问。如果你及时追问了，他会告诉你更多信息。如果没有追问，对方可能会有点小失望。

如果你容易紧张，发现不管被访者说什么，自己都只是按照访谈提纲机械地进行提问，那就事先只写下很少的问题来调整，并强迫自己借助倾听以及回应所听到的内容来填补空白。

二、要把握好的基本原则

1. 口齿清楚，使用简单句式和简单词汇，说话简单利落，直切重点。

2. 提问要适合回答者的水平，答案要在对方掌握的信息和认知范围内。

3. 提问时要有自信，注意与对方的眼神交流。

4. 保持好身体姿态，注意自己的肢体语言。

5. 注意保持话题的连贯性，不要从一个话题直接跳到另一个毫无关联的话题。

三、访谈过程中的禁忌

1. 随意插话。不要在访谈对象还没能对问题充分表达意见的时候就打断他。被访者正在说话时，你可以把要追问的问题记下来，等对方说完了再问。当然，如果对方顾左右而言他，或回答完毕后将话题越扯越远，浪费时间，你可以适时打断。

2. 注意力不集中。在别人回答问题的时候，心中想下一个问题该问什么。或者思想开小差，不注意听对方的回答，抓不住对方回答的要点。

3. 反复重述问题。提问后，不要反复解释你提问的合理性，不要重复啰唆，而是停下来给对方足够的时间来回答。

4. 不了解情况乱问一通。事先未作准备，泛泛地提问，对方泛泛地回答，访谈内容缺乏针对性和目的性，达不到调查效果。

5. 满口专业术语。假装专业，用专业术语或缩略语为自己壮胆，但别人根本听不懂。

6. 一次性问太多问题。回答者不可能一次记住或回答多个问题，所以通常他们只回答他们记住的问题，一般是最后一个。一些人会选择他们想回答的问题而忽略其他问题。有时，提问者不得不再次询问，以得到全部信息。在重复问题的时候，提问者有可能会不小心错过一些信息，就匆忙地进入下一个话题。

2.4.7 应用案例

一、喜来建设公司

喜来集团是家族企业，老板为本地人，创业20余年，任董事长，儿子任总经理。集团核心企业有三家：喜来市政、喜来园林和喜来农业，分别经营三大业务板块：市政工程施工、园林工程施工和一个3000亩的农业旅游项目开发及运营。企业提供的基础资料显示，市政及园林施工板块两家企业合计总资产9亿元，总负债5亿元，年收入8亿元。喜来农业总资产5亿元，总负债2亿元，旅游门票、餐饮等年收入5000万元。总体来看，企业经营财务情况在过去几年稳中有升。企业拟融资3000万元，提供一块工业用地抵押，该地块位置很好，已规划为商业用地，估值2600万元。

理论上讲，施工企业按完工百分比确认收入及成本。但施工行业垫资情况严重，若是按照完工百分比来确认收入，那么很多施工项目在收到工程款之前就要交税，施工企业就要垫付更多的资金。所以企业通常不会及时确认施工收入，而是跟甲方沟通好了付款日期后才开票确认收入。这样就导致很多工程项目迟迟不入账，严重的情况下，有的项目完工一年了，还未入账，因为要不回工程款。施工企业的项目部比较多，经营资料、财务资料往往比较散，所以，施工企业的经营情况透明度相对较低，不容易核实。鉴于企业基本面看起来比较稳定，担保措施也不错，尽职调查人员决定主要依靠交叉访谈核实情况。以下是访谈内容节选。

第一阶段：与老板面谈，老板年纪较大，双方见面主要出于礼节，所以实质性内容不多，内容略去不谈。

第二阶段：与财务总监谈，了解企业基本面情况，交流信息与充分准备中掌握的企业信息没有出入，内容略去不谈。

第三阶段：与市场二部负责人李某座谈（尽职调查人员对照企业人员名单，临时指定访谈此人）。以下是与李某的访谈过程：

李某：找我干嘛？（问财务总监。看到会议室有几个陌生人，表情略显惊奇但又带着轻松，话音含着俏皮的语调）

财务总监：我们打算跟江苏信保集团合作，领导来了解一下情况，这是邵总（尽职调查团队长）。

李某：邵总好！（微笑）

邵总：李总好，幸会！（微笑，握手）

问（邵总）：李总哪年进公司的？

答（李总）：哦，已经 11 年了。

问：你这么年轻，进公司都 11 年啦？（表示惊讶）

答：嗯，我大学一毕业就进公司了。

问：那你算是年轻的老员工了，什么时候到市场二部的？

答：去年 3 月。（之前财务总监介绍，市场二部成立于去年 3 月，主要任务是拓展邻近的江南省的业务，两者回答的信息相互印证）

问：部门主要职责是什么？

答：拓展江南省的市场。（信息相互印证）

问：一年多下来，干得怎么样？

答：还行吧，去年中标了几个项目，有3亿元，有几个去年就已经开工了。（财务数据显示销售收入增长，财务总监之前解释说是新成立的市场二部的贡献，信息相互印证）

问：主要项目有哪几个？

答：江州市经开区未来大道项目，S999省道第二标段……（对照企业提供的在手项目清单，包括项目名称、合同金额、施工内容、施工进度、工程款付款情况等信息。口述信息与表列信息一致）

问：（对照在手项目清单）我看还有汉江市高新区供水工程（不起眼的小项目）、北京路拓宽改造工程（一个大项目），分别是什么情况呢？

答：哦，这不是我们部门的项目，不太清楚。

问：好的，谢谢配合，耽误您的时间了！

（李某离开。合同部负责所有合同的保管、文本审查、执行监督等工作，部门5个人，尽职调查人员要求与该部门通信录排名第4位的员工王某面谈，财务总监把她喊来了）

跟王某访谈的寒暄内容省略。

问：进公司几年了？

答：10年了。

问：来这里之前在哪里工作呢？（目测对方40多岁，工龄长于10年）

答：跑过几个地方，但时间都不长……

问：那你觉得咱们喜来集团哪里好，一待就十年？

答：嗯……氛围不错，老板好……

财务总监插话：去年底，公司给她发了个大金条！

这么动人的消息，大家都参与进来讨论了，气氛一下子热烈起来。经过一段时间的访谈，王某的口述与前序了解的企业情况基本一致。访谈人员随机挑选的两名员工（包括基层员工），精神面貌都很好，直觉上他们工作都比较踏实，且在企业都待了10年以上，反映出企业较好的文化氛围和强大的凝聚力，这是账面上无法反映的无形资产，为企业提供持续健康发展的磅礴动力！

最终，该笔业务落地，合作了两年，企业主动还款不续贷了。

二、大伟公司

大伟公司成立于2006年，位于某省级经济开发区内，主要研发、制造、销售流体计量、控制器，产品主要用于液体及气体的分配、调压、切断等，使流体的压力、流量更加精准、安全、稳定，并防止流体泄漏。主要原材料是黄铜，通过数控机床加工核心零件，最后组装成品。因新接订单备货需要，本次申请300万元一年期流动资金贷款。主要财务数据列示如表2-6所示。

表2-6　主要财务数据列示

单位：万元

科目	2015年末	2016年末	2017年末	2018年末
货币资金	161.22	425.68	535.61	513.43
应收账款	613.65	925.98	1101.54	1697.56
其他应收款	389.56	398.76	630.17	873.35
预付账款	289.56	466.85	421.65	610.38
存货	916.16	1065.86	1191.99	1623.76
流动资产总计	2370.16	3283.16	3880.96	5323.48
固定资产净值	1904.26	1831.84	1547.25	1062.87
无形资产	17.22	17.22	17.22	17.22
资产总额	4291.65	5132.23	5445.44	6403.57
短期借款	1950.00	2300.00	2200.00	2670.00
负债总额	2067.94	2588.44	2273.33	2734.44
实收资本	1000.00	1000.00	1000.00	1000.00
未分配利润	1223.71	1543.78	2172.11	2680.13
所有者权益	2223.71	2543.78	3172.11	3680.13
主营业务收入	4872.12	5368.45	6989.34	6823.24
主营业务利润	740.55	834.17	1351.19	988.75
净利润	279.54	320.07	628.32	508.03

企业提供的三个主要销售收入结算账户的流水显示，2018 年 7—12 月共 6 个月期间，销售回款 750 万元。

通过对上述材料的非现场调查，调查人员发现：企业销售收入逐年增加，应收账款、存货、短期借款、未分配利润、净利润等科目相应增长；资产负债率基本稳定；固定资产净值随折旧逐年稳步下降；以上均符合正常逻辑。但同时也发现：企业应付账款未增长甚至下降，反映客户在采购环节的结算账期可能在缩短；银行流水反映的销售回款与财务报表反映的销售收入数据存在很大差异。针对企业资产状况、经营产品及生产方式比较简单、透明的特点，结合其提出的融资需求，尽职调查人员认为，企业销售收入的真实性至关重要。

理清了思路和重点，尽职调查人员走进企业生产经营场所，先后参观了企业的厂区、车间、仓库及产品展示厅，企业老板陪同并做了简单介绍。参观生产车间时发现，车间内摆设的 20 余台加工机床，仅 2 台在运转，工人正在加工零件，初步判断企业开工不足。参观结束，来到企业老板办公室开始访谈。

以下是访谈情况：

问：（开场寒暄及导入式话题）

答：（此处省略 5000 字）

问：能不能看看你们销售部的销售台账或者财务部的收入明细账？

答：可以。

来到销售部，请现场工作人员打开电脑，查看销售台账。表格数据显示，企业 2018 年签订的销售订单金额为 1300 余万元。调查人员在销售部现场询问。

问：全年销售 1300 万元，跟我们报表披露的 6000 万元差距很大？

答：（工作人员答）我们还有负责出口业务和网络销售的人，他们今天都不在。（语气中有不耐烦的情绪，配合度不高）

调查人员心想，没听说该公司有海外销售，工业品网络销售规模不会太大，但遇到这样的托词，也很难再通过销售核实。财务负责人是实际控制人的老婆，说会计去税务局办税了，估计要下班才能回来。于是，调查人员及时调整调查策略。回到王总办公室，继续访谈。

问：王总，我们采购的原材料是什么？

答：根据客户对零件大小的不同需求，我们采购各种规格的铜棒。

问：采购铜棒的支出在你（贵公司）所有的采购成本支出中，大概占多大比例呢？

答：70% 以上。

问：采购部 2 个人，他们全权负责采购？（对着现场提供的公司通讯录提问）

答：是的。尔康是采购部负责人，李芳具体负责采购执行。

问：能不能让我们与李芳谈谈？

答：好。

（老板打电话给李芳。过了几分钟，李芳来了，目测 20 多岁，工作年限不长，略显紧张。王总向其说明访谈缘由）

问：李经理你好，请你来就是简单聊聊。（放松其紧张情绪）

答：好的。（点头）

问：你来公司几年了？

答：3 年。

问：一直做采购？

答：开始在仓库，后来到采购部来的。

问：在采购部多长时间了？（连续几个开场问题都是封闭式问题，简单易答，让访谈对象放下戒备心理）

答：快 2 年了。

问：能不能简单说说你们公司采购的流程？比如谁下达采购需求？谁采购？怎么报销等？

答：车间根据订单提出采购需求，我们采购部去采购，采购回来以

后入库，凭发票和入库单报销。我们是按订单采购。

问：那谁负责质检？

答：有专门的质检部，采购质检及发货质检都是他们（做）。

问：那你是负责公司所有材料的采购吗？主料及辅料都是你？（看看王总，王总没发言，不知道王总之前怎么说的，只好选择继续实话实说）

答：是的（此前所有的问话都是在为后边的提问做铺垫。至此，李芳确认她了解采购业务的全部情况。在后续问及关键问题时，她就无法逃避）。

问：公司每月都有很多采购需求，每笔采购订单执行进展怎么样，你是怎么掌握的呢？比如有的订单已签合同，有的该收货了，有的该付尾款了？

答：我自己建立台账，每笔订单都要登记在台账上，采购执行进度也会及时登记。

问：Excel 台账？

答：是的。

问：能不能看看？就在你的电脑上看。

答：（看王总，王总表示同意）可以。

经查看采购台账，2018 年全年采购金额不足 900 万元，利用 Excel 表的数据筛选功能，发现所有采购中，采购铜棒 600 多万元，与老板介绍的主材成本占比 70% 以上基本吻合，与销售台账数据基本吻合，但与企业提供的财报数据相去甚远。

综合上述现场调查情况，基本可以得出调查结论：企业 2018 年销售总额约 1300 万元，而财报数据反映销售总额 6823 万元，财务数据严重造假，实际经营财务情况与债务规模不匹配，项目应否决。

三、天赢彩印包装公司

该公司成立已经十年了，公司实际控制人是一对夫妇，主营业务是将原纸加工成各种规格的纸箱，并根据订单要求印上客户的商标及不同形式的设计外观。生产过程如图 2–2 所示。

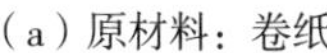

（a）原材料：卷纸

（b）半成品：瓦楞纸板

（c）产成品：包装箱[①]

图2–2　生产过程

在充分准备过程中，尽职调查人员发现企业过去三年的财务数据非常稳定，不仅资产负债表主要科目余额基本稳定，销售收入及相关利润指标也很稳定，所处行业的外部形势也没有大的起伏。既然不是经营扩张带来的流动资金需求，那么新增融资需求是来源于项目投资吗？

在现场考察企业厂区的过程中，尽职调查人员注意到厂房及附属建筑物已占满了整个厂区，厂房也被设备及各种生产物资填满，现场生产繁忙有序，但在目力所及的这个厂区内，实在是无法新增大额投资，不管是基础设施投资还是设备改造投资。为了摸清楚融资用途，以下是与企业老板访谈的对话内容：

问：王总这儿生产够忙的！（寒暄，开放式）

答：是啊，我们常年都是这样，这几年订单一直不错，工人两班倒，满负荷生产（老板比较健谈，此处省略 1000 字）。

问：这几年行业形势怎么样？比如原材料价格、产品价格有没有波动呢？

① 图片来源于网络。

答：总体上比较平稳，价格没有太大的波动（与充分准备过程中了解的信息一致）

问：我看这边厂房都已经满了，订单这么多，还有扩大产能的空间吗？

答：产能基本上已经满了。订单虽然多，但我们这个行业利润低，这几年主要是调整产品结构，把一些低附加值、利润低或者账期长的订单筛掉，挑一些利润高的订单。（确认本厂区内无新增投资计划）

问：也可以通过设备更新、技术改造扩大产能！

答：没必要，我现在设备用得很好。（再次确认本厂区内无新增投资计划）

问：那您经营的还有其他厂区或其他企业吗？

答：没有，我一直都干这个，只有这个厂，当然也是这么些年一点点发展到今天这个样子的。

问：那我们这次要新增 2000 万元贷款需求是什么原因呢？

答：（似乎有点懵，怔了一下，一时没想到合适理由解释，只好说了实话）哎，去年我拿了块地，在搞房地产。（正是房地产开发热的时候，很多制造业老板跨界搞房地产）

问：什么地产呢？在哪儿？

答：住宅。不远，就在那边（用手指着方向），从这儿（经济开发区）去市区的路上。

问：那我们去看看吧？

答：好。

至此，调查的重点就不在于该企业自身，而在于其关联企业开发的房地产项目是否健康。

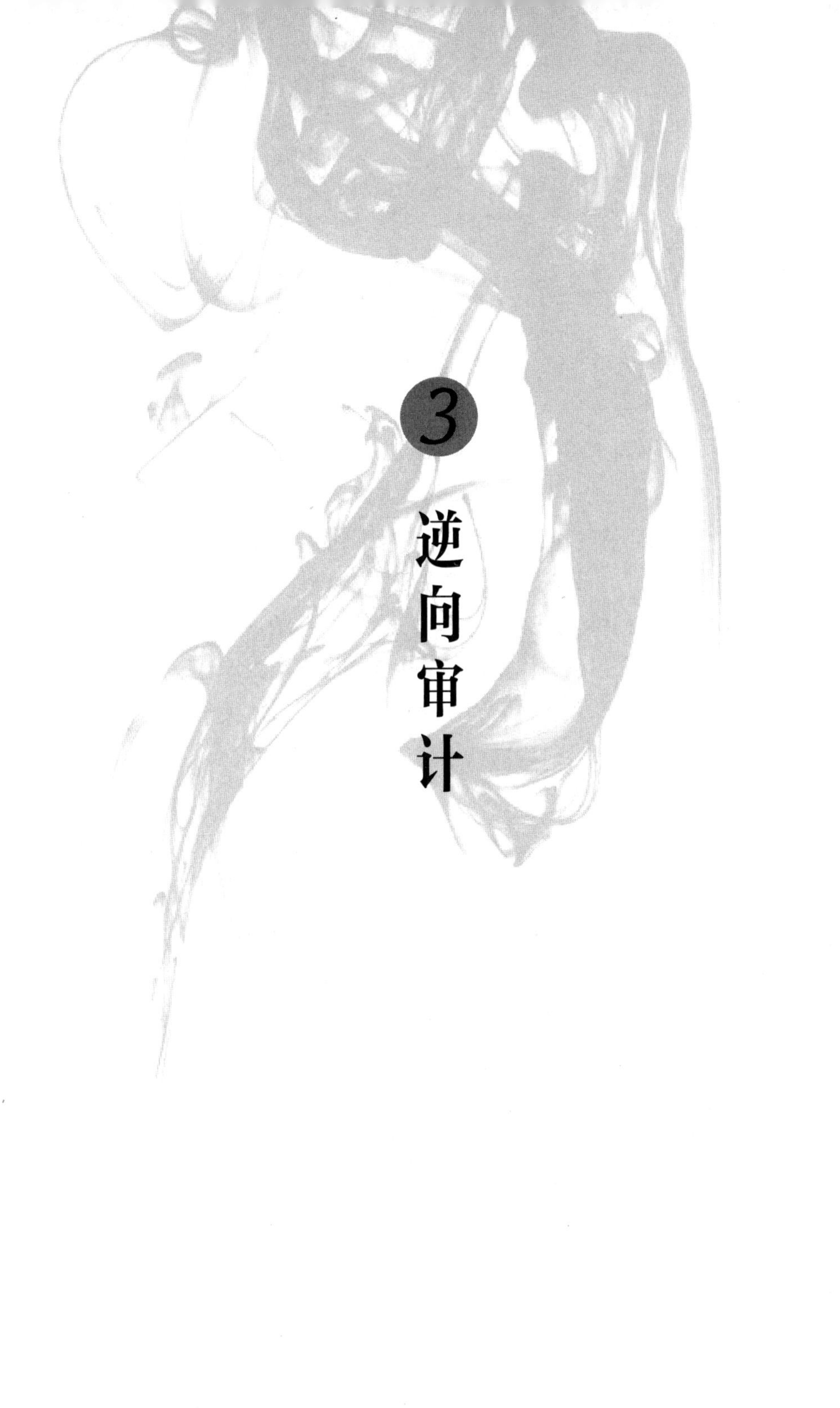

3 逆向审计

运用“充分准备”“交叉访谈”和“逆向审计”“三大工具”开展尽职调查的过程有点像公安办案。接到报案后，警察到案发现场了解案情，走访目击证人或相关人员，回公安局后研究案情特点，初步研判作案动机及侦办案件的突破方向，并根据案情特点组成专案组，是“充分准备”。对犯罪嫌疑人（及受害人）进行隔离审讯（或询问），获得关于作案经过的口供，对不同来源的口供进行对比，了解案件过程，对案件进行初步定性，是“交叉访谈”。但要最终确定犯罪嫌疑人，还必须掌握充足的证据，形成有明确指向且相互印证的证据链。这个寻找证据链的过程就是“逆向审计”。公安是怎样收集证据的呢？案发现场的痕迹和犯罪嫌疑人的口供都提供了线索。通过“三大工具”的反复交替使用，案发现场痕迹、嫌疑人口供与作案工具等联系在一起相互印证，并通过嫌疑人对案发现场的指认，将各方面信息拼合起来，形成关于案件事实的完整拼图，实现对案件全过程的真实还原，才能防止翻供，才能将案件办成铁案，而不是冤假错案。

回到尽职调查工作中，充分准备让我们对企业的经营财务状况胸中有数，预判其可能存在的问题，明确尽职调查重点。交叉访谈发挥其核实问题的效率优势，可以对问题进行初步定性，并获取口头证据。但“耳听为虚、眼见为实”，若要形成数据翔实、有说服力的尽职调查结论，还必须要获得足够的书面证据。寻找书面证据的过程，就需要逆向审计。

企业的经营数据、财务数据浩如烟海，怎样才能找到想要的证据？我们就要“顺藤摸瓜”。这个“藤”就是企业的组织体系、内控体系和会计体系。逆向审计就是要顺着这“藤”去摸反映企业真实经营财务情况的“瓜”。

3.1　什么是逆向审计

3.1.1　审计的分类、取证方法与逆向审计

一、审计的分类

按照不同的维度，审计可以分为国家审计、内部审计和社会审计；财政财务审计、财经法纪审计和效益审计；事前审计、事中审计和事后审计；定期审计和不定期审计；初次审计和再次审计；就地审计和报送审计；授权审计和委托审计；全部审计和局部审计；等等。按照审计经济业务和会计资料的范围大小可分为详查法和抽查法。

详查法是指对被审计的某类经济业务和会计资料的全部内容毫无遗漏地进行全面详细审查的方法。抽查法是指对被审计单位的部分经济业务和会计资料进行检查，并根据检查结果推断总体状况的方法。抽查法能够提高审计效率，节省审计资源。由于抽查法是以部分资料的检查结果去推断总体状况，因而可能对审计质量产生影响。抽查法的适用范围比较广泛，凡对规模大、经济业务多、内部控制健全、会计基础工作好、组织机构健全的单位进行审计，都可运用抽查法。

二、审计取证模式

在审计发展的历史过程中，审计取证模式的演变大致可分为三个阶段：账目基础审计阶段、制度基础审计阶段和风险基础审计阶段。

账目基础审计是审计取证模式发展的第一阶段。在这种模式下，审计人员从凭证出发，运用详细审计方法，对大量的凭证、账目、财务报表等进行逐项审查，因此审计成本非常高，但有利于全面查错防弊。近代以来，由于企业规模不断扩大，经济业务数量急剧增多，审计环境发生了很大变化，账目基础审计无法兼顾审计质量和审计效率两方面的要求。同时，企业的经营管理日益完善，内部控制系统得到逐步建立和健全，制度基础审计逐渐成为主流审计取证模式。

制度基础审计是指从检查被审计单位的内部控制入手，根据对内部控制评审的结果，确定实质性测试的审查范围、数量和重点，根据检查结果形成审计意见和结论。制度基础审计产生的理论依据：如果产生财务信息的各种技术和方法，以及为防止与揭示差错或不法行为而采取的各种措施是可以依赖的，则由这个系统所产生的结果其可信性水平就会比较高。运用制度基础审计模式需要大量采用抽查方法。内部控制系统完善，则抽查范围可以设定得较小，内控系统不完善则要扩大抽查范围。但是，这种审计方法也存在一些问题，比如，内部控制有效性评价缺乏统一的标准，被审计单位内控制度未被充分、有效的执行等。为了克服这些问题，适应更加复杂的审计环境，在运用制度基础审计的基础上，风险基础审计应运而生。

风险基础审计是指审计人员在对审计全过程各种风险因素进行充分评估分析的基础上，将风险控制方法融入传统审计方法中，进而获取审计证据，形成审计结论的一种审计取证模式。审计过程中，审计人员不仅要对控制风险进行评价，还要对审计各个环节的各种风险进行评价，并在评价的基础上运用相应的方法进行实质性测试。审计风险取决于重大错报风险和检查风险。重大错报风险是指财务报表在审计前存在重大错报的可能性。检查风险是指某一认定存在错报，该错报单独或连同其他错报是重大的，但审计人员未能发现这种错报的可能性。

三、审计取证方法与逆向审计

审计的取证方法按其取证顺序与记账程序的关系可分为顺查法和逆查法。

顺查法指审计的取证顺序与反映经济业务的会计资料形成过程相一致的方法。在这种方法下，审计人员首先检查原始凭证，查明经济业务的发生原因和事实经过，以及原始凭证编制的真实性、合法性。其次以原始凭证核对记账凭证，视其是否一致，并审查记账凭证编制的真实性、合法性和正确性。再次以记账凭证或记账凭证汇总表核对日记账、明细账和总账，视其是否一致，并经过账账、账实的检查核对，验证编制财务报表的各项依据是否真实、可靠。最后将经核实的账目与财务报表相核对，并分析确定财务报表编制的真实性、合法性。顺查法的优点：审计过程全面细致，不容易遗漏错弊事项，审计质量较高；方法简单，易于掌握。顺查法的缺点：事无巨细，重点不突出，机械繁杂，工作量大，审计效率不高。

逆查法指审计取证的顺序与反映经济业务的会计资料形成过程相反的方法。在这种方法下，审计人员应首先分析财务报表，从中发现异常变动和问题线索，确定审计重点。其次追查至相关的日记账、明细账和总账，通过账账、账实的检查核对，进一步确定需要重点检查的记账凭证。最后核对记账凭证直至原始凭证，以最终查明问题的原因和过程。逆查法的优点：可从审计事项的总体上把握重点，在发现问题线索的基础上明确主攻方向，因而目的性、针对性比较强。由于重点突出，因而可以节省人力和时间，提高审计工作效率。逆查法的缺点：不要求对审计事项进行全面的详细审查，因而可能遗漏重要错弊事项；技术上比较复杂，掌握难度较大。

这种逆向追查的工作方法，本书称为“逆向审计”。

3.1.2 逆向审计的目标

理论上讲，审计师要保证每一个科目的CEAVOP，即完整性（Completeness）、存在性（Existence）、准确性（Accuracy）、估值（Valuation）、权属（Ownership and obligation）、表达与披露（Presentation and disclosure）[①]。审计师关心的是，财务数据中不能有虚增，也不能有隐瞒，必须按照会计准则真实、公允地反映企业当期经营成果。实际工

① 参见孙含晖等著《让数字说话——审计，就这么简单》。

作中，根据每个科目的特点，审计师在确认 CEAVOP 时会各有侧重。税务机关对企业进行税务稽查，其重点在于企业不能因避税而刻意隐瞒收入、虚增成本，重点做收入的完整性认定和费用的存在性、准确性认定。经济犯罪侦查人员会围绕案件侦办方向和重点，开展针对性的检查。金融机构关心的重点则是，企业不能为了报表好看骗取融资而虚增收入、隐藏费用、虚增资产及隐瞒负债，重点要做收入的存在性、准确性认定，费用的完整性及分类认定，资产的存在性、估值及权属认定，以及负债的完整性认定。

审计目标不同，决定审计手段不同。拿“营业收入”这个科目举例来说。会计师事务所对营业收入的审计目标一般包括：确定利润表中记录的营业收入已经发生，且与被审计单位有关（发生认定）；确定所有应当记录的营业收入均已记录（完整性认定）；确定与营业收入有关的金额及其他数据已恰当记录，包括对销售退回、销售折扣与折让的处理遵循了会计准则（准确性认定）；确定营业收入已记录于正确的会计期间（截止认定）；确定营业收入已按照会计准则的规定在财务报表中作出恰当的列报。为此，会计师事务所要进行内部控制测试和实质性程序，要作截止测试，重大交易要函证等，针对不同的审计现场情况，需要采用多样的审计手段，工作量大、人力消耗大、耗时长。税务稽查人员更多侧重从原始凭证（比如发货凭证、出库单、销售发票等）出发，依次检查企业的记账凭证、明细账和总账，直到财务报表，核实企业发生的销售是否完整地计入报表。金融机构则应反其道而行之，从营业收入科目出发，追查总账和明细账，抽查记账凭证直至原始凭证，核实报表列示的销售收入是否真实发生，并得到准确计量，不存在虚增行为。

3.1.3 审计抽样与审计证据有效性

一、审计抽样

审计抽样是指审计人员从审计对象总体中选取一定数量的样本进行

测试，并根据测试结果，推断总体特征的一种审计方法。根据审计抽样决策依据的方法不同，审计抽样可以分为统计抽样和非统计抽样。在尽职调查工作实际中，统计抽样基本用不上，所以此处只介绍非统计抽样。非统计抽样也称判断抽样，一般是由审计人员根据专业判断来确定样本量、选取样本和对样本结果进行评估。判断抽样的主要特点：使用方便、灵活，能够充分利用审计人员的实践经验和判断能力。

判断抽样非常适合金融机构尽职调查的工作环境。具体工作方法上，抽样的重点主要按以下几个原则进行：金额明显偏大或大额整数的交易；交易对手与尽职调查目标企业存在疑似关联关系；与新的交易对手之间发生的大额交易；与尽职调查目标企业正常生产经营活动不相关的交易对手之间的交易；“与众不同”的交易或其他各种直观感觉存在疑问的交易。此外，在其他看似正常的小额交易中，可以随机抽取。此处所称大额或小额，没有一个准确的区间，需要尽职调查人员根据目标企业的科目余额和交易流水账灵活掌握。比如，在1.3.4川鑫公司案例中，1000万元以上的资产科目就属于重要科目，300万元以上的订单就是大额交易。但在5.3.2中技系上市公司案例中，至少1亿元以上的资产科目才算作重要科目，3000万元以上的交易才算作大额交易。

二、审计证据有效性

审计过程中查阅到的记账凭证、原始凭证等书面材料，都可以作为调查报告的佐证材料，但还要注意判断其内容的真伪和有效性。要围绕尽职调查目标，对这些材料予以综合分析，使其形成具有充分证明力的证据体系，为最终的尽职调查结论提供支撑。逆向审计过程中取得的审计证据主要包括记账凭证、原始凭证、实物证据、商务合同、资产权属证书等。

审计人员要从不同的方面评价证据的可靠性。审计证据的可靠性受其来源和性质的影响，并取决于获取审计证据的具体环境。一般来讲，受个人支配程度越小，被篡改和伪造的机会越少，证据就越可靠。通常

情况下：（1）从被审计单位外部获取的审计证据比从内部取得的审计证据更可靠；（2）内控制度健全有效情况下形成的审计证据比内控制度缺失或无效情况下形成的审计证据更可靠；（3）审计人员直接获取的审计证据比间接获取或推论得出的审计证据更可靠；（4）从被审计单位财务会计资料中直接采集的审计证据比经被审计单位加工处理后提交的审计证据更可靠；（5）原件形式的审计证据比复制件形式的证据更可靠。

不同来源或不同形式的审计证据相互印证时，审计证据比较可靠。如果各种审计证据存在不一致或不能相互印证时，审计人员应当追加审计措施，确定审计证据的可靠性。比如，你对客户提供的银行流水单心存疑虑，你可以要求现场登录网银查询银行流水，甚至让客户陪着你去银行打印流水单。对实物证据不仅要核实数量，还要关注其质量；对书面证据，不仅要核对金额，还要判别真伪。比如你可能会发现企业提供的销售合同中，多份合同的印章位置、角度都一模一样，或者销售对象大部分是关联企业等造假痕迹。

3.2 企业的组织体系

如果将企业法人比作一个自然人，那么治理结构就是他的大脑的运行机制，是指挥系统；企业内设部门就是他的四肢，具体组织开展生产经营活动。治理结构好意味着脑袋好用，企业具备优良的基因，具备在长期竞争中脱颖而出的潜质。内设部门功能健全、分工明确意味着四肢好，是企业实现高效运转的基本保障。

3.2.1 治理结构

一、治理结构的定义

对于一个新公司，起初公司的所有权和经营权都掌握在个人手中，资金的来源也很单一。公司扩张过程中需要的大量资金，除了有限的债务融资外，往往通过增资扩股、发行股票等多元化的方式进行筹措，于是会有若干大大小小的股东逐步参与到公司里来。公司的组织模式从单一走向复杂，逐步形成股权结构分散、所有权与控制权（经营权）分离等特征。公司股东和经营管理层的目标又不一致，于是公司治理的问题就产生了。公司治理首先要解决的是所有者（股东）和经营者之间的委托代理问题，进而要解决股东、经理人、债权人、员工和其他利益相关者的利益冲突。

钱颖一认为，公司治理结构是一套制度安排，用来支配若干在企业中有重大利害关系的团体，包括投资者、经理和工人之间的关系，并从这种关系中实现各自的经济利益。公司治理结构应该包括：如何配置和行使控制权；如何监督和评价董事会、经理人和职工；如何设计和实施激励机制。法律界人士给出公司治理结构的定义：为维护股东、债权人以及社会公共利益，保证公司正常、有效地运营，由法律和公司章程规定的有关公司组织机构（股东会、董事会、经理等）之间权力分配与制衡的制度体系。

二、治理结构的分类

公司股权结构决定了其所有权的结构特点，股东行使所有权的需求决定了公司不同的治理结构，进而对公司的控制权归属形成重要影响。根据公司所有权及控制权的不同特点，可以将公司的治理结构分为四种类型：集中的所有权和强控制权、分散的所有权和弱控制权、分散的所有权和强控制权、集中的所有权和弱控制权[①]。

（一）集中的所有权和强控制权

这是最常见的一种情况，比如公司只有一个股东或大股东持股 51% 甚至 67% 以上。由于大部分所有权被控股股东掌握，因此容易形成很强的监督激励，大股东有足够的动力和动机去监督经理层。

① 根据马克・格尔根著，王世权等译《公司治理》。

这类企业中最典型的就是家族企业。家族企业指由家族创立，并且家族成员对企业的财产所有权拥有主导作用，对经营决策权拥有重要影响的企业组织。家族企业具备诸多优势：注重企业的长远发展；家族成员间特有的信任关系使得信息分享及时，沟通成本低，且监督成本低；以血缘、亲缘和姻缘关系为纽带，稳定性强。这些优势使得家族企业往往比非家族企业更有效率。但家族企业也存在先天缺陷：产权结构封闭，融资能力相对有限；任人唯亲，难以引进、留住优秀人才；坚持家族所有，企业传承往往会面临后继无人；决策机制不科学，管理水平较落后；重视植根于熟人社会的商道伦理，漠视陌生人社会必需的法治与制度建设；家族内部矛盾和利益纷争容易导致企业分崩离析。创业初期家族企业发展优势明显，但随着企业规模的不断扩大，家族企业内部管理资源匮乏，劣势越发明显，使得企业必须从外部寻找职业经理人，从让渡部分经营管理权向让渡部分所有权逐渐迈进，并从纯家族式企业向现代家族企业过渡，形成现代企业治理制度体系。

在所有权与控制权高度重合的治理结构中，老板的意志可以随意凌驾于内控制度之上，老板的意见就是命令，企业的盛衰往往系于一人。

家族企业治理与历史上的皇权政治

“普天之下，莫非王土；率土之滨，莫非王臣。”这是皇帝对国家的所有权。宋朝及以前，皇帝之下大抵都有个宰相，在皇帝的领导下，帮助打理国务，共同治理国家。这是宰相为首的政府，行使对国家的经营管理权。如果新皇帝比较弱小，前任皇帝一般会指定“托孤大臣”忠心耿耿地辅佐，帮衬新皇帝维护着国家的良好运转。所以，皇权与相权在很多时期会形成一定的互补，增强了国家政治体制运转的稳定性。

自朱元璋废除丞相制度，明、清两朝，皇帝的集权得到空前加强。明朝的内阁和清朝的军机处，都是皇帝的秘书机构，大小事宜的决策权都在皇帝。对国家的所有权与经营管理权，均高度集中于皇帝一人，国家治理的好与坏完全仰仗皇帝的勤奋与才能。这种情形，常见于民营中小企业，老板在企业内部，既是皇帝（董事长），又是宰相（总经理）。

家族企业发展的初期，一般主要由家庭成员或熟人圈子里的人来打理。企业不长大还好，创始人可以一直掌控局面，直到创始人年岁长了或身体不好了，才会面临传承的问题。企业若是发展得好，规模越发壮大，则越需要有才干的帮手或管理团队。于是老板开始与职业经理人分享经营管理权，为了进一步激励职业经理人跟着老板忠心耿耿、踏踏实实地干，于是又开始搞股权激励，这个过程就是家族企业向现代企业转型的常见路径。

（二）分散的所有权和弱控制权

因股权分散，这种组合增加了公司股票的流动性和被溢价收购的可能性，但很容易缺少来自股东的监管。这种治理结构会面临委托代理问题和“搭便车”问题[①]，管理层往往只受到很少的监督或根本不会受到任何监督。在所有权与经营权分离的条件下，不掌握企业经营权的分散的股东成为企业的外部成员，由于消息闭塞、监督不力，企业实际上由不拥有股权或只拥有很小份额股权的经理阶层控制，经理人员事实上掌握了企业的控制权，这就是“内部人控制”问题。有的公司拥有上百名股东，持股比例最大的也不超过 5%，“内部人控制”的问题往往会比较严重。如果经营层尤其是总经理缺乏职业道德，或经不起利益诱惑，就很容易出现各种不靠谱的行为，葬送公司的发展前景。很多上市公司的股权结构比较分散，若没有一个单一大股东来监督公司经营层的行为，一般会称这个上市公司为“无实际控制人”，这种情况下管理层的经营管理能力对企业发展至关重要。

① 如果公司拥有大量的股东，当其中一名股东决定花时间、精力和金钱来监督公司的管理时，好处将会由所有股东分享，而成本却由执行监督的股东自己承担，经济学里把这种现象叫作“搭便车”。于是，大家都选择“潜水”，任由公司发展而怠于监督。

某公司有 5 个股东，每个股东各持股 20%。每个股东派出 1 名董事，5 名董事共同组成董事会，董事长由董事会选举产生。总经理由董事长兼任。公司成立 8 年多，这种架构始终没变，董事长兼任总经理的人选也没变。除个别年份经股东会批准没有分红，大部分年份都会向股东分红。每次开股东会或董事会的时候，经营层都详细汇报了公司的经营财务情况，虽没有特别大的亮点和起伏，但始终保持稳中有进、稳中向好。开完会，董事们和经理层把酒言欢，庆贺过去一段时期所取得的成绩，大家各得其所，谁也不难为谁，谁也拉不下脸面提出来，要对公司进行认真的审计监督。直到有一天，股东得到报告，公司突然出现债务违约，撑不住了。其实，对经营层来讲，债务违约并不突然。股东觉得突然，只不过是因为经营层长期隐瞒了企业经营情况的真实信息，而股东又疏于管理，被长期蒙蔽罢了。像这样分散的，尤其是均衡分布的股权结构，很容易导致股东丧失对公司的实际控制权。

（三）分散的所有权和强控制权

这种组合的特点：分散的所有权使股权交易更加便利（或股票交易更加活跃），拥有控制权的单一大股东有足够的权力监督经营管理层，但也增加了大股东侵犯小股东利益的风险。用少数的股权实现强控制的主要方法：通过控制链进行控制，同股不同权，扩大一致行动人范围，利用其他小股东对公司控制权的“放任”等。

如图 3-1 所示，A 公司通过 B 公司有效掌控 C 公司的控制权，但 A 公司实际上仅（间接）持有上市公司 26.01%（51%×51%）的股份。

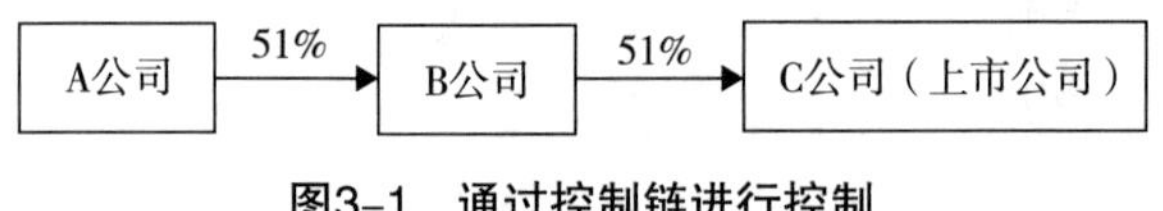

图3-1　通过控制链进行控制

这种情形下，出现了很多大股东掏空上市公司或侵犯小股东利益的行为，主要手段：指令上市公司违规对外提供担保，隐秘地开展关联交易，直接侵占上市公司资产。

（四）集中的所有权和弱控制权

出现这种情况主要有三种情形：一是在国有企业中，股东疏于对企业的管理，而在国有企业内部形成“内部人控制”。国有企业对其三级以下子公司的管理，虽然所有权集中，但控制链条过长，同样容易导致控制权弱化，缺乏有效监督的问题。二是在以人力资本为核心竞争力的新兴行业中，大股东自愿将控制权交给创始管理团队。比如软银作为第一大股东持有阿里巴巴 30% 以上股权，但马云团队通过合伙人制度控制董事会席位，牢牢掌握上市公司的控制权，软银和雅虎等主要股东的实控权则比较弱。在京东、百度等很多公司，存在类似的情形，实现了“劳动雇佣资本”的神话。三是通过“同股不同权”[①]的机制设计，限制大股东的权利，以更好地保护创始股东或中小股东利益。

国有企业的股东主要有政府、财政部门或国资部门。国有企业的领导班子由组织任命，股东派出董事并组成董事会，派出监事并组成监事会。但是，这些职务都与生俱来带着浓重的行政色彩。很多外部董事都另有职务，基本上不关心、不参与企业经营，监事会中的职工监事人微言轻，难以发挥作用。董事长、监事长属于领导班子成员，而领导班子基本上等同于经营班子，基本立场是搞好企业的经营管理。这种机制下，董事会和董事长很难代表股东，实现对经理层的有效监管。反过来，如果董事长及经理层背离股东利益、背离企业利益，又身处高位、缺乏监督，就容易出现管理越权与治理失效，企业就容易出现重大问题。比如，恒丰银行前董事长蔡某任职期间，独断专行、擅权谋私，导致该行不良贷款畸高，就是一个典型的例子。

再讲一个国有参股的类金融企业的兴衰故事。6 个股东，其中单一大股东是非金融类国有企业集团，持股 43%，其余是民营企业股东。大

① 比如科创板的 AB 股制度，详见《科创板股票上市规则》中关于普通股份与特别表决权股份的规定。

股东委派集团本部一名中层干部兼任该公司董事长。这位董事长在本职岗位上本来就忙，日常经营管理的事基本就交给总经理了。董事长很少过问公司的事，集团领导也知道他忙，也知道他没怎么管这边的事。这样一来，这位董事长就心安理得了，“大家都知道这公司我没管，即使出了事跟我也没关系啊”！好在总经理很能干，多年下来，公司干得风生水起，行业地位、美誉度都很高，财务表现也很好。但是，“信任不能代替监督”。在没有提醒、缺乏监督的情形下，人很难经受长期的考验。时间久了，这总经理开始胆大妄为，搞权钱交易，业务要出风险时就用大窟窿弥补小窟窿，直到难以为继……结果可想而知，公司破产了，总经理本人“进去”了，也为母公司留下了数亿元的损失。

可见，判断一个企业的治理结构是否合理，我们既要看股权结构，还要看实际控制权和掌握实际控制权的人或团队。否则，就可能会出现决策失误。下面看一个案例。

紧盯股权关系，识别真假央企

党的十九大提出，要打好防范化解重大风险的攻坚战，防范金融风险为其中重要内容。在金融去杠杆的过程中，不少“冒牌央企”浮出水面，先后爆发债务危机。其中，中国青旅实业发展有限公司（以下简称中青旅实业）算是一个典型。

中青旅实业成立于1993年，主营业务为旅游及文化娱乐设施开发、技术开发、技术咨询、技术转让、技术服务、技术培训等。股权结构为润元华宸投资管理（北京）有限公司75%、中青旅集团20%以及自然人股东田卫红5%。另外，A股上市公司中青旅控股股份有限公司（股票简称中青旅，代码600138）的实际控制人为中国青旅集团有限公司，后者由中国光大集团股份公司100%控股，系货真价实的央企身份。因名称高度相似，中青旅实业自称中国青旅集团下属的国有控股实业公司，具备央企背景，因此获得了不少金融机构的青睐。2017年或更早的时候，为了打消金融机构的疑虑，中青旅实业签署贷款合同时，会提供大股东润元华宸的一份承诺函，文中写道，“为了实现中国青旅集团公司对中青旅实业的控制地位，润元华宸承诺：润元华宸同意以中国青旅集团公司作为其行使中青旅实业股东权利的一致行动人，同意中国青旅集团公司作为中青旅实业的实际控制人。”其意在于冒领央企身份，蒙骗金融机构，套取金融资金。

2018 年 5 月 4 日，中青旅实业旗下子公司北京黄金交易中心有限公司出现债务违约，中青旅实业的债务危机随后集中爆发。但 5 月 22 日，中青旅却发布声明称，公司并无“中青旅实业”或类似名称的分子公司，言下之意，这个中青旅实业是个妥妥的“伪央企”！中青旅实业背负的 300 亿元债务被悬空，不少债权金融机构悔之莫及。2018 年底，中青旅集团公告宣布出让中青旅实业全部股权。若转让成功，中青旅实业与中青旅集团最后一丝联系彻底中断，对于追债的金融机构而言，“讨债”之旅无疑更加艰辛。2019 年 1 月，13 家金融机构联合署名《关于请求中国青旅集团终止对外转让中国青旅实业发展有限公司股权并出面化解其债务问题》的函件，发往中国青旅集团母公司——中国光大集团，并抄送主管部门银保监会、中国人民银行等部委。函件强调，中青旅实业背负近 300 亿元债务待偿还，有 60 多家金融机构的贷款逾期，广泛涉及众多个人和机构客户。中青旅实业与北京黄金诸多负债被列入不良，且被法院列入“失信被执行人名单”。13 家机构联名“上书”，力保债务人的国企身份。

2019 年 2 月，中青旅集团正面作出回应，再度否认了与中青旅实业的直接联系，称公司仅为中青旅实业公司的参股股东之一，既不是大股东，也不是其实际控制人，更不是其他股东的一致行动人，也未实质管理中青旅实业公司。此外，中青旅集团还解释了转让股权的前因后果，并非外界盛传的“逃债跑路”，而是聚焦主业的举措之一。“该等转让行为系行使股东权利的合法行为，符合相关法律法规和政策的规定，且

股权转让行为不影响中青旅实业公司作为债务人承担债务。”

可以看出，当初大股东出函承诺其放弃对中青旅实业的控制权，仅是其单方面的意思表示，并未取得二股东中青旅集团的同意。中青旅集团的相关声明在法律上是站得住脚的。所以，要准确界定中青旅实业的所有权性质及实际控制权归属，仅仅依托一纸函件是不够的，还要看它的股权结构，看大股东润元华宸的背景。

三、公司治理中的外部力量

在公司治理主体中，除了股东与管理层，债权金融机构、监管机构、主办券商、审计、评级等机构也会发挥部分作用。比如，信托计划、专项资管计划的受托人，以及投资机构可能会向企业派出董事、会计等关键岗位人员，参与或监督公司内部管理；债权人委员会则会临时接管出现债务危机的企业；监管机构会委托第三方对问题企业进行审计或接管；主办券商会对企业的内控、财务、税务等方面提出改进建议；银行授信批复对企业新增大额投资作出限制，经办支行会对企业发展提供建议或口头监督等。

假设两家企业极度地相似，有息负债均为 10000 万元，唯一不同的是，A 企业的负债分布在 2 家银行，分别为 8000 万元和 2000 万元；B 企业的负债则分布在 5 家银行，均为 2000 万元。现在，企业向你申请新增 2000 万元贷款，而你所在的金融机构从未与这两家企业合作过，请问：你的直觉是，哪家更靠谱？实践中，不少银行会关注企业贷款银行的个数，超过 3 家的，可能就会被拒绝贷款。这种现象有没有理论依据呢？答案就在这里。一家银行如果能给予企业大额授信，且授信金额遥遥领先于其他机构，都会事先对企业的情况作认真调查，这家银行我们称为“主办银行”。反过来，若像 B 企业一样没有主办银行，各家金融机构都抱着控制规模、试试看、走着瞧的心态，企业的情况就可能比较复杂。有时候，金融机构宁愿通过较好的担保方式实现业务落地，也不愿意为一笔小业务花太多精力去分析企业情况。主办银行则会通过严密的贷后管理，加强与企业的良性互动，引导企业良性发展，间接地实现了对公司治理的监督。

3.2.2　部门设置

在2.4.1访谈场景安排中，我们知道，要取得较好的访谈效果，就要找到关键岗位的员工。要核实某个会计科目、某笔具体业务的企业内部信息，我们必须知道，哪些部门中的哪些岗位掌握这些信息。所以，尽职调查人员应该掌握企业常见的部门设置及部门职能、岗位职责。

企业常见的职能部门主要包括规划、设计、采购、生产、销售、技术、研发、财务、审计、人事、法律、行政、综合、项目部等。不同行业企业的部门设置往往会有较大的差别。根据企业的经营需要及不同的管理风格，各种职能又会存在不同的整合或分离。站在尽职调查的角度，接触最多、最核心的部门主要有财务部、销售部、采购部和生产部。后三个部门是企业经营活动的核心部门，财务部负责记录经营活动，反映财务状况。

一、财务部

财务部的核心职能及主要岗位如表3–1所示。除部门负责人外，小型企业财务部可能只设会计和出纳两个岗位；根据企业经营需要，会逐步增设相应的专业会计岗位。大型企业中，财务部可能会分设为财务部、资金部、投资部、审计部等部门。

表3–1　财务部的职能

职能	职能分解	主要岗位
会计核算	会计核算、会计报表管理、财务审计、会计信息管理和税务管理	成本会计、税务会计、收入会计、往来会计、报表会计、审计岗
财务管理	财务制度建设与管理、财务计划、预算管理、财务报告和分析、资产管理、成本费用管理	财务总监、财务部负责人、预算岗、财务分析岗、资产岗
财务运作	资金管理、收支结算管理、筹资和投资	资金岗、投资岗、融资岗
服务职能	费用报销、工资计提与发放等	报销会计、出纳

二、销售部

销售部的核心职能及主要岗位如表 3–2 所示。根据行业特点、产品（服务）特点以及企业销售规模、销售区域的大小，不同企业的销售部岗位设置可能会有较大不同，具体要在访谈中问询。销售部有时也称为市场部。

表3–2　销售部的职能

职能	职能分解	主要岗位
销售政策和计划管理	销售政策管理、销售计划管理	销售总监、销售部负责人
销售管理	开展销售业务、监控销售进展、控制销售费用	渠道经理、区域经理、品牌经理、店铺经理、销售代表、销售文案
客户管理	客户开发、客户维护、售后服务	客服经理、售后技术支持
销售信息管理	销售信息收集和整理、销售信息分析和使用	销售统计、销售内勤
销售队伍建设	招聘、筛选、培训、考核并激励销售人员	

三、采购部

采购部的核心职能及主要岗位如表 3–3 所示。除部门负责人外，小型企业采购部主要包括库管员、采购专员和其他职员；中型企业可能会增设采购文员、订单管理员等职位，库管岗位会独立出去。

表3–3　采购部的职能

职能	职能分解	主要岗位
采购计划	编制采购计划与采购预算	部门负责人、计划专员、预算专员
采购业务管理	招标管理、采购成本控制、供应商管理、采购外包管理、结算管理、采购质量控制	供应商开发与管理专员、采购价格专员、成本分析专员、招标专员、质量专员、外包专员
采购信息管理	采购合同管理、采购进度控制、采购风险管理	合同管理专员、采购进度专员、采购内勤

四、生产部

生产部的核心职能及主要岗位如表 3–4 所示。大中型企业会分设工艺部、技术部、研发部、设备部、动力部等。

表3–4　生产部的职能

职能	职能分解	主要岗位
生产计划	生产计划的制订、执行、调整与考核，生产信息管理、生产成本管理	部门负责人、生产统计员、成本管控岗
生产过程管理	生产调度、工艺技术管理、质量管理、生产安全管理	工艺技术岗、计划调度岗、质检员、安全员，车间管理岗（车间主任、班组长、操作工等）
生产条件管理	生产物料管理、生产设备管理	物料控制岗、设备维修岗

要掌握各部门的总体情况，尽职调查人员可以找部门分管领导、部门负责人及部门内勤（或信息统计岗）。要了解各部门某个岗位或某类业务的情况，就要根据各部门内设岗位去找合适的人了。

3.3　企业的内部控制

企业在开展各项经营活动中，内控制度决定了其业务流转程序，相伴产生的是在部门间流转的各种业务审批表单，这些管理痕迹为逆向审计工作提供了大量的书面证据。要想通过这些“藤”，去摸企业真实经营财务情况的“瓜”，尽职调查人员必须了解正确的、完善的内控制度是什么样子，再对照尽职调查企业的内控制度及其执行情况，了解“瓜田”的田间管理情况，即企业的管理规范性。

3.3.1　内部控制简介

根据财政部发布的《企业内部控制基本规范》，内部控制是由企业董事会、监事会、经理层和全体员工实施的、旨在实现控制目标的过

程。内部控制的目标是合理保证企业经营管理合法合规、资产安全、财务报告及相关信息真实完整，提高经营效率和效果，促进企业实现发展战略。

内部控制可以简单理解为管理制度体系。每个企业都有自己的管理制度，最常见的比如出差费用报销流程，一般需要员工本人签字、部门负责人签字、财务复核、分管领导签字，超过一定限额的报主要领导或老板签字，这就是内部控制。诸如此类，采购流程、销售签约流程、发货流程等，共同构成企业的内控体系。可以看出，内部控制是企业管理工作的基础，是企业持续健康发展的保证。内部控制是否有效取决于两个维度：一是制度设计要合理，不能有漏洞；二是制度要切实执行到位，否则都是空谈。

你可能会想，《企业内部控制基本规范》，还有配套的《企业内部控制应用指引》《评价指引》及《审计指引》我都知道，但那是要求上市公司和大中型企业用的，很多大中型企业都做不到，小微企业更是不可能做得这么规范！根本就是纸上谈兵，脱离实际。你这个想法错了！内控规范及其配套文件中，很多细节的要求虽然难以做到，但是它的核心要义和精神实质对任何企业都是相通的，对任何一个要提升内部管理水平的公司都有重要的参考价值。作为金融机构尽职调查人员，要想对尽职调查目标企业的内部控制作出客观评价，必须要了解规范的内部控制应该是什么样子。企业的内控水平与其发展阶段应该适应。企业处于初创期时，人员少、业务少，管理透明，为提高运转效率，制度流程比较简单。但进入快速成长期后，要迅速弥补制度上的漏洞。在进入稳定成长期乃至成熟期后，内控制度渐趋完善。

《企业内部控制基本规范》明确企业的内部控制措施一般包括不相容职务分离控制、授权审批控制、会计系统控制、财产保护控制、预算控制、运营分析控制和绩效考评控制七种措施，具体见表 3–5。

表3-5　内部控制措施的要求

控制措施	要求	举例
不相容职务分离控制	形成各司其职、各负其责、相互制约的工作机制	会计与出纳岗位要分离
授权审批控制	明确各岗位办理业务和事项的权限范围、审批程序和相应责任	2000元以下的业务招待费由分管财务副总审批；超过2000元的需报总经理审批
会计系统控制	明确会计凭证、会计账簿和财务会计报告的处理程序，保证会计资料真实完整	
财产保护控制	实施财产记录、保管、盘点、账实核对等措施，确保财产安全	固定资产采购入账、编号、建档立卡、出入库登记制度
预算控制	规范预算的编制、审定、下达和执行程序，强化预算控制	
运营分析控制	定期开展运营情况分析，发现问题并及时纠正	
绩效考评控制	建立科学的绩效评价、考核、职务晋升、评优、降级、调岗及辞退制度	

3.3.2　业务循环与内部控制审计

一、业务循环

企业的主要经营活动可归类为五大经济业务循环，分别是销售与收款、采购与付款、生产与存货、薪酬业务、筹资与投资。与各循环相关的报表科目如表3-6所示。

表3-6　业务循环与主要财务报表科目对照[①]

业务循环	资产负债表项目	利润表项目
销售与收款	应收票据及应收账款、合同资产、长期应收款、预收款项、应交税费、合同负债	营业收入、税金及附加

① 来源于注册会计师考试教材《审计》。

续表

业务循环	资产负债表项目	利润表项目
采购与付款	预付款项、持有待售资产、固定资产、在建工程、生产性生物资产、油气资产、无形资产、开发支出、长期待摊费用、应付票据及应付账款、持有待售负债、长期应付款	销售费用、管理费用、研发费用、其他收益
生产与存货	存货	营业成本
薪酬业务	应付职工薪酬	营业成本、销售费用、管理费用
投资与筹资	交易性金融资产、衍生金融资产、其他应收款、其他流动资产、债权投资、其他债权投资、长期股权投资、其他权益工具投资、其他非流动金融资产、投资性房地产、商誉、递延所得税资产、短期借款、交易性金融负债、衍生金融负债、其他应付款、长期借款、应付债券、预计负债、递延收益、递延所得税负债、实收资本（或股本）、其他权益工具、资本公积、其他综合收益、盈余公积、未分配利润	财务费用、资产减值损失、信用减值损失、投资收益、净敞口套期收益、公允价值变动收益、资产处置收益、营业外收入、营业外支出、所得税费用

按业务循环进行内部控制审计，可以使尽职调查人员更好地了解企业的经济业务和内部控制情况，及时发现疑点，识别财务造假，准确判断企业的内控有效性及财务数据真实性。

二、业务循环中的内部控制

按照内部控制基本规范对七种内部控制措施的要求，每个业务循环都要遵循不相容职务相分离等基本原则，相应地具备各自不同的内控措施。在五大循环中，销售与收款循环实现了“从商品到货币的惊险一跃”，对企业发展具有决定性作用，也是尽职调查的重点。所以，本部分就以该循环为例，介绍业务循环中的内部控制。

销售与收款循环从客户提出订货要求开始，将商品和劳务转化为应收账款，并以最终收回货币资金为结束。销售可以分为现销和赊销两种基本方式，现销非常简单，一手交钱、一手交货就行了；赊销则比较普遍。在赊销方式下，该循环涉及的主要业务和常见会计记录如表 3-7 所示。

表3-7 销售与收款循环涉及的主要业务活动及常见会计记录

交易类别	相关财务报表项目	主要业务活动	常见主要凭证和会计记录
销售	营业收入 应收账款	接受客户订购单 批准赊销信用 按销售单编制发运凭证并发货 向客户开具发票 记录销售（赊销、现金销售等） 办理和记录销售退回、销售折扣与折让	客户订购单 销售合同 发运凭证 销售发票 商品价目表 客户月末对账单 营业收入明细账 转账凭证 贷项通知单 折扣与折让明细账
收款	货币资金 应收账款（含坏账准备） 资产减值损失	办理和记录现金、银行存款收入 提取坏账准备 坏账核实	应收账款账龄分析表 应收账款明细账 汇款通知书 库存现金日记账和银行存款日记账 客户月末对账单 收款凭证 坏账审批表 转账凭证

为确保各业务活动均有序运转，不出纰漏，一般采取以下控制措施：

1. 不相容职务分离控制。（1）批准赊销信用与销售相互独立，防止销售部门为增加业绩而放宽信用标准，导致收账风险增大。这一点，与银行业的审贷分离原则有异曲同工之妙。（2）发送货物与开票相互独立，防止发货未经批准，销售业务没有被记录或商品被盗窃。（3）发送货物与记账相互独立，防止商品被盗窃并通过篡改记录加以掩饰。（4）收取货款与销售收入、应收账款记录相互独立，防止收到的货款被贪污。（5）批准坏账与收款业务、记账业务相互独立，防止不符合规定的坏账被批准，后期收到的款项被贪污。（6）编制和寄送客户对账单与收款业务、记账业务相互独立，以检查销售收款业务中的错弊行为。（7）执行内部检查与业务办理、记录相互独立，保证内部检查的独立性和有效性。

2. 信息传递程序控制。（1）明确授权程序：向客户提供赊销信用前要进行调查并经授权批准，以控制信用风险。发送货物只有在授权批准后才能进行，以防止向虚构的客户发货。销售价格、结算条件、运费、退货与折让要经过授权批准。(2)规范使用文件和记录：关键性的销货单、销售发票、发运凭证等应事前按顺序编号使用，以防止遗漏开票或记录销售业务，防止重复开票或记账。如收到订货单之后，立即编制一式多联的销货单，分别用于批准赊销、批准发货、记录发货数量、向客户开具发票账单。定期编制并向客户寄送对账单。对每个客户建立应收账款明细账。以应收票据结算时，需设置登记簿，详细记录票据种类、编号、出票人、票面金额、利率、到期日等情况。（3）独立检查：对销售与收款业务进行独立检查，防止各环节发生差错或舞弊。由内部稽查、审计团队或其他独立人员检查销货单、销售发票、发运凭证，确保其一致性和正确性。定期检查销售日记账和总账、应收账款明细账和总账、现金和银行存款日记账和总账的一致性。

3. 实物控制。（1）限制非授权人员接近存货，货物的发出必须有经批准的销货单。对于退货也要加强实物控制，由收货部门进行验收并填写验收报告和入库单。（2）限制非授权人员接近各种记录和文件，防止伪造和篡改记录。赊销方式下，企业与客户之间的货款结算还包括应收票据，要加强对应收票据的实物控制，保管票据与现金要和会计记录职责相分离。

4. 定期对账。由出纳、销售及记录应收账款以外的人，按月向客户寄发对账单，督促客户履行合约。对于核对中发现的不符账项，由不负责资金管理、不记录收入和应收账款的专人来处理。

实践中，每个企业对上述内控措施的执行情况千差万别，但核心理念是一样的，万变不离其宗。在尽职调查工作中，如何利用内控制度去开展逆向审计，详见3.5如何应用逆向审计中的具体案例。为节省篇幅，本书仅对销售与收款循环作以上简单介绍，如果你觉得讲得太简单、理解不透彻、要深入学习，或要了解所有业务循环中的内部控制，请查阅审计专业的其他书籍。

3.3.3 内部控制失败案例

内控失败有三大原因：一是内部制度不健全，让坏人有可乘之机，常见于中小企业。二是内控制度虽然健全，但执行不到位或内部串通导致制度失效。按照内控制度建设的基本要求，不相容职务本来是相互分离、相互监督的，比如银行“审贷分离”，即贷款调查岗与风险审查岗相分离。但内部串通以后，相互监督作用失效，所谓“家贼难防”，企业就容易出现管理风险。三是管理层越权。管理层越权就更好理解了，“窃钩者诛、窃国者诸侯”，企业高管利用自己的职务影响、职务之便对正常的业务流程施加压力，往往让制度消失于无形。

先看一个内控制度不健全的案例。某光伏电站施工企业，主营业务是按照业主的要求建设分布式光伏电站，如果能遇上合适的屋顶、性价比高的项目，这家公司也会考虑自建并自持。企业转贷还款的时候遇到困难，笔者询问具体原因的时候，财务负责人讲了一些企业内部的故事。该公司逐渐做大的过程中，老板在业务营销、项目管理上花费的时间逐步减少。幸好，分管工程建设的副总经理综合能力很强，跟随老板几年下来，深得老板信任。要说电站施工这活儿技术含量也不高，但销售部门与甲方开展商务谈判的时候，难免要涉及技术参数、建设成本、建设周期、设备采购、运维托管等技术问题，销售部门每次都要来问工程部，与客户的沟通效果不好，眼看着有些单子谈着谈着就飞了。既然副总经理很专业，营销能力、沟通能力也强，老板干脆将销售这摊子事儿也交给副总经理一并管理。两年时间下来，销售渠道和工程项目管理都由副总经理一手掌控了。最近一年，公司的订单明显减少，而且订单质量也不高，营收、利润下滑，公司资金捉襟见肘，就出现了还款困难。“屋漏偏逢连夜雨”，也就在这时候，高管中的骨干成员——副总经理跟老

板说要离职，而且去意已决，老板再三挽留也没有效果。经过仔细盘点，公司发现了副总经理的猫腻。原来，副总经理前几年就开始干私活儿，把公司总包工程的一部分分包给自己控制的施工队，后来私欲膨胀，直接开了一家专做光伏电站施工的公司。花公司的差旅费、人员工资等费用跑市场，接到的好订单却交给了自己的公司，差点的订单拿到这边来糊弄老板。同时，公司接到的这些订单又交给自己控制的施工队。东窗事发的时候，公司跟他摊牌、要收拾他，没想到他指使自己的施工队来找公司要工程款。一串不耻行为下来，公司还倒欠他几百万元工程款！关键还有，他知悉了公司很多“不足与外人道”的商业秘密。最终，老板认栽，自己消化内控失败带来的超千万元损失。

再看一个内部串通的案例。2019 年初，据媒体报道，某银行南京分行的支行行长周某，指示该支行 2 名客户经理违规向企业放贷 7000 多万元，而贷款企业实际控制人正是周某的前夫。对明显不符合授信条件的业务，在办理过程中，分行的贷款审查部门却给予了默契的配合，贷款审批一路绿灯，导致多道风险防线被击破，为银行带来了大额损失。另据媒体报道，汉 K 银行某支行 3 名客户经理未能恪尽职守，缺乏相互监督，导致贷款调查 A/B 角制度失效，最终形成了 1.3 亿元的损失，相关责任人也被追究了刑事责任。

再看管理层越权的案例。现实中，管理层越权导致内控失败的案例很多，后果也最严重，很多金融机构的风险都源于管理层越权导致的内控失败。比如，“明天系”掏空包商银行，导致包商银行被监管部门接管，最终直接退出历史舞台；山东某银行连续两任董事长被查，4500 亿元贷款中，逾期贷款高达 3000 亿元；安邦保险、中国华融等机构也曾出现震惊全国的腐败丑闻等。2018—2019 年，数十家上市公司披露大股东以上市公司的名义，违规对外提供担保。比如，冠福股份（002102）于 2018 年 10 月披露了律所对深交所《关于对冠福控股股份有限公司的关注函》的专项核查意见。该文件披露，冠福股份的控股股东在未经公司内部审批决策程序的情况下，擅自以上市公司及其控股子公司名义开具商业承兑汇票并贴现，票面金额 13.02 亿元，且整个过程均为私下操作，除了控股股东、实际控制人、出纳、联系人外，董事会、监事会、高级管理人员及其他人员均不知情。另外，控股股东以上市公司及其控股子公司名义违规对外担保 3.81 亿元，违规对外借款 5.34 亿元。

3.4 企业的会计体系

3.4.1 记账过程

记账就是将企业的生产经营活动转化为会计语言的过程，最终用会计报表数据展示企业的经营成果，如图 3-2 所示。

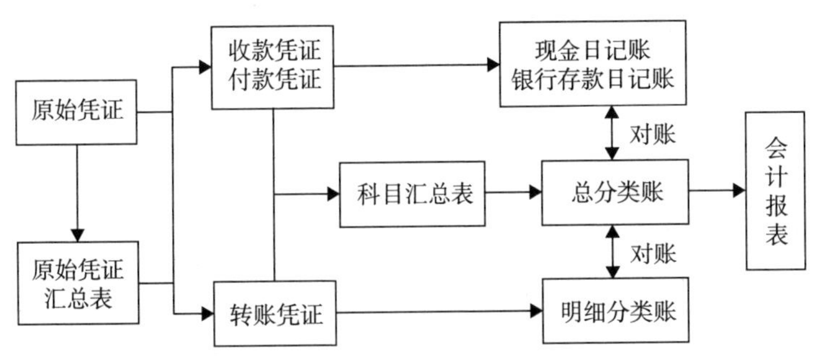

图3-2 企业的记账过程

账务处理是一个开放而非封闭的过程。一是记账依据大量来自外部机构。比如，原始凭证中的外来凭证，报销差旅费需要机票、车票或路桥费等单据；确认销售收入需要销售合同，销售合同则需要外部客户签署等。二是会计信息来自生产经营活动。比如，报销采购成本需要提供企业内部自制的，经库管员、质检员等人签字的入库单，背后反映的是企业采购行为的结束（采购的货物已质检并入库）。三是记账结果还要与外部证据印证。比如，企业内部的银行存款明细账要与银行出具的对

账单相呼应。因此，企业的财务系统信息与非财务信息存在大量的关联，这就为透过财务数据分析经营状况提供了理论依据与现实可能。

必须要注意的是，很多企业做账有内账与外账之分。内账，即老板和管理层用的报表，真实反映企业的经营财务情况。除此之外均为外账，主要包括税务报表、银行报表和小股东报表[①]。企业另外还会编制一些向政府部门报送的统计报表，这种报表一般会夸大数据，政府为了数据好看、体现政绩，会睁只眼、闭只眼。内账与外账有很多联系。会计做账通常从内账入手，将内账的凭证经过增减、加工后作为外账使用的凭证。很多企业的内账与外账并不仅限于两套不同的报表，还有两套总账、明细账，相应的记账凭证、原始凭证也是两套。如果再往深了去，就需要业务部门、外部客户、供应商等单位合作，将原始凭证中的销售发票、发货凭证等应具备的业务文件配备齐全，达到以假乱真的地步，这就是系统造假，在 3.4.3 会计舞弊中会进一步讨论。假报表也有其分析价值，透过假报表发现的可疑之处正是调查分析的切入点，用好“三大工具”就可以应对。

3.4.2 会计准则

会计准则是一个完整的、庞大的体系，是企业进行账务处理必须遵循的规范和标准。会计的世界有它独特的语言、概念和基础假设，如果你不掌握它，在金融行业的战场上，就只能做一个不带枪的士兵，听别人讲再多智勇双全、英勇杀敌的故事，也只能做个门外汉。会计准则的基本知识主要包括以下内容。

① 税务报表是报给税务机关的，通常会隐瞒收入、虚增支出以便减少缴税。银行报表是提供给金融机构的财务报表，目的是融资，通常会粉饰太平。小股东报表是给小股东看的，有些大股东为了在分配利润时少给小股东分红，会尽量压缩账面利润。

一、一个报告目标

财务会计报告的目标是向报告使用者提供与企业财务状况、经营成果和现金流量等有关的会计信息，反映企业管理层受托责任履行情况，有助于财务会计报告使用者作出经济决策。其中所指的会计报告使用者包括投资者、债权人、政府和社会公众等。

二、四个基本前提

分别是会计主体、持续经营、会计分期和货币计量。

三、五种计量属性

包括历史成本、重置成本、可变现净值、现值以及公允价值。

四、六大会计要素

分别是资产、负债、所有者权益、收入、费用和利润。

五、八个质量原则

真实性原则、相关性原则、明晰性原则、可比性原则、实质重于形式原则、重要性原则、谨慎性原则和及时性原则。

介绍这些基础知识的书太多，为了本书完整体例的需要，在此提一下，但不展开。有需要的读者，请查阅其他书籍。

3.4.3 会计舞弊

会计舞弊是个老生常谈的话题，但凡行走商业世界和金融“江湖”的人，都会听到或经历过会计舞弊的故事。早些年如雷贯耳的故事，国外有安然、世通公司，国内有银广夏、蓝田股份等，近几年上市公司频频爆雷，会计舞弊的案例更是不胜枚举。有意思的是，会计舞弊的故事就像影院里的影片，总是在不断地推陈出新。每天都有公司在干着会计舞弊的事，有的公司因为“纸包不住火”自己爆仓，有的被银行家、会计师或其他社会人士慧眼识别。总之，每年都会有会计舞弊的故事此起彼伏大白于天下。做假账的公司就像小偷，投资者、债权人就像警察，警察经常能抓到小偷，抓到后却处罚太轻，导致小偷越来越多、胆子越

来越大，抓也抓不尽。作为警察，若是研究透了小偷的作案习惯、作息习惯、交通习惯等生活习惯，就可以让小偷无所遁形，自己的治安片区内就会得到更多安宁。同理，金融机构识别会计舞弊的水平高，炼就了火眼金睛，就会最大限度地避免业务风险，自己经手的业务或所在的金融机构不出事、少出事。

“道高一尺，魔高一丈”，在警察与小偷的长期博弈中，双方侦查与反侦查的水平都越来越高。在财经领域，会计舞弊的手段变得花样繁多，针对舞弊、识别舞弊的防范措施也是各种各样，很多书籍对相关知识给出了全面的总结。站在金融机构的角度，本书按识别难度，将会计舞弊分为以下三类。

一、报表层次的舞弊

报表层次的舞弊是指企业财务报表数据钩稽关系混乱、经不起推敲、在报表审阅环节就能发现的低级舞弊。这种舞弊水平下，报表数据缺乏记账过程中的系列数据支撑，甚至会出现无中生有地填列或简单粗暴地篡改报表数据的行为。这种舞弊的特点是造假程度比较浅显，技术含量低，容易识别，只要尽职调查人员具备较好的会计功底，在与企业老板、财务人员交流的时候，就不会被他们站不住脚的解释糊弄过去，就能看穿企业的问题，及时识别风险。这种舞弊较多见于中小企业和地方政府控制的中小型平台公司，因财务人员会计水平不高，造假能力有限，做的假账数据之间做不到较好的衔接，流露出蛛丝马迹。大中型企业甚至企业集团有时也会出现这种情况，主要出现在企业集团的非核心企业报表数据上。非核心企业往往作为核心企业的配套企业，在粉饰报表时受到的关注较少，所以容易留下破绽。

有次在企业尽职调查的时候，感觉报表有问题，笔者就向企业财务要“其他应收款”的科目明细。财务室明明就在隔壁，可是等了半小时还是拿不出来。笔者心中生疑，起身走到财务室，发现他们正在拼凑数据。再转身回到会议室，假装没看见，简单聊了聊就走了，至于合作，当然不会有下文，你懂的。

二、准则层次的舞弊

准则层次的舞弊是指企业做账时未严格遵守会计准则造成的报表粉饰。与报表层次的舞弊相比，这类行为一般会遵守基本的记账规则，不会简单粗暴地直接篡改报表数据，但会出现刻意忽略、揣着明白装糊涂等各种不遵守会计准则的现象。这类舞弊的程度相对较深，但只要对会计准则够熟练，具备足够的社会经验和敏锐性，仍然能够识别。

举个例子来说。一家 20 世纪 80 年代成立的国有外贸企业，在 21 世纪初，随着国家对进出口自营权的放开，效益急转直下。2002 年，企业进行了改制。笔者 2019 年去现场调查的时候，企业单一大股东是国有股，占比 39%，其余为民营企业及自然人股东。主营业务两大板块：一是老本行——贸易，每年贸易收入超过 30 亿元，但是利润太薄甚至亏损；二是转型做金融，主要是创投、基金、小贷等主体，投了一些上市公司或农商行股权。2018 年末，企业总资产 46 亿元，净资产 16 亿元（其中少数股东权益 11 亿元）。2018 年全年销售收入 30 亿元，在确认投资收益 2 亿元后，净利润达到 7400 万元，也就是说，主营业务是亏的。一看资产结构，应收账款及应收票据 13 亿元，这么重要的科目肯定要深入看，就翻审计报告附注。好在企业还带着点国有体制的血统，审计报告很规范，附注内容比较翔实。翻到应收账款账龄分布，定睛一看，账龄超过 3 年的应收账款超过 3 亿元！再看应收账款的交易对手，用“天眼查”一查，居然无一例外全是失信被执行人！访谈的时候肯定要问客户，没想到，对方财务总监根本就没有掩饰，对公司存在 3 亿多元坏账的事实“供认不讳”。按照会计准则，这些应收账款早就应该计提坏账准备甚至计入损失了，但是企业的资产负债状况摆在那里，去掉少数股东权益，归母权益仅 5 亿元；可怜的收益也不足以覆盖资产减值损失。若是把这些坏账计入损失，归母权益仅余 1 亿多元，企业报表的颜值立马要打个大大的折扣！为企业财务设计个台词：我也是老实人，该披露都披露了，

又没对你（指金融机构）说假话，至于你没有发现，真要企业出事还不上贷款了，那也是你自己倒霉啊！我这叫“姜太公钓鱼，愿者上钩”。

像这样应计提减值准备而未计提等违背会计准则的舞弊行为，我们称为准则层次的舞弊。可以看出，仍然是比较容易发现的。

三、系统舞弊

系统舞弊是指在表面上遵守会计准则，实质上却利用会计制度的运行规则，用刻意安排的经营行为予以配合，进行系统的、大范围的舞弊。这种舞弊的特点是造假时间长、程度深、范围广，难以识别，危害极大。系统舞弊的造假成本非常高，对企业来讲是一条不归路[①]。系统舞弊常见于大中型企业和上市公司，但一些心思缜密、处心积虑骗钱的小企业家也能干出这样的“大”事。

接下来还是用具体的例子来说。签个合同，约定下合同金额，特别是软件开发或者服务，没有实物产品传递，审计能看到的就是几张纸、合同、开发文档、客户验收报告等。收入就确认了，产生了应收账款，高明的，再把资金来流转一下，应收账款就没了，看起来这笔业务真实，钱都收了，你还能说什么。但是资金跑进来，冲掉应收账款，形成利润以后，必须把资金再跑出去，毕竟钱是体外的，不一定哪里借来的，都有成本，还得把钱再倒出去。倒出去基本有两个大的地方：在建工程和固定资产，即付款给基建工程供应商，这个大坑容纳性强，与业务关联度不大，不容易被发现；另一个就是通过付款给关联供应商，再转到应该去的地方，资产负债表上常见的就是虚增存货[②]。

再讲一个循环出资的故事。金融机构 A 要增资 10 亿元，但大股东不肯掏钱。A 就把自有资金 10 亿元借给一个非关联方 B，提前讲好，资

① 关于系统舞弊的全面分析与深刻总结，请参阅：洞炎著《系统性财务造假揭秘与审计攻略》和刘石球的文章《虚构经济业务型财务造假的逻辑、手法剖析及识别》。

② 这段话摘自饶刚、金源著《这就是会计：资本市场的会计逻辑》。

金到 B 账上后，很快就转给大股东控制的其他主体，经过几手倒账，再通过大股东转回到 A，作为 A 的增资款。这样一个循环下来，A 的自有资金既未增加也未减少，但实收资本增加了 10 亿元，同时，其账面上也增加了一笔看起来很正常的 10 亿元金融资产。对 B 来讲，这就是个网红的“通道业务”。在监管机构眼里，这就是“资金空转”“虚假注资”。审计的时候，若不深究A跟B的这笔业务，审计师是很难发现其中猫腻的。

有的企业，经营几年以后眼看着要不行了，起了坏心思的实际控制人就开始系统造假，从采购、销售，到所有财务数据，包括银行对账单全部造假。这种造假环环相扣，隐蔽性强，危害很大。但造假的地方越多，往往也越容易出现破绽，难免会被金融机构发现。不过，这家金融机构发现了破绽也没关系，再去找下一家、再下一家，总有“运气好”的时候，遇上不那么认真、专业的尽职调查人员，就会成功骗取融资。就像骚扰电话一样，尽管大多数人避之不及，电话中刚搭上话就挂断，但总有一些“傻子”上当，这骚扰电话的市场机会就来了！真是“存在即合理”。

3.5 如何应用逆向审计

本章开篇就讲到，逆向审计就是要找证据，构建证据链，让最终的尽职调查结论有充分依据，就像警察把案件办成铁案一样！掌握了足够的证据，推动业务的底气就足，就不怕风险部门的审查，不怕评委的刁难，也不怕业务落地后睡不着觉。反过来，确凿证据反映企业有问题，你不想做，你也不怕别人来打招呼通融，婉拒时也同样有底气。

本章前四节理论的东西比较多，看起来有点乏味，现在来看几个真实案例。

3.5.1 聚财农贷案例

我们从一个简单易懂的案例开始。

聚财农村小额贷款公司申请一年期流贷2000万元，根据其提供的基础资料，该公司财务情况如表3-8至表3-10。

表3-8　合并资产负债

单位：元

项目	2016.12.31	2017.12.31	2018.12.31	2019.6.30
资产：				
货币资金	26272850	4847459	11669421	4072691
预付款项	2481885	996079	633851	724642
应收利息	17782496	19257562	13080681	
其他应收款	63897632	25737762	677616	17499791
发放贷款及垫款	1035464806	1105886405	792132609	677914816
金融投资：				
以公允价值计量且其变动计入当期损益的金融资产	304940	302068		
其他权益工具投资	36512500	43512500	43262500	43262500
投资性房地产	35527063	33392283	31306509	30348455
长期待摊费用		214002	115232	65847
递延所得税资产	135000	25019590	44063929	
资产总计	1218379172	1259165710	936942350	773888740
负债：				
短期借款	65878906	55000000	31281996	18952706
应付账款	846024	555355	25000	
预收款项	76438	173562	176930	
应付职工薪酬	748934	821469	1383972	10498
应交税费	3173049	29667606	660606	494114
应付利息	2102647	2350634	1446954	
其他应付款	356781	640143	643333	13313674
一年内到期的非流动负债		168000000		
长期应付款	168000000			
担保业务准备金	1251255	944851	1097199	

续表

项目	2016.12.31	2017.12.31	2018.12.31	2019.6.30
其他非流动负债		40482040	62853095	65494909
负债合计	242434034	298635659	99569085	98265900
所有者权益：				
股本	633000000	633000000	633000000	633000000
资本公积	49771300	49771300	49771300	49771300
盈余公积	47921524	49581271	49581271	49581271
一般风险准备	16351778	18023216	18933816	18933816
未分配利润	216907150	198163185	74101983	-87648442
归属于母公司所有者权益	963951752	948538972	825388370	663637946
少数股东权益	11993387	11991079	11984894	11984894
所有者权益合计	975945139	960530051	837373264	675622840
负债和所有者权益总计	1218379172	1259165710	936942350	773888740

表3-9 合并利润

项目	2016.12.31	2017.12.31	2018.12.31	2019.6.30
一、营业收入	121813940	109873945	99574205	11269334
利息净收入	122931322	113117225	101540934	11336800
利息收入	132108894	127868087	114636468	14506051
利息支出	9177572	14750862	13095534	3169251
手续费及佣金净收入	-921561	-3451319	-2293272	-67466
手续费及佣金收入	1363938	518228	596669	176930
手续费及佣金支出	2285499	3969547	2889940	244396
其他收益		210664	83275	
投资收益	-200822	57839	167085	
公允价值变动收益	5001	-60464	76182	
二、营业成本	62489942	84855631	242377606	128955254
业务及管理费	15544999	16309329	16449098	6268559
税金及附加	2874148	651773	1229902	349007
财务费用	-3601			

续表

项目	2016.12.31	2017.12.31	2018.12.31	2019.6.30
资产减值损失	44074396	67894098	224695194	
信用减值损失				122337688
三、营业利润	59323999	25018315	-142803402	-117685920
加：营业外收入	2520500			
减：营业外支出	162852	377988	325579	575
四、利润总额	61681647	24640327	-143128981	-117686495
减：所得税费用	16330356	8702339	-19061594	44063929
五、净利润	45351291	15937988	-124067387	-161750424

表3-10　合并现金流量

项目	2016.12.31	2017.12.31	2018.12.31	2019.6.30
一、经营活动产生的现金流量：				
收取利息、手续费及佣金的现金	137997445	135509953	129474330	16623241
客户贷款及垫款所收回的现金	1882039381	1775031497	1456578285	
收到的税费返还		737062		
收到其他与经营活动有关的现金	4459905	1641973	1944205	346177
经营活动现金流入小计	2024496733	1912920487	1587996821	16969419
支付利息、手续费及佣金的现金	9901696	17399446	17008219	1503650
客户贷款及垫款所支付的现金	2013874086	1912943000	1362543828	8210198
支付给职工以及为职工支付的现金	8110517	9659316	9372884	5099975
支付的各项税费	23280607	16306389	38578007	2971975
支付其他与经营活动有关的现金	9677593	5969848	10379250	4571058
经营活动现金流出小计	2064844501	1962278000	1437882190	22356859
经营活动产生的现金流量净额	-40347767	-49357513	150114630	-5387440
二、投资活动产生的现金流量：				
收回投资收到的现金	6069440	1456715	679067.02	
取得投资收益收到的现金		965	336841	
收到其他与投资活动有关的现金		180000000	67500000	
投资活动现金流入小计	6069440	181457680	68515908	
购建固定资产、无形资产和其他长期资产支付的现金	1993499	530522		

续表

项目	2016.12.31	2017.12.31	2018.12.31	2019.6.30
投资支付的现金	40467246	8454021	2205730	
支付其他与投资活动有关的现金	37000000	143000000	67500000	3000000
投资活动现金流出小计	79460745	151984543	67720573	3000000
投资活动产生的现金流量净额	−73391305	29473137	795335	−3000000
三、筹资活动产生的现金流量:			−	
取得借款收到的现金	9100000000	609000000	422000000	68000000
吸收投资收到的现金	12000000			
收到其他与筹资活动有关的现金	183878905	47987890	103130000	16040000
筹资活动现金流入小计	1105878905	656987890	525130000	84040000
偿还债务支付的现金	912000000	619878905	445718004	75329290
分配股利、利润或偿付利息支付的现金	31650000	31650000		
支付其他与筹资活动有关的现金	23587890	7000000	223500000	7920000
筹资活动现金流出小计	967237890	658528905	669218004	83249290.37
筹资活动产生的现金流量净额	138641015	−1541015	−144088004	790709
四、现金及现金等价物净增加额	24901942	−21425390	6821962	−7596730
加：期初现金及现金等价物余额	1370907	26272849	4847458	11669421
五、期末现金及现金等价物余额	26272849	4847458	11669421	4072690

一、小贷公司的商业模式与尽职调查重点

小贷公司的商业模式：股东投入资本金成立公司，形成公司的自有资金，小贷公司将资金用于放贷。但自有资金投放完毕后，要想扩大收益，就需要对外融资，并将融入的资金进一步用于对外投放，投放出去的贷款利率一定高于融资利率，小贷公司从而赚取其中的利差。所以，对外投放贷款就是小贷公司的主要经营活动，经营活动中形成的信贷资产是小贷公司的主要资产，信贷资产收回的利息就构成了小贷公司的主要收入来源，信贷资产的真实性、收益性和安全性就成为小贷公司经营质态是否健康的决定性因素。如表 3-8 所示，在总资产中，“发放贷款及垫款”科目余额占比始终维持在 85% 的高位。“发放贷款及垫款”科目核算的

内容就是小贷公司的信贷资产，说白了，就是投放出去的贷款。

小贷公司对外负债的第一还款来源就是信贷资产的本息回收，所以信贷资产质量就是对小贷公司尽职调查的工作重点。信贷资产质量又体现在三个方面，就是信贷资产的真实性、安全性与收益性。信贷资产的真实性，是指账面上的信贷资产是否已经真正地对外投放，形成第三人对本公司应付本金及利息的金融债务，一个大前提就是要警惕小贷公司对股东单位等关联单位的信贷投放。2017—2019 年，全国各地 P2P 平台纷纷爆雷，出了事一调查，发现大部分平台都存在大量的自融行为，也就是说，资产的真实性存在问题。投资者通过 P2P 平台投资的钱，被放给了平台的实际控制人或关联关系人，再被平台实控人挥霍一空。信贷资产的安全性，是指信贷资产能否实现到期安全回收，这取决于债务人的还款能力和小贷公司的风险管理能力。信贷资产的收益性，是指信贷资产的利率要足够高，至少要覆盖四个方面：小贷公司的融资成本、运营成本、正常利润和风险损失。信贷资产的真实性、安全性与收益性都得到满足，小贷公司才能健康运转和可持续经营。

二、小贷公司的内部管理

小贷公司的管理模式比较清晰。业务部门负责业务营销、尽职调查、本息催收、贷后管理等工作；风险部负责贷款审查、组织贷审会审批、对业务部门的活动进行监督管理等；财务部负责对贷款发放及本息回收进行记账。所以，掌握信贷资产情况的一般有三个部门：业务部、风险部和财务部。

业务部门开展业务，会建立自己的业务台账。有业务系统的公司，业务信息会录入系统。各业务部门比较全面、深入地掌握本部门业务情况，比如每笔业务借款人的基本情况、合作历史等。风险部对业务的了解没有业务部门深入，但所有业务要通过风险部审批，掌握公司层面所有业务的情况。财务部的财务系统会完整记载每笔贷款的发放日期、发放金额、本息回收日期等信息。此外，公司管理层掌握公司运营的整体情况及出险状况。不同部门、不同岗位的员工从不同的角度了解公司情况，就为尽职调查人员开展交叉访谈与逆向审计提供了条件。

三、逆向审计的具体做法

要摸清楚小贷公司经营情况的“瓜”，就要顺着它的会计体系、组织体系和内部控制体系这些“藤”。前面已经简要分析过了“藤”，下面我们就要介绍怎样顺着“藤”去完成“摸”的动作过程。

前文所述，“发放贷款及垫款”科目余额占比始终维持在 85% 的高位，是小贷公司资产质量和经营健康状况的决定性因素。在财务部门，“短期贷款”科目余额表会记载每一笔存量信贷资产，贷款的每次发放及本息回收也会在银行存款明细账中完整地记载（见表 3-11）。

表3-11　基本存款明细账户

单位：元

2019年		凭证		摘要	对方科目	借方金额	贷方金额	余额
月	日	字	号					
9	1	付	1	发放大发公司贷款	短期贷款		5000000.00	略
	……	……						
11	3	付	7	发放张小明贷款	短期贷款		3000000.00	略

在风险部，信贷业务台账或业务系统也会完整记录业务明细，即每笔贷款业务的基本情况，如表 3-12 所示。各公司的格式会不同，但核心要素是一样的。

表3-12　信贷业务明细

单位：元

序号	客户名称	本金余额	合同编号	利率（%）	起息日	到期日	担保措施	业务部门	客户经理
1	大发公司	500	略	12	2019.9.1	2020.3.1	略	二部	钟某
2	张小明	300	略	13	2019.11.3	2020.2.2	略	一部	李某

第一步，将财务口径的“短期贷款”科目明细与风险部统计的信贷业务明细进行对比，首先看总额是否一致，再随机看几笔资产是否能够逐一对应。如发现不一致，要请对方解释原因。比如对方说是记账时间差的问题，或者其他什么理由，你就要判断这个理由是否合理。

第二步，从信贷业务明细中抽查若干笔业务档案，进行一致性审核。符合几个特点的业务，应着重抽查：金额较大、排名靠前的客户；利率偏低；多笔信贷资金在短期内集中大额出账；贸易类客户；个人客户等。对非重点抽查的业务，也可以随机抽查，只是抽查范围可以小一些。比如，根据现场情况你决定抽查 10 笔业务，那么重点业务 30 笔中抽查 6 笔，20% 的抽检率；非重点业务 100 笔中抽查 4 笔，4% 的抽检率。

为什么要着重抽查具备这些特点的业务呢？你还要站在客户的角度去思考。如果你是小贷公司老板，想把公司自有及银行借来的资金倒出去，你怎么办？小额转账太慢、太累，大金额转账比较快。大金额转账容易被发现？那就“化整为零”，转一批较小金额的资金出去，但经常因为时间仓促，难免会集中转账。资金转给制造类企业，容易被发现造假，就通过贸易公司或个人过手。有的客户出现风险，一时还不上钱，但又不想让风险暴露，而且客户以后或许还能“活”过来……那就给他减负，降低融资成本。再想想，还有什么手段，既能把资金倒出去，还不容易被金融机构发现？

还有个问题，业务档案是抽出来了，查什么呢？怎么查？还是要围绕贷款的真实性、安全性和收益性，重中之重是真实性。造假的东西最可怕！只要这资产是真的，真金白银投给客户之前，任何小贷公司的经营者都会比你更关注它的安全性和收益性。所以说，只要贷款的真实性得到保证，那么安全性和收益性的问题就相对较小。怎样检查真实性呢？小贷公司的贷款投放会产生很多记录，除了前面讲到的银行存款日记账、信贷业务明细表外，银行对账单、借款借据、银行转账回单、贷款合同、过往付息记录、内部调查报告、贷审会纪要、批复等书面材料都会记载相应的且一致的信息。如果不一致，就要查明原因。各类材料反映的情况出现冲突时，应该以哪种或哪些材料为准？参见 3.1.3 审计抽样与审计证据有效性。如果一致，且抽查的多个项目都一致，你还要注意一点，这些客户是否关联企业？或疑似关联企业？安全性和收益性的问题，你可以通过调查报告去感受，通过查阅上述资料的完备程度、内部审批签字手续及签字人员的变更等资料，判断其经营团队的专业程度、人员稳定性、决策机制及总体经营规范程度。

第三步，你可以对这些客户进行随机现场走访，进一步核实信贷业务的真实性，参观这些客户的经营场所，揣度业务合理性及安全性。

四、本案例的调查方式

对“发放贷款及垫款”“营业收入”“资产减值损失”和“净利润”等科目的历年数据进行对比观察，我们很容易发现该公司 2016 年以前经营正常，2017 年出现下滑苗头，2018 年风险暴露，到 2019 年上半年就非常困难了。假如你 2018 年初到公司尽职调查，探讨 2018 年上半年到期 16800 万元贷款的续贷合作，你会怎么调查？你能发现该公司运营中蕴含的风险吗？

按照 1.3.3 分析财务报表的步骤，在资产端，“短期贷款及垫款”科目占比高，是尽职调查重点，本节前面已经分析过。“其他权益工具投资”和“投资性房地产”余额占比很小，但相对其他科目排名靠前，且与小贷公司的投资策略和投资理念相关，故有必要做个了解，恰好这两方面都很容易核实。在负债端，余额较大的科目有“短期借款”“长期应付款”和“其他非流动负债”，都比较容易定性和确认。如前所述，就剩下“短期贷款及垫款”了。

与“短期贷款及垫款”直接相关的科目有哪些呢？“利息收入”，是“短期贷款及垫款”科目产生的利息；“客户贷款及垫款所收回的现金”和“客户贷款及垫款所支付的现金”，分别反映的是会计期间收回及投放贷款本金的发生额。对比几个科目会发现，2017 年，公司贷款实现净投放，

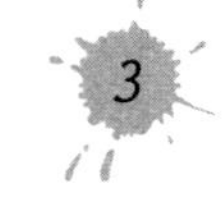

贷款余额继续增加，但利息收入却下降了！为此，有必要继续翻看 2015 年的财务数据，看看往年是什么情况。同时，资产减值损失的计提幅度显著增加。这是在报表审阅环节就应该发现的疑点。到现场后，访谈时就要多问利率下降的背景，重点抽查利率下降的业务和借新还旧的业务，询问资产减值损失增加的原因，了解哪些业务与减值相关，看档案核实情况。完成了这些步骤，也许你就可以得出不予续贷的结论，也就不会踩雷了。

3.5.2 川鑫公司案例

在 1.3.4 案例分析和 1.4.1 梳理问题并进行外围查证中，我们讲到川鑫节能材料有限公司的案例，现在接着介绍。

根据前面的分析，我们知道川鑫公司近两年销售增长较快，但应收账款回收较慢，占用了很多流动资金。同时，固定资产投入比较集中，也占用了部分资金。接下来川鑫公司爬坡过坎能否成功，主要看其未来销售增长及现金回笼情况。通过分析，我们明确了去川鑫公司现场尽职调查的重点。在 1.4.1 梳理问题并进行外围查证中，列出来 8 个方面的尽职调查问题，其中很多问题都有必要通过逆向审计来解决。

关于问题 1——应收账款质量。首先要确认应收账款的真实性，通过查阅应收账款科目明细，挑出若干笔，要求企业提供相对应的原始凭证，主要包括川鑫公司与交易对手之间签订的销售合同、发运凭证、销售发票、预付款转账凭证等（参照表 3–7）。其次要核实交易对手的付款能力，可以通过访谈了解余额较大的交易对手的情况，通过工商信息了解交易对手的实力，通过历史交易记录和历史履约情况判断交易对手的付款能力。通常来讲，合同履约情况好，尤其是每期都能按时足额付款的客户，支付能力比较强。

关于问题 2 和问题 3——销售增长潜力。销售增长取决于订单增长和足够的产能。外围调查了解川鑫公司下游市场的景气情况，访谈了解其目标销售市场情况，产品及服务的竞争优势，了解川鑫公司与前5~10名大客户的交易历史及规模，查阅企业最新签订的订单，判断各方面来源的信息是否相互印证。有订单还不够，产能还得跟上，参观时要注意观察公司的厂房利用率、设备利用率及开工率等。

关于问题6——固定资产情况。访谈了解固定资产投资的背景，参观新增固定资产，查阅固定资产明细，抽查采购合同及发票、施工合同及付款凭证，核实固定资产新增内容、用途及价值，核实应付未付工程款的情况。

关于问题5和问题7——资金使用情况。查阅其他应付款明细，抽查进账凭证，核实交易对手和资金性质。查阅财务费用明细，核实交易对手和资金性质。查阅有关借款合同、担保合同及民间借条（如有），核实借款利率、期限、担保措施等核心要素。查阅历史债务的还款情况，追踪大额还款前的资金调度情况和资金来源，核实是否存在民间融资等隐性负债。

审计思路很清晰，但并不意味着这些工作全部要做，你还是要根据尽职调查现场情况相机抉择，选择重点进行调查。

3.5.3 臻爱珠宝案例

接着1.4.2掌握交叉验证方法，起草调查提纲中臻爱珠宝的案例，我们继续探讨逆向审计的运用。

根据前面的介绍，企业主营业务是珠宝零售，行业大类属于批发与零售业。非流动资产较少，而流动资产较多，符合贸易企业的特点。企业主要在各大城市的购物中心开设营业柜台，销售终端超过100个，且全部为自营，每个终端都需要铺货，就需要占用流动资金，体现在报表数据上是存货较多，占总资产的80%以上。那么，对该企业的尽职调查就要着重关注两点：一是存货价值的真实性，决定企业的资产实不实；二是销售收入实不实，决定企业的盈利能力。

关于存货价值的真实性。存货分布在企业仓库和100多个门店，你能去跑几个店现场盘库吗？操作上虽然可以实现，但显然不经济。仍然是要用逆向审计的思维，要顺藤摸瓜。要通过交叉访谈了解企业的采购管理和存货管理模式，进入企业的存货管理系统，掌握存货在空间上、品类上的分布情况，掌握存货采购、入账、管理及销售出库的流程，并在这些管理流程中掌握存货数量及价格的真实性。如有必要，你可以对1~2个门店或存货保管地进行抽查盘库。

关于销售收入的真实性。为了满足客户对不同付款模式的需求，零售企业的收款方式很多，除了商场统一收银后的回款，还会有现金、刷卡、移动支付工具（微信、支付宝）等不同方式，回款还有可能会进入公司内部指定的个人账户。你首先要了解销售收入的渠道分布，比如企业告诉你，2亿元收入中，有1.2亿元来自商场回款，8000万元来自其他渠道（要进一步细分），那么你再按渠道进行抽查，看银行流水等方式进行核实。

3.5.4 应用技巧总结

通过前面的案例，我们有了感性认识，现在对逆向审计的应用技巧作一个总结。

一、先理藤再摸瓜

逆向审计是一种战术工具、工作方法，可以通过局部的观察来检验对全局的判断，但必须是判断全局在先，局部检验在后。若是反过来，仅仅通过局部的抽样审计结果去判断全局，就容易犯下以偏概全的错误，让业务决策出错。如果没有充分准备和交叉访谈对正确方向的指引，逆向审计就会成为“无头苍蝇”，很容易陷入会计数据和会计凭证的海洋。逆向审计就像个高倍望远镜，看远方的风景很清楚，但视野很小，容易丢掉目标。所以，借助“逆向审计”工具去“摸瓜”前，一定要理清目标企业的“藤”。这“藤”深扎的地方是企业的外部生存环境（土壤与气候）和行业特点（瓜的品种），“藤”的根部是企业治理结构、内部控制体系、会计体系与日常经营（施肥、除草、除虫等田间管理），“藤”的枝蔓就是会计科目明细，连接着“瓜”。

二、重点业务重点查

首先是占比高、变化大、易藏污纳垢（比如其他应收款、其他应付款等）、与预期不符、存在高风险会计处理方法的科目作为重点科目。比如其他应收款、其他应付款一般余额不会太大，如果余额大就不正常，就要查。公司的业务模式以现款销售为主，却存在较大的应收账款；公司相对供货商处于强势地位，却存在较大的预付款项；这些都与预期不符。开发支出资本化，商誉减值测试，长期股权投资的核算转换，专利技术价值认定，对完工百分比的操纵，投资性房地产，与会计政策、会计估计、会计变更相关的科目，都属于存在高风险会计处理方法的科目。

哪些是重点业务呢？上述重点科目中存在的舞弊风险大的业务，就是重点业务。主要包括：

交易对手不规范或不透明的业务。比如交易对手是个人、皮包公司等，这些主体的配合度较高，容易伪造业务流程，造假难度较低。

造假效率高的业务。比如大金额的业务，虚构一笔 1000 万元的销售业务，比虚构 10 笔 100 万元的销售业务，虚增效果一样，工作量却要小得多。

不涉及实物流转或实物流转过程难以查证的业务。比如提供咨询服务、技术转让等业务，或销售一批品质、规格、单价和数量都很难认定的野山参、扇贝、翡翠、树苗等。

与众不同的交易。比如合作条件明显宽松，定价明显偏离正常价格，交易对手的业务与本公司不相关，既有销售又有采购，与新客户发生的大额交易。

上述确定审计重点的原则，在 3.5.1 聚财农贷案例中都有所应用。

三、非重点业务随机查

重点查与随机查的区别，在于抽查比例。重点业务的笔数占比不高，若笔数少，则可以全部检查，若笔数多就抽查，但要确保较高的抽查比例。非重点业务可以用较低的比例进行抽查，根据抽查结果再确定是否扩大抽查范围。非重点业务随机查，主要是防止尽职调查人员根据经验确定的重点业务范围存在偏差，保证对目标样本（比如具体的科目明细清单）的审计全覆盖。

四、注意细节中的魔鬼

尽职调查现场应提供的材料，企业借故改天提供；报关单号出现雷同；不同月份的银行对账单上的印章都出现在同一个位置、相同的角度；管理费用中出现律师费等非正常费用；如此等等，都是细节，但会引导你发现真相。

孙含晖把这个过程形象地比喻为“乱枪打鸟”或“乱刀切瓜”[①]。企业的经营财务情况就是这个瓜，只要瓜里坏的地方足够大，从不同角度、不同方向来切，就一定能发现坏的地方。进一步讲，即使“三大工具”悉数使用后仍然没有发现问题，那么你也大概率达到“尽职”可以“免责”的程度了。“谋事在人、成事在天”，真要出了事，那也是天意难违，你也不会有太大责任，内心也不会有懊悔。

① 详见孙含晖《让数字说话——审计，就这么简单》。

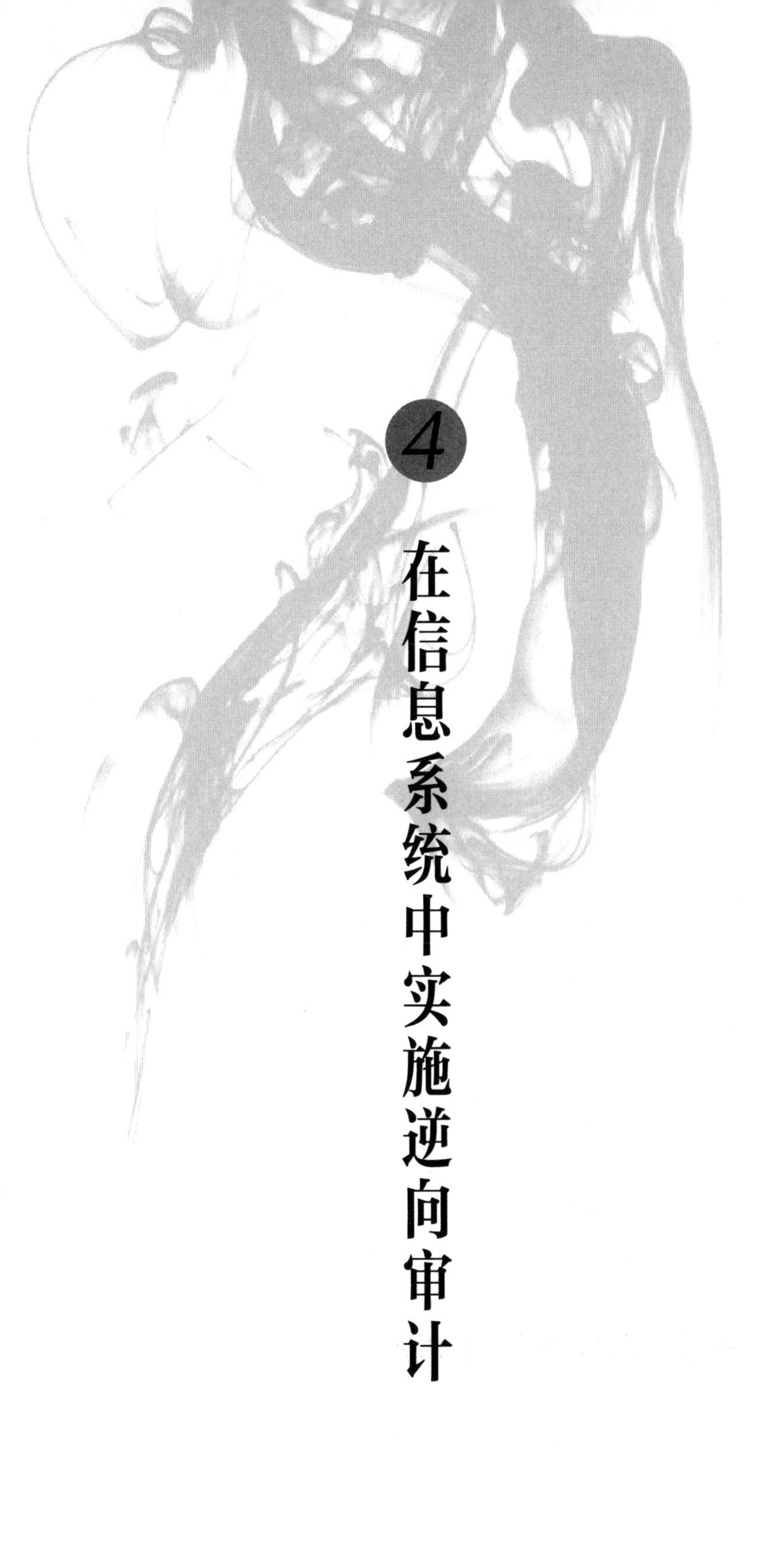

4 在信息系统中实施逆向审计

我们正在大跨步进入信息化、智能化的时代。细心的读者会发现，在去超市购物、医院看病、购买车票等日常生活场景中，纸质发票越来越少，取而代之的是，购物小票或消费小票上多了二维码，提醒你扫码后可以获取电子发票。在无人收费的智慧停车场，商场、餐厅等消费场所送给你的停车券也是电子（无形）的，在你驾车驶出停车场的时候，无须缴费也无须任何操作即可通行。在手机 APP 或微信小程序中，你动动手指，就可以点菜、下单，服务员或快递员很快就能将你需要的商品送到你的面前。在所有便捷的背后，是日新月异的现代信息技术。为你提供上述服务的企业，无一例外都需要建立信息系统，才能快速响应广大消费者的个性化需求。

信息化背景下，电子发票、电子采购单、电子合同等电子凭证日趋普及，纸质原始凭证、纸质发票逐渐淡出，会计数据的载体和传输介质逐渐变成电子式介质。会计记账时，往往只需要录入原始数据，明细账、总账和会计报表等后续会计处理过程，就可由计算机系统自动完成。传统方式下由人工签字审核的内控环节逐渐被程序取代，纸质凭证无法形成可追溯的逻辑链条，调查线索会出现中断甚至消失。所以，管理信息化决定了尽职调查手段也要信息化。不掌握信息系统的功能和应用方法，尽职调查尤其是逆向审计环节将变得寸步难行。通过管理信息系统查账，将成为金融一线从业人员必备的职业技能。

本章第 1 节介绍企业管理信息系统的发展历程；第 2 节介绍信息系统给企业管理带来的变化，金融监管、审计、税务稽查等监督检查机构为适应信息化所做的努力，以及信息化环境下审计的分类；后面三节介绍金融业务尽职调查工作中利用信息系统查账的方法和技巧。

4.1 企业信息系统的发展历程

自 1946 年第一台计算机诞生，随着计算机硬件和软件技术水平的不断提高，信息系统经历了数据处理、知识处理和智能处理三个阶段，形成了电子数据处理系统、管理信息系统、决策支持系统等分支[①]。各分支方向的区别在于，所处理的问题内容以及解决问题的方法和手段不同。电子数据处理系统较少涉及管理问题，以计算机应用技术和数据处理技术为主；管理信息系统以解决结构化的管理决策问题为主[②]；决策支持系统具备一定人工智能，以解决半结构化决策问题为主。

4.1.1 电子数据处理系统

发展于 20 世纪 80 年代，90 年代开始在国内逐渐普及，常用于订货等门店销售管理，是现代信息系统发展的基础，功能一般是传输数据，不能对数据进行管理和分析，这一阶段的企业信息系统侧重于原始数据的采集。主要包括以下三个方面。

一、销售时点系统（Point of sale system, POS）

主要应用于超市等商业零售店管理，应用电子收款机或 PC 机实现零售信息的即时入账，能及时掌握商品销售情况，达到辅助确定营销策略的目的。目前，POS 的应用已不再局限于商业领域，而是呈现出多样化发展的趋势，如证券市场管理、饭店管理、停车场及加油站管理、银行应用管理等，从企业内部扩展到整个产业链。

二、电子订货系统（Electronic ordering system, EOS）

主要通过使用掌上终端机，根据货架或台账输入要订购的商品，利

① 参照饶艳超等编著《上海国家会计学院财会技能证书课程系列教材：会计信息系统》。

② 决策分为结构化决策、半结构化决策和非结构化决策三类。结构化决策是日常重复性的决策，有一定的规律可循，可预先作出有序的安排而达到预期的结果或目标，如财务管理中的最优库存模型的确定、求解等；非结构化决策是指以前从未出现过，或其决策过程过于复杂以至毫无规律可循，或特别关键，一旦出现必须立即予以解决的问题，用常规的数学方法难以描述或解决，必须借助人工智能技术，如国家颁布了对企业有重大影响的政策等；半结构化决策介于结构化决策和非结构化决策之间，如原材料价格变动等。

用电话线路送给商场（或总店）的发货中心或供应商，最终完成整个订货手续。在使用 POS 对销售进行管理时，如果加以配合 EOS，可以大大节约订货成本，提高商品流通效率。

三、电子数据交换系统（Electronic data interchange system, EDI）

EDI 也叫无纸化贸易系统，以电子数据形式进行信息传输，实现单位之间的横向联系，也可以与其他系统的单位、部门的内部信息流构成信息的纵横交错连接，目的是减少商业贸易中的票据单证数量，加速贸易进程。EDI 广泛用于连锁商店、国际贸易工厂、运输、银行、保险与商贸的联营系统。

4.1.2 管理信息系统

2000 年以后，管理信息系统快速发展，广泛应用于社会的各个方面，逐步实现了数据收集和输入、传输、存储、加工和输出，比如汽车客运调度信息管理系统、学校学生信息管理系统、医院信息管理系统等。在企业发展中，依据职能划分，出现了采购管理信息系统、销售管理信息系统、生产管理信息系统以及办公报销管理信息系统等。随着互联网技术的发展以及国外成熟软件逐渐引入国内，国内传统单一的财务系统软件转向了全面管理型软件，各个管理信息系统实现集成，这种集成后的企业信息系统现在也称作 ERP 系统。

一、客户关系管理系统（Customer relationship management system, CRM）

主要用来实现对销售订货、市场营销、客户服务的全面管理，实现客户基础数据的记录、客户订单的流程跟踪、客户市场的细分和特性研究，以及对客户服务和支持活动的分析，目标是缩减销售周期和销售成本、增加收入、寻找扩展业务所需的新的市场和渠道以及提高客户满意度。按功能划分，主流 CRM 可分为三种：一是操作型 CRM，与企业前台业务紧密相关，包括销售自动化、营销自动化等；二是协作型 CRM，主要是通过多渠道联系手段（电话、传真、网络、电子邮件等）的集成，提高企业与客户的沟通效率；三是分析型 CRM，对企业积累的大量客户数据、销售数据进行整理、挖掘和分类，对客户关系进行深度分析，为企业提供决策支持依据。国外的 CRM 软件有 Salesforce、Oracle、SAP、Microsoft，功能比较复杂且价格偏高，并非国内中小企业的首选。国内比较有影响力的 CRM 软件有用友、金蝶、ZOHO、八百客、智云通等。

二、供应链管理系统（Supply chain management system, SCM）

在满足一定的客户服务水平的条件下，为降低供应链运营成本，把供应商、制造商、仓库、配送中心和渠道商等有效地组织在一起，进行产品制造、转运、分销及销售等业务流程的管理信息系统。一般包括计划、采购、制造、配送、退货五大模块。供应链管理系统是基于协同供应链管理的思想，配合供应链中各实体的业务需求，让操作流程和信息系统紧密配合，做到各环节无缝链接，形成物流、信息流、单证流、商流和资金流五流合一的模式。供应链实现可视化、管理信息化、整体利益最大化、管理成本最小化，从而提高总体管理效率。

三、办公自动化系统（Office automation system, OA）

金融机构都有 OA，所以大家都很熟悉。OA 可以提高办公效率和改进办公质量，改善办公环境和条件，并利用科学的管理方法，借助各种先进技术辅助决策，提高管理和决策的信息化水平，实现办公活动的科学化和自动化。OA 在企业的普及率很高，主要功能不仅仅是公文传递，还包括费用报销、办公用品领用以及视频会议等功能。移动 OA 是目前的发展方向。

四、人力资源管理系统（Human resource management system, HRM）

目的是覆盖人员的选、用、育、留的全过程，集中数据将所有与人力资源相关的信息统一管理起来，一般包括人力资源规划、招聘与配置、培训与开发、绩效管理、薪酬福利管理、劳动关系管理六大模块。

五、企业资源计划系统（Enterprise resource planning system, ERP）

由美国加特纳咨询公司在1993年首先提出，从传统制造管理的MRP（物料需求计划）和MRPII（制造资源计划）发展演变而来，目的是对企业所拥有的人、财、物、信息、时间和空间等资源进行综合平衡和优化管理，协调企业各管理部门，围绕市场需求开展业务活动，提高企业的核心竞争力，从而取得最好的经济效益。ERP由财务管理、生产控制管理、物流管理和人力资源管理等多个功能模块组成，将企业的物流、资金流和信息流进行全面一体化管理，实现了业务处理与财务信息处理的集成、财务信息与非财务信息的集成以及核算与管理的集成，实现对企业管理流程的完整覆盖。1997年前后是中国ERP行业的分化期和转折点，在此之前，国内ERP市场主要被国外的跨国企业垄断，2000年以后本土化的ERP开始普及。目前，国际上SAP和Oracle两家厂商的ERP知名度较高，国内比较常见的有金蝶、用友、浪潮、金算盘等。据统计，《财富》500强企业中有超过400家使用ERP软件，ERP在大中型企业中使用率很高。经过多年的发展与市场渗透，很多中小企业也开始使用ERP。

4.1.3 决策支持系统

该系统是在管理信息系统基础上发展起来的，是管理信息系统应用概念的深化。决策支持是人与计算机交互的过程，计算机能运行数学模型测算，帮助管理者更好地进行决策，比如通过决策支持系统决定下个月的降价促销计划，甚至对如何执行促销价格、销售数量进行量化控制。决策支持系统通过对管理信息系统收集到的有用信息进行分析，用于处理常规和专项管理事务，以及部分非结构化决策。经理支持系统（Executive Support System），是决策支持的高级版本，具有较好的计算能力和通信能力，不仅能够帮助高级管理人员解决一些不断变化的宏观、战略方面的非结构化问题，还可以为企业决策者提供企业内部的信息和竞争对手的信息。专家系统（Expert system）是一个或一组能在某些特定领域内，应用大量的专家知识和推理方法求解复杂问题的一种人工智能计算机程序，可以提供最高级的决策支持，属于人工智能的一个发展分支。从 20 世纪 60 年代开始，专家系统的应用在国外产生了巨大的经济效益和社会效益，逐渐成为人工智能领域最活跃、最受重视的领域。

不同的企业还会定制开发并使用各种不同的信息系统。小微企业可能只有财务系统，甚至财务系统都没有，全靠人工统计。即使这样，手写的台账基本也没有了，至少也有 Excel 台账，比如 2.4.7 应用案例中的大伟公司。另外，企业还要用网上银行、微信支付、支付宝、报税系统等，各类信息工具已经深度嵌入企业的经营管理活动中。

总体来讲，目前主流的企业信息系统可以分为业务层、核算层和管理决策层三个层次。业务层负责采集原始数据；核算层负责分析处理数据信息后生成财务报告；管理决策层关注企业经营管理及过程控制，强调的是对管理者决策的支持。企业信息系统的层次结构如表 4–1 所示。

表4–1　企业信息系统的层次结构[①]

层次	系统名称
业务层	客户关系管理系统、物料需求计划管理系统、供应链管理系统、产品生命周期管理系统、人力资源管理系统
核算层	合同管理系统、发票管理系统、网上报账系统、会计核算系统、资金管理系统、税务管理系统
管理决策层	预算管理系统、绩效管理系统、内控 & 风险管理系统、经营决策支持系统

① 参照陈虎著《财务就是 IT——企业财务信息系统》。

4.2 信息系统带来的管理变革及审计应对

4.2.1 对企业控制环境的改变

信息系统已经替代传统手工账簿，成为企业记录经营数据、财务信息、编制财务报告的主要承载平台。随着时间的推移，企业对信息系统的依赖程度会不断加深，信息系统对企业的内部控制产生深远、不可逆的影响。

一、管理信息化

信息化环境下，传统的人工控制越来越多地被信息系统自动控制所替代。采购、签署合同等业务流程均在信息系统中进行线上流转、线上审批、线上办结。盒马鲜生在移动端接到的订单，通过系统传输到供货部门，备货完成后，再通过系统发给配送部门，实现线上接单与线下配送的高效衔接。销售部的员工将差旅过程中产生的机票、火车票、住宿票、餐费发票等拍照上传系统，系统即可以利用图文识别技术，将票面信息转换为报销单据，经系统流程审批通过后，自动产生记账凭证纳入会计核算，并将报销费用划转到员工的银行账户。员工不需要填写纸质报销单、粘贴票据，免去了线下签字审批等流程。业务流程变得无比简单、高效，而且数据准确，不会出现人工输入时产生的各种差错。凭证制作、会计核算等大量简单、繁复的基础工作会逐步被计算机取代。内部控制的实施主要依托信息系统来实现，管理痕迹同步线上化，所有的业务活动会在线上留痕，却不一定会在纸质档案中有所反映，或纸质档案反映的流程不再完整，不能构成完整的逻辑链条。有关研究预测，会计与审计人员承担的 80% 以上的工作可能会被人工智能所取代。清华大学在 2020 年首次取消会计本科招生，新增计算机与金融双学士学位项目，可以认为是管理信息化浪潮的一个侧影。

二、信息集成化

凭借强大的数据处理能力，信息系统明显提升了企业内部的管理效率。系统可以按照事先确定的、一贯的业务规则，处理大量的交易或数据，并进行复杂运算，提高信息的及时性、可获得性及准确性；通过对应用程序系统、数据库系统和操作系统执行安全控制，可以提高不兼容职务分离的有效性，减少管理漏洞；对信息进行深入分析，可以提高管理决策的科学性，提高对企业的经营业绩及其政策和程序执行情况进行监督的能力。因此，各类信息系统得到越来越广泛的应用。使用 ERP 系统的企业中，业务与财务间的信息融合已成为像空气一样离不开的办公环境。没有使用 ERP 的企业中，在不同的系统之间，通过数据接口实现了不同程度的数据交换，企业内部的信息孤岛被打通。从行政事务、人力资源管理到采购、销售、库存管理、会计核算及经营分析等企业各个方面的日常行为，被信息系统一网打尽，实现了信息集成。近几年，建立完善的数据中台已成为阿里、腾讯等公司的战略要求，它们将数据当成资产来管理，目的是加强信息处理及分析能力，提升决策质量与效率，及时迭代升级竞争策略，促进企业快速适应市场变化。华为在发展过程中，请 IBM 公司为自己提供管理咨询服务，先后实施了集成产品开发、集成供应链、集成财经服务等管理变革，依靠信息集成大大提高了运营效率，为后来的发展打下了坚实基础。

三、决策智能化

信息系统虽然不能完全替代企业管理者作出决策，但能够让决策事半功倍。对于企业结构化的决策，比如办公设备出现故障要维修，无信息系统情况下一般是口头通知，信息层层传递就有可能出现失真，如果维修项目过多，维修部门有可能会混淆或者遗忘。如果引入报修信息系统，维修部门就能快速锁定维修地点、故障原因、登记维修所需物料。管理者也能减少沟通时间，直接就在系统中查看维修进展，还可以通过查看数据库的维修记录，了解维修次数、维修材料节约使用情况，方便后面做绩效考核与管理优化。对于非结构化的决策，如决定未来一年的广告投放等问题，在无信息系统情况下，管理者往往根据个人经验和能力，根据已经掌握的材料和情况作决策，结果容易受个人喜好影响，缺乏严格的论证和依据。信息系统则能够提供完整、准确的历史数据，辅助管理者进行最优决策分析，不仅提高了决策的最优性和可靠性，还可以让管理者从结构化的决策中解脱出来，把注意力集中到关键性、全局性的战略决策方面。当前，信息系统从数据管理功能逐步延伸到智能决策，人工智能将帮助人类完成越来越多的管理工作，从简单重复的作业，到结构化的决策，再到半结构化的决策。

四、风险隐蔽化

在传统管理环境中，通过各种审批单据，内部控制能够看得见、摸得着。但在信息系统中，绝大部分的控制措施都由计算机按照既定程序处理。结构化的信息系统难以避免会对企业的内部控制带来新的风险，如应用程序内部逻辑配置不当或者被人非法篡改，嵌入非法程序，系统可能会错误地处理业务数据，进而导致财务数据失真，误导决策活动；人员操作权限设定不当，会加大系统内数据和信息非授权访问的风险，导致交易记录被篡改、破坏；超越职责范围的数据访问权限，破坏了系统应有的职责分工；系统瘫痪导致数据丢失或无法访问等[①]。所以，信息系统带来便利与高效的同时，也带来了基于信息系统自身的新的、隐蔽的风险。

4.2.2 对传统尽职调查技术的挑战

信息化背景下，尽职调查的目标没有发生改变，但尽职调查环境发

① 姜敏编著《常用财务软件的税务检查技巧》中介绍了一个案例。某超市为了偷税，修改了系统软件中的参数设置，收银系统的每笔进账都自动打六折计入财务信息系统，隐藏了40%的销售收入，后被税务稽查人员发现。

生了很大的改变，给金融机构一线人员带来众多挑战。主要体现在以下几个方面。

一、要处理海量数据

过去，企业经营产生的数据较少，经营活动及会计核算主要依靠手工记录。相应地，尽职调查人员只要足够专业，依托对纸质凭证的检查，就能作出准确判断。现在却不同了，商业交易及企业经营活动产生的数据量呈现爆发式增长，依靠手工翻账、肉眼识别、人工分析、经验判断去应对数量庞大的交易记录，显然力不从心。

二、要重新构造证据链

信息系统背景下的尽职调查与传统调查的最大区别就是无纸化，尽职调查需要的书面资料逐渐变成了电子数据，传统纸质的审计证据正在消失，无法形成完整的证据链。信息化环境下，财务数据可能直接来源于业务数据，后续会计处理过程全部由计算机自动完成。尽职调查时，反映企业经营财务状况的证据链只能从信息系统中寻找。

三、要面对新的调查风险

信息系统本身蕴含的风险与传统调查风险不同，依托系统造假也会更加隐蔽和难以被发现。尽职调查人员除了要掌握传统的尽职调查方法外，还要掌握识别信息系统风险的本领。

4.2.3　金融监管、税务稽查及审计行业的做法

一、金融监管

近几年，金融监管部门不断加大金融科技投入，不断升级监管科技手段。2019 年 8 月，央行出台《金融科技（FinTech）发展规划（2019—2021 年）》，其中一个目标就是提高监管效能，运用金融科技手段提升跨市场、跨业态、跨区域风险的识别、预警和处置能力，增强金融监管的专业性、统一性和穿透性。2020 年 7 月，央行旗下金融科技子公司成方金融科技有限公司成立。全覆盖、全链条、多层次、多维度的国家金

融基础数据库正在建设中。银保监会同样在不断强化对银行全量基础数据的获取，为提升监管科技能力夯实基础。银行报送监管标准化数据系统（以下简称 EAST 系统）的明细数据范围非常广，覆盖对公存贷款、对私存贷款、人力资源、信用卡、资金交易、理财产品、总账等所有银行业务，涉及会计信息、客户信息、授信交易对手信息、交易流水信息、资金业务、理财业务等 10 余个大类的 58 张报表、1500 余个字段。EAST 系统数据成为银保监会日常监管和穿透式监管的重要抓手。证监会、外汇管理局、审计署金融审计司等金融监管部门也在加快监管科技建设和数字化转型步伐。在信息化、大数据时代，金融机构的业务、系统、管理等情况，都将全方位地呈现给监管，非现场监管、靶向监管成为常态，以现场检查为主、依靠检查人员经验判断的传统监管方式将得到根本转变。

2012 年 9 月，湖南证监局对万福生科（湖南）农业开发股份公司涉嫌财务造假等违法违规行为立案稽查，导火索是预付账款，突破口就是企业的网银系统。工作人员发现，当时万福生科的预付账款高达 3 亿多元，而且有 2 亿多元是付给粮食经纪人的，其中预付给自然人杨某的款项多达4000多万元。工作人员利用信息系统查询杨某等人的账户往来时，发现万福生科打给杨某的资金又回到了万福生科的账上，再查万福生科的资金流水，发现杨某打回的钱变成了下游采购商的回款，通过粮食经纪人的账户和万福生科的账户流水核查，发现了万福生科虚假采购、虚假销售的骗局。

二、税务稽查

税务机关开展税务稽查工作时，通常将企业信息系统数据作为重要稽查内容。2016 年发布的《税收征收管理法实施细则》明确，“纳税人、扣缴义务人会计制度健全，能够通过计算机正确、完整计算其收入和所得或者代扣代缴、代收代缴税款情况的，其计算机输出的完整的书面会计记录，可视同会计账簿”。这为电子证据和资料的应用、保存提供了法律依据。北京、广东等发达地区的税务稽查局专门成立了电子技术稽查部门，负责运用现代化信息技术和手段，调取纳税人、扣缴义务人的电子财务资料，实施税务稽查执法行为。

税务机关可以通过稽查软件快速采集企业信息系统中的核心数据，也可以采用监控软件抓取企业大数据信息，通过系统自动分析，能快速发现纳税疑点，收集偷税漏税证据。据媒体报道[①]，某上市公司董事会晚上公告作出转让股权的决定，在公司大部分员工尚不知情时，市税务局却能准确获知信息，第二天早上就登门查税。原来税务局成立的税收风险分析监控中心，采用“网络爬虫”网页搜索技术，开发了上市公司公告信息采集、限售股解禁信息采集和上市公司十大股东信息分析等功能，通过不断采集上市公司的公开信息，实现了对上市公司股权交易等信息的实时精准掌控，解决了以往由于信息不对称，税务部门无法及时掌握上市公司股权转让、股票减持行为，导致税收征管不到位的难题。

三、国家审计

审计机关一直高度重视科技强审。2002 年开始推进的国家审计信息化建设项目（以下简称金审工程），目的是对财政、银行、税务、海关等部门和重点国有企业事业单位的财务信息系统及相关电子数据进行密切跟踪和实施有效审计监督。2012 年，金审工程二期通过验收，目前正在推进三期工程建设。2010 年 9 月发布的《国家审计准则》明确，审计人员在检查被审计单位相关信息系统时，可以利用被审计单位信息系统的现有功能或者采用其他计算机技术和工具。为满足审计信息化建设需要，国家审计署于 2014 年增设了电子数据审计司，专门负责审计电子数据的归口管理。

当前，审计机关利用“总体分析、发现疑点、分散核查、系统研究”。

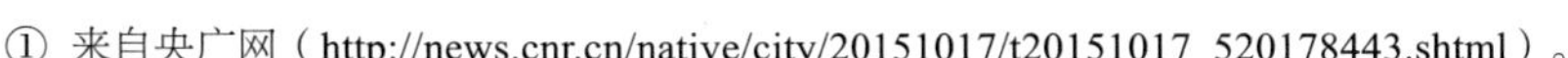

① 来自央广网（http://news.cnr.cn/native/city/20151017/t20151017_520178443.shtml）。

的数字化审计模式，通过大数据关联分析方法，在财政审计、金融审计、资源环境审计、税收审计、社会保障审计等领域，发现和揭示了部分地方政府虚增财政收入、民营企业偷逃税款等大量违法违规问题。大数据审计环境下，审计人员不再使用传统抽样的方法，而是对全系统的数据进行分析，发现系统性、全面性问题，锁定重点环节和重点问题，再进行有针对性的现场核查。既提高了审计监督的效率，又扩大了审计监督的覆盖面，还能提高审计质量，降低审计风险。

四、社会审计

通过考察 2012—2014 年报告 IT 控制缺陷的中国上市公司数据，学者发现：存在 IT 控制缺陷的上市公司，财务报表重大错报风险较高，被出具非标审计意见的概率也高。当 IT 控制缺陷发生在高 IT 应用行业的公司时，其财务报表重大错报风险比低 IT 应用行业高。存在 IT 控制一般缺陷的公司被出具非标审计意见的概率更高。内控缺陷越严重，被出具非标审计意见的概率越高[①]。因此，在财报审计工作中，审计师要考虑是否同时开展信息系统审计，目的是对审计师发表的审计意见提供支撑，避免企业 IT 控制缺陷带来的审计风险。

在财务报表审计工作中，对信息系统的审计大致可分为以下几个阶段：（1）明确是否需要进行信息系统审计。审计师首先要判断财务报表对信息系统的依赖程度，如果被审计企业的财务报表与信息系统无关，或者虽然有一定相关性，但对审计结果不构成影响，或者这种影响能够通过其他低成本的审计方式替代，则可以不将信息系统纳入审计范围。（2）确定哪些信息系统需纳入审计范围。一般来说，财务报表生成过程中由信息系统自动处理的部分，应该纳入审计考虑范围。与经营、财务数据认定有直接联系的系统，也应纳入审计考虑范围。一般认为，决策

① 尚兆燕，刘凯扬 . IT 控制缺陷、财务报表重大错报风险及非标审计意见——来自中国上市公司的经验数据 [J]. 审计研究，2019（1）。

支持系统、电子邮件系统、计算机辅助设计系统等与财务报表无实质性关联，在系统审计中可以减少审计时间甚至不予审计。（3）明确信息系统中的哪些内容纳入审计范围并实施审计。审计师要根据企业信息系统一般控制和应用控制的情况，列出系统审计清单，再配置合适的审计资源实施审计。

接下来，我们讨论信息系统审计的内涵。

4.2.4 信息系统审计

在信息环境下开展的审计一般分为两大类：一是计算机辅助审计技术（Computer Assisted Audit Technologies，CAATs），即以计算机作为辅助手段开展的审计；二是信息系统审计或 IT 审计（Information Technology Audit，ITA），是以信息技术、计算机系统作为审计对象的审计。前者是传统审计手段借助信息技术的延伸，审计对象仍然是财务数据；后者则关注信息系统的运行状况，防止系统本身的缺陷。两者的联系与区别见表 4–2。

表4–2 信息环境下传统财务审计与会计信息系统审计的比较[①]

类别	传统财务审计	会计信息系统审计
审计对象	被审计单位的财务收支及其有关的经营管理活动	被审计单位的会计信息系统及相关的业务处理系统
审计目标	对被审计单位会计报表的合法性、公允性及会计处理方法运用的一贯性发表审计意见	对被审计单位会计信息系统的安全性、可靠性、有效性和效率进行审查和评价，发表审计意见
审计内容	被审计单位的财务收支及其有关的经营管理活动，以及被审计单位的各种作为提供财务收支及其有关经营管理活动信息载体的会计资料及其相关资料	会计信息系统的开发、会计信息系统的控制、会计信息系统的功能，以及与会计信息系统有数据传递关系的相关应用系统

① 参照王海林著《会计信息系统：面向财务业务一体化》。

续表

类别	传统财务审计	会计信息系统审计
审计依据	以会计法、财务制度及有关法规、财务活动事实等为主要依据	信息系统的管理制度、条例和法规，信息系统的实际运作情况等为主要依据
审计准则	注册会计师审计准则	信息系统审计准则
审计时间	以事后审计和定期审计为主	事后审计、事前审计和事中审计兼而有之
审计技术	手工审计技术及计算机辅助审计技术	手工审计技术，同时必须利用计算机辅助审计技术
审计执行者	对审计人员专业素质的要求侧重于会计与审计技能，并掌握一定的信息技术知识和计算机辅助审计技术，审计执行者往往是一般审计人员和注册会计师	对审计人员素质的要求侧重于信息技术、信息系统管理、计算机辅助审计技术，并掌握一般审计理论与实务。审计执行者往往是信息系统审计人员和注册信息系统审计师

信息系统如果有缺陷，或者数据被人为篡改，或其他各种原因导致数据失真，那么，依据系统数据所做的计算机辅助审计就变得毫无意义。可以说，数据真实、运行可靠的信息系统，是计算机辅助审计的基础和前提。信息系统审计如此重要，依赖的却主要是 IT 知识。懂财经却不懂 IT 的金融机构从业人员该如何应对呢？

一、了解企业的信息化程度

在各类交易中，从交易的记录、处理到报告、分析等过程，既可以通过传统的人工控制方式实现，也可以通过系统控制方式实现。信息系统中的控制是自动化控制和人工控制的结合，按照不同的信息化程度，可以分为三类：人工控制、人工依赖系统控制和系统控制。人工控制是指该控制完全依靠人工，不依赖任何信息系统；人工依赖系统控制是指在人工控制的同时，系统控制发挥一定的作用；系统控制即完全依赖信息系统，人工不起作用。比如，企业老板在纸质采购单上签字审批是人工控制；采购单由库存管理系统自动生成，采购部及相关部门在系统中审核采购信息，老板在系统中点击审批属于人工依赖系统控制；采购单的生成及审批没有人工参与，直接生成采购指令是系统控制。

在行业层面，依据学者的研究，制造业、批发和零售业、信息传输、软件和信息服务业、交通运输、仓储和邮政业、金融业等行业对 IT 应用的依赖程度较高，归类为高 IT 应用行业；其他行业为低 IT 应用行业。但这些研究结论是静态的，而且是行业层面的。随着信息化、数字化对各行各业及企业经营活动的不断渗透，会有越来越多的行业成为高 IT 应用行业，企业对 IT 应用的依赖程度会不断加深。

分企业来看，对于高度依赖人工控制的公司，显然不需要信息系统审计。在人工依赖系统控制及系统控制情形下，可以考虑对系统控制的有效性进行检验，但也只是在少数情况下才有必要。事实上，在管理信息化程度较高或深度利用 ERP 的公司，业务与财务信息高度融合于同一个系统，形成全封闭运行的系统信息流，业务与财务数据相互关联、相互印证。大部分企业应用的都是商业化、通用的信息系统软件，系统数据之间存在千丝万缕的联系，系统节点之间存在复杂的逻辑关系，要对信息系统进行变造，形成局部造假但又相互印证、不出破绽的系统数据是比较困难的。所以，通常情况下，信息系统自身值得信赖。尽职调查人员只要掌握信息系统的使用窍门，就可以从容应对大部分的尽职调查环境。

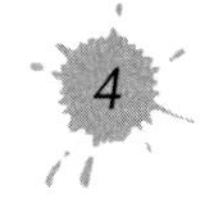

在充分准备及交叉访谈过程中，可以初步了解企业对各类管理信息化软件的使用情况，对其管理规范性、财务数据之间钩稽关系的合理程度、造假动机是否强烈、造假条件是否具备等方面进行评估，判定是否需要进行信息系统审计。如果判定需要对信息系统实施审计，请继续往下看。

二、信息系统审计的内容

企业内部控制可分为一般控制和应用控制。一般控制也叫环境控制，是指对企业经营活动赖以进行的内部环境所实施的总体控制，不会直接影响企业的业务活动。应用控制也叫业务控制，是直接作用于企业生产经营活动的具体控制，比如业务处理中的批准和授权、审批复核等。

信息系统中也存在一般控制和应用控制。一般控制的目标是保护数据与应用程序安全，确保信息系统的正常运行，并确保在异常中断情况下计算机系统能持续运行。一般控制在企业的组织层面、系统层面及应用程序总体层面实施，其效果是信息系统应用控制效果的决定性因素。一般控制若存在缺陷，应用控制容易被规避、篡改而导致控制失效。应用控制的目标：确保输入系统内的数据是完整、正确、有效的，并能得到及时更新；保证对事务的处理过程正确；处理结果符合预期目标；可以记录并能追踪数据从输入、存储到最终输出的整个处理过程。可以看出，应用控制是系统在应用层面的控制。

（一）一般控制审计

一般控制包括硬件控制、软件控制、访问控制、职责分离等关键控制问题。信息系统硬件是信息系统的重要组成部分，是系统运行的重要保障，对信息系统硬件设施实施合理控制，是保证信息系统安全性的重要措施。对硬件基础设施的控制主要包括计算机硬件环境的控制和网络环境的控制，比如对硬件的维护、监控和容量管理，机房的温度、湿度控制及防火防盗等内容。软件控制主要涉及操作系统控制、数据库管理控制和应用软件控制，比如账户及密码、访问权限、安全漏洞扫描、数据加密、数据备份及恢复等控制。访问控制包括物理访问控制和逻辑访问控制，比如非授权人员进入机房控制、非授权网络访问控制等。职责分离控制是按照不相容职务分离原则，保证不同的人员承担不同的职责，避免舞弊、欺诈、过失等风险发生。一般控制审计就是要对上述一般控制的内容进行检查，以确保信息系统的运行环境良好。

（二）应用控制审计

应用控制针对的是与计算机应用相关的事务和数据，控制手段可以采取内嵌在计算机程序中的自动化控制，也可以采取人工控制，或两种手段相结合，以确保数据的准确性、完整性、有效性、可验证性及一致性。

应用控制的审计内容包括输入控制、处理控制、输出控制和接口控制四个部分。输入控制审计主要通过审查输入权限、输入格式、输入范围及自动处理等控制措施，判断系统是否对输入数据的完整性、准确性和唯一性进行了合理控制。在这一阶段，可以对照原始凭证验证数据的来源和真实性，观察系统处理数据的自动化程度，检查数据的编辑校验机制，比如限值、设定区间范围、重复性限制、逻辑关系查验等。处理控制审计主要审查系统数据处理的控制措施，判断控制措施是否能够确保系统完整准确地处理数据，保障业务的正常运行。在处理控制阶段，可采用手工重新计算、自动计算、自动处理、批处理等方式，验证系统处理数据的准确性和可靠性。输出控制审计是通过审查企业采取的系列输出控制措施，分析输出控制能否保证输出信息被及时、正确地发布，被合理授权使用，被安全备份存储，从而对输出控制在保证输出结果完整、准确和保密等方面的效果作出评价。接口控制审计主要是核查不同系统之间接口数据提取、转换和加载的控制活动和措施，评价系统是否实施了有效的接口处理程序，发现系统接口控制存在的风险。

信息系统应用控制审计的程序：分析被审计单位的业务流程，理清业务流程中的信息流、资金流和审批流；找出关键控制点，识别出系统控制和手工控制，确定这些应用控制的关键程度；确定控制方法；在系统中测试，看执行结果是否与预期相符；最后出具控制缺陷分析和审计报告。最常见和最易理解的审计方法是穿行测试，比如在系统中输入一笔或多笔经营业务数据，再根据业务处理流程依次检验系统中其他相关数据的增减是否符合预期。[①]

前文所述，信息系统审计只是在少数情况下才会派上用场，而且这

① 在本书 4.2.1 小节中提到的超市信息系统造假案例中，税务稽查人员就是通过穿行测试发现猫腻的。他们在超市购买了 10 元钱的矿泉水，经比对发现财务系统中记入的营业收入仅为 6 元，与预期不符。

项工作属于懂 IT 的专业人士，所以不是本书的重点内容。如果要了解更多内容，请参阅其他书籍[①]。实务中，如果确定需要开展信息系统审计，建议还是请专业团队来帮忙。

4.2.5 计算机辅助审计

广义上讲，审计工作中运用的所有计算机技术，都可以算作计算机辅助审计。计算机辅助审计技术让审计工作变得自动化，使审计工作更加高效，主要功能包括：全面快速收集企业的经营财务数据，准确完成海量重复计算；发现数据异常，筛选出潜在内控缺陷或高风险交易等。

计算机辅助审计通常包括以下几个步骤：确定审计范围、了解数据源的系统逻辑及数据表结构、提取数据、处理与清洗源数据、导入数据、处理数据、分析结果和记录底稿。常用的数据分析软件包括：（1）通用类软件如办公软件 Excel、Access 等，该类软件相比其他软件容易操作，运算过程相对简单，比如 Excel 中的筛选、统计、排序、分层以及比率分析功能，对数据分析就非常有用。（2）数据库管理系统如 SQL Server、Oracle、MySQL 等，数据库既是数据审计的工具，也是数据审计的对象。数据库软件能够处理海量数据，但对导入数据的格式的要求较为严格，一般需要使用结构化查询语言（SQL）进行数据处理，要求审计人员掌握一定的编程语言知识。（3）专业数据分析软件如 MATLAB、SAS、SPSS 等，该类软件主要用于统计学的数据分析，需要使用者掌握相关统计学专业知识。（4）专业审计软件如 AO、ACL、IDEA 等，在实际操作中，专业审计软件是审计人员最常用的计算机辅助审计工具。专业审计软件功能强大，能够记录数据的修改日志并保留完整的审计轨迹，生成可靠的审计证据，方便审计人员记录底稿，但对

---

① 比如，吴沁红等编著《审计信息化理论与实务》，普华永道中天会计师事务所编写组编著《财务报表审计中对信息系统的考虑》等。

使用者也有较高的要求。

可以看出，在审计领域，计算机辅助审计技术的复杂程度不亚于信息系统审计。但这不妨碍我们利用这种审计技术的理念，借鉴其精妙之处，用于指导旨在识别企业信用风险的尽职调查实践。笔者总结，具体的做法：在查前准备环节，掌握常见信息系统的操作界面、功能特点和查询方法；在交叉访谈环节，了解企业对信息系统的使用状况，结合查前准备环节了解的情况，明确逆向审计的重点科目和重点领域；在逆向审计环节，利用基于信息系统的查账技巧，对重点科目和重点领域进行重点查验，收集重要数据，形成可以支撑尽职调查结论的调查证据。

4.3 企业资源计划系统（ERP）

在所有信息系统中，ERP 最具有通用性和代表性，因其信息集成等优势，得到了广泛应用。同时，ERP 也覆盖了会计信息系统的功能，具备在该系统中开展逆向审计的条件。所以，本书以 ERP 为例，阐述在信息系统中实施逆向审计的做法。市面上 ERP 软件有很多，虽然操作界面不同，但基本功能大致相同，鉴于金蝶 K/3 WISE 有一定的市场占有率，界面友好，主要功能齐备，在尽职调查工作实务中曝光率较高，本书就以该系统为样本展开介绍。

4.3.1 系统架构及界面

ERP 主要包括三大主系统，分别是财务管理（也称会计信息系统）、供应链管理及预算决策管理，其中财务管理服务于会计核算，供应链管理服务于业务经营，预算决策管理服务于管理决策。三大主系统下面又可以分解为若干子系统，尽职调查查账主要涉及会计信息系统和供应链管理系统。此外，其中囊括的 HR、OA 和移动端应用等功能是为了配合企业日常管理需要的办公智能化系统。如图 4–1 展示了金蝶 K/3 WISE

的产品架构。

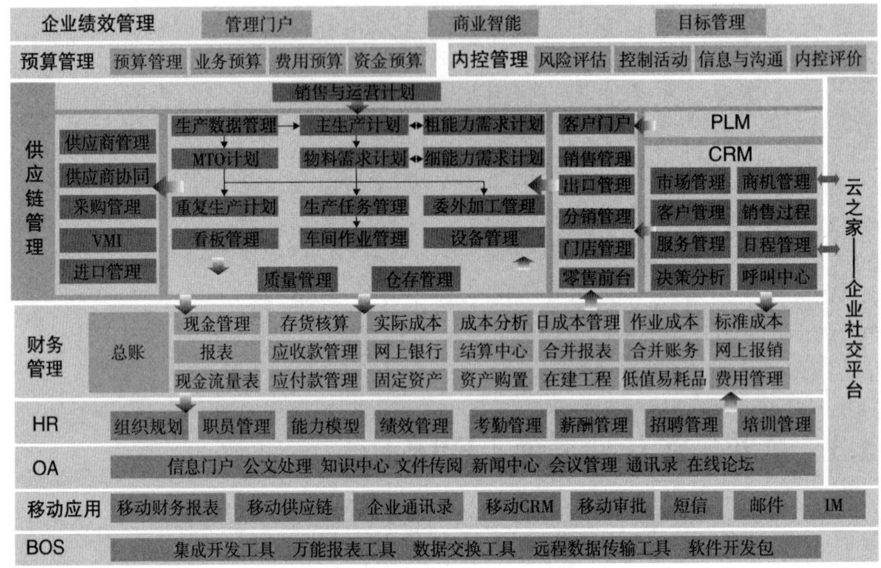

图4-1 金蝶K/3 WISE产品架构[①]

金蝶 K/3 WISE 系统登录流程：在登录界面选择相应账套，录入用户名和密码，就可以进入系统主界面。如图 4-2 为金蝶 K/3 WISE 的主界面，从左到右分为主控台、子功能和明细功能三个层级，主控台共有财务会计、管理会计、资产管理、供应链等 12 个一级子系统，每个子系统中又包括多个子功能模块，比如财务会计子系统中包括报表、应收款管理、应付款管理等子功能；每个子功能又包括多个明细功能。查账需要的各类数据就在明细功能中。

① 来源于金蝶官网，http://www.shdcsoft.com/Product/index/id/1.html。

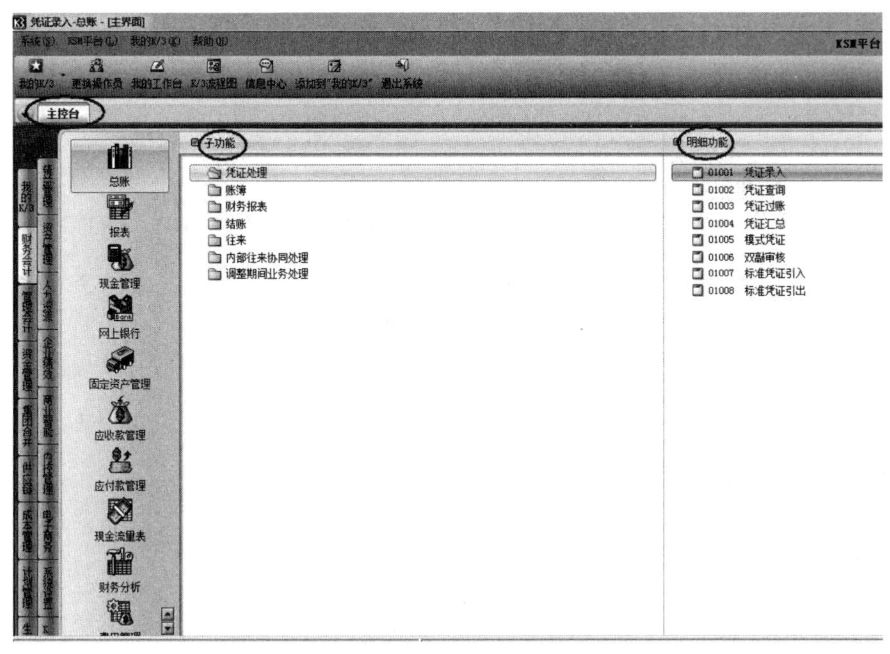

图4-2　金蝶K/3 WISE主界面

4.3.2　会计信息系统

会计信息系统主要包括总账管理、应收款管理、应付款管理、固定资产管理、现金管理、报表等子系统。

一、总账管理系统

总账管理系统与其他系统之间存在复杂的数据交互关系，支持会计记账的全过程，是会计信息系统的核心部分。供应链、人力资源等系统中记录的各类经营活动，产生的相关财务信息都会传至总账系统，因此对尽职调查查账工作非常重要。该系统主要是以会计凭证为原始数据，对记账凭证所载的经济内容，进行记录、分类、计算、加工、汇总，输出总分类账、明细分类账、日记账及其他辅助账簿、凭证和报表。总账管理系统中的数据包括账簿信息、凭证信息和账表信息，其中账簿信息包括名称、本位币、会计期间、科目体系、币种、部门、结算方式等；

凭证信息包括日期、类型、编号、科目、科目名称、制单人、审核人、记账人、出纳人、凭证状态、摘要等；账表信息包括编号、科目余额、发生额、余额方向、期初期末余额、编制单位等。

总账系统的处理流程：（1）编制会计分录。录入人员依据原始凭证编制记账凭证，或者其他模块制单自动生成凭证（部分 ERP 系统能将业务数据自动转换成会计凭证），经审核无误后，写入记账凭证临时文件。（2）登录账簿。根据记账凭证中的借贷账户和金额，登录总分类账、日记账以及各种明细分类账。（3）期末结账。在会计期末计算并结转各账户的本期发生额和期末余额，同时编制试算平衡表。（4）编制报表。根据科目余额编制输出总账以及生成会计报表。

系统数据分析重点：（1）了解总账系统的使用状况。了解企业总账系统的使用范围，特别是集团化企业的分支机构是否纳入统一核算；了解哪些业务流程纳入总账系统；了解总账系统与其他模块系统的集成情况。（2）分析系统中输出的相关报表。按照不同部门、不同期间等各种维度，分析总账系统提供的财务报表、科目余额表以及业务报表等，查找异常线索，重点关注大额凭证、调整凭证、红冲凭证、反记账等。（3）分析人工控制录入的数据。首先要对手工录入的凭证进行分析，从金额、科目、制单人等要素分析疑点；对不同类别的手工录入凭证归类分析，检查手工录入的销售收入凭证，结合订单合同、发票、发货单、运单进行研判；与系统中自动生成的同类销售收入凭证比较，分析单价、数量特点，筛选异常销售收入；查手工录入的采购支出凭证，也可以查询发票、入库单、订单、付款记录，甚至现场盘点仓库；结合原始凭证检查手工录入的调整凭证，分析调整依据、批准流程是否合规合理；对大额挂账、大额现金支付分析真实性及合规性。

二、应收款管理系统

应收款管理子系统通过销售发票、收款单等单据的录入，对企业的往来账款进行综合管理，及时、准确地提供客户往来账款余额资料，提供各种分析报表，如账龄分析、周转分析、欠款分析、坏账分析、回款分析、合同收款情况分析等。该系统可独立运行，也可与销售系统、总账系统、现金管理系统等结合运用，提供完整的业务处理和财务管理信息。

系统数据分析重点：（1）查询企业应收账款汇总表，核实企业真实的应收款。（2）查询账龄和坏账统计表，判断企业回款能力。（3）查询销售发票，验证企业真实销售收入。

三、应付款管理系统

应付款管理系统通过发票、付款单等单据的录入，对企业与供应商之间的往来账款进行综合管理，及时、准确地提供供应商的往来账款余额信息，提供各种分析报表，如账龄分析、付款分析、合同付款情况等。该系统可独立运行，也可与采购系统、总账系统、现金管理等系统结合运用，提供完整的业务处理和财务管理信息。

系统数据分析重点：（1）查询企业应付账款明细表，掌握企业应付款的总体情况。（2）抽查应付款交易中的采购进项发票等原始凭证，核实交易背景真实性及与访谈中了解的有关成本信息的一致性。（3）注意是否存在异常交易往来，查找民间借贷线索。

四、固定资产管理系统

固定资产管理系统以固定资产卡片管理为基础，实现对固定资产的全面管理，包括固定资产的新增、清理、变动，按会计准则计提折旧，以及与折旧相关的成本计提和分配的核算工作。

系统数据分析重点：（1）查询资产清单，全面掌握企业当前固定资产的数量与价值，了解固定资产的使用状况，与财务报表数据核对是否一致。（2）查询企业某个时期固定资产的增减情况，判断固定资产增减与企业同期现金流及总体经营状况是否合理相关。（3）抽查固定资产入账凭证，检验大额固定资产购入价格的真实性。

五、报表管理系统

报表管理系统主要功能是即时生成财务报表，报表处理模块主要包括报表定义、报表计算、报表汇总、报表查询、报表输出等子功能。

系统数据分析重点：（1）在系统中即时生成资产负债表、利润表以及现金流量表，与企业提供的纸质报表对比是否一致，判断财务报表数据的真实性。（2）审核报表科目间的钩稽关系，检查计算公式以及合并报表的合并范围等。

六、现金管理系统

现金管理系统与总账系统相对独立，主要包括库存现金、银行存款、票据、报表、凭证管理、期末处理、往来结算以及现金流测算等子功能。尽职调查人员可以借助该系统对现金、银行存款、票据、凭证等进行检查。

系统数据分析重点：（1）查询现金日记账，与企业提供的纸质报表货币资金科目数据比对，验证真实性。（2）查询银行存款日记账，与银行对账单数据比对，查验财务系统数据的真实性。（3）查询企业某一阶段资金进出情况，结合合同付款进度比对匹配程度，验证订单合同真实性。

七、人力资源管理系统

人力资源管理系统包括人力资源、工资管理以及统计分析三个子模块，其中工资管理模块包括人员变动、工资发放以及工资汇总等，能及时反映人员及工资的动态变化。

系统数据分析重点：（1）通过工资汇总表，可以看到公司组织机构信息，了解企业内部管理架构。（2）查询企业工资发放及时情况，判断企业现金流紧张程度。（3）查询人员变动，了解企业某个时期内人员离职率，判断企业财务状况以及职工动态变化。（4）查询工资发放总额，验证企业利润表相关费用支出的真实性。

4.3.3 供应链管理系统

供应链管理系统主要包括销售管理、采购管理、存货管理和仓库管理四个部分。

一、销售管理系统

销售管理系统包括销售报价、销售订货、仓库发货、销售退货、销售发票处理、客户管理、价格及折扣管理、订单管理、信用管理等功能，对销售全过程进行有效控制和跟踪，完善企业销售信息管理。

销售管理系统的业务流程：（1）接收客户订单并经审核批准，如果要赊销，需经审批通过。（2）录入发货单并审核后，系统自动将出库单传至仓库管理，仓库管理审核出库单并发货，出库单同时传至存货核算系统等待记账。（3）录入销售发票信息并审核后，形成应收款传至应收账款管理系统。（4）存货核算系统对各种出入库单据登记存货明细后，编制记账凭证传递到总账系统。（5）应收账款管理系统审核销售发票等单据制单，生成应收款凭证，处理坏账，最后将所有凭证传至总账系统。

系统数据分析重点：（1）查询企业销售出库的汇总表和明细表，验证企业一段时期内的销售总额。（2）结合纳税申报表、财务报表数据，交叉验证企业的实际开票收入。（3）查询与主要销售客户的交易真实性及销售增长情况。（4）利用单据追踪功能，从出库明细账追踪查询相关的销售单据，核实交易背景真实性。

二、采购管理系统

采购管理系统包括采购申请、采购合同、采购订单、库存查询、报表分析、收料和退料通知、费用发票等功能，对采购物流和资金流进行全过程控制和跟踪。

采购管理系统的业务流程：（1）请购商品或劳务。由需求部门填写请购单，通过系统流程审批。（2）编制订购单，将所需商品或劳务完整信息传递给供应商。（3）验收商品，仓库将收到的商品与订购单核对，验收入库，在仓库管理系统中登记入库单，系统传至存货核算系统等待记账。（4）存货核算系统对各种出、入单据完成存货明细账等账簿的记账工作后，编制记账凭证传至总账系统，等待总账系统完成记账。（5）检

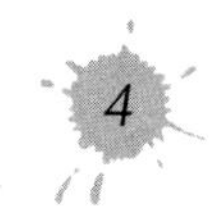

查供应商开具的发票，录入系统形成应付款，传至应付账款管理系统。

（6）财务部门到期付款，记录相关现金日记账和存款日记账，凭证传至总账系统记账。

系统数据分析重点：（1）查询企业主要原材料的采购量，倒推其产量。（2）查询企业的采购成本，与报表数据比对是否基本相符。（3）抽查采购相关单据，验证采购交易的真实性。

三、存货核算系统

存货核算系统包括存货出入库核算、报表分析、存货跌价准备管理、凭证管理、期末管理等功能。

系统数据分析重点：（1）查询企业库存汇总表及明细表，与财务报表中的库存数据核对是否一致。（2）查询一段时期内企业验收入库、领料发货、受托加工、盘点、库存、存货跌价准备等内容，判断是否正常运营。

四、仓存管理系统

仓存管理系统主要功能包括入库业务（包括外购入库、产品入库、委外加工入库、其他入库）、出库业务（包括销售出库、生产领料、委外加工出库、其他出库、受托加工领料）、仓存调拨、库存调整（包括盘盈入库、盘亏毁损）等。

系统数据分析重点：通过库存账龄分析，了解库存的所有物料的存储时间。

4.4 查前准备

4.4.1 了解常见的 ERP

在使用信息系统查账前，有必要对主流 ERP 名称版本、用户定位以及产品特点作初步了解。国内常见的 ERP 产品主要有金蝶、用友、SAP 等。

一、金蝶 ERP

市面上常见的金蝶 ERP 有三种：一是金蝶 KIS，目标客户群定位 3000 万～ 1 亿元销售额的小微企业。二是金蝶 K3 WISE，定位 15 亿元以下销售额的中小企业。三是金蝶 EAS，定位大型企业集团的管控平台。三类产品的区别主要体现在上线模块不同，功能逐步增强，而每个产品又会根据行业特点或企业个性化需求，提供多个版本。

二、用友 ERP

用友 ERP 软件主要分为三大产品线，分为 T 系列软件、U8-U9 系列和 NC 系列，分别对应不同类型的企业。T 系列一般面向小企业，功能相对简单；用友 U8 市场使用率较高，面向中小型企业，融合用友公司 PLM、CRM、BI、HR、分销零售、协同办公等功能；U9 系列主要面向大中型制造企业；NC 系列主要面向大中型集团企业。

三、SAP

SAP 常见产品主要为高端系列 R/3 和 MySAP，在世界 500 强企业中使用率较高，主要用于大型企业；中端系列 MySAP All-in-One 主要面向中小企业，功能较为齐全，可以满足各个行业的使用需要；低端系列 SAP Business By Design、SAP Business One 产品主要面向中小微企业，功能模块相对简单。

4.4.2　掌握信息系统的基本设置

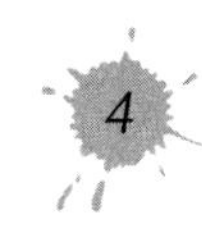

一、用户权限设置

信息系统的用户一般有四种类型：一是系统管理员，常见默认账号为 Administrator、Morningstar 或者 Manager，这些账号都是系统预设的账号，不可以修改，拥有最高的系统权限，包括新建用户、新建用户组、权限设置、修改属性、删除用户（用户组）、权限浏览等，账号使用者主要是系统开发人员、运维人员及日常应用层面的管理员。二是内部用户（一般属于 Users 组），在信息系统上线后，根据公司不同岗位的职责，由系统管理员负责新增账号并设置权限，比如基层员工只有所在岗位业务的操作权限，管理人员则根据管理幅度的大小设置不同的查询及审核权限。三是外部客户、供应商用户（一般属于 Guest 组），这种用户在开放的信息系统中比较常见，系统管理员为其设置账号后，这类账号可以在其权限内提交订货需求、提供货源信息，进行对账、信息交换等业务。四是临时账号，比如为审计人员开通的、审计期间使用的、有专项权限的账号。

信息系统的权限包括查询权、修改权、操作权和删除权等。尽职调查查账只需要数据查询权，但查询权限要高、查询范围要广，要覆盖系统全部数据。调查人员获取查询权并进入信息系统实施检查有两种途径：一是利用企业现有的查询权限较高的账号及密码，现场登录系统进行查询；二是临时新建账号，现场设置数据查询权限，用新账号登录系统进行查询。新建账号的具体权限可以在用户权限管理中查看。具体操作方式：打开账套管理，进入“用户管理—新增用户”界面中设置完成相关授权（见图 4–3）。

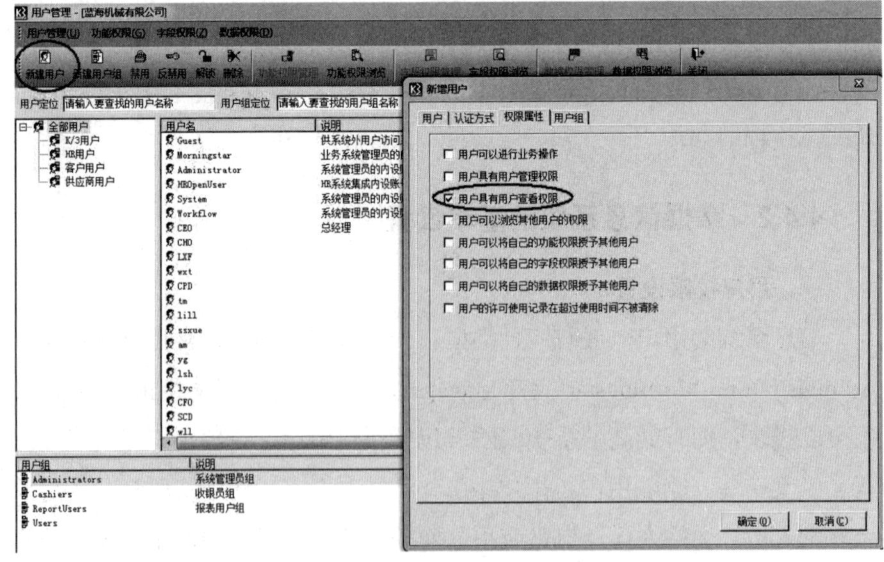

图4–3　系统新增查询用户操作界面

二、科目编码规则

会计信息系统中科目编码规则与会计准则的要求一致。一级科目用四位码表示，其中资产类一级会计科目编码用 1001–1999 表示，负债类用 2001–2999 表示，共同类用 3001–3999 表示，权益类用 4001–4999 表示，成本类用 5001–5999，损益类用 6001–6999。会计科目代码级次结构为 4–2–2，意思是一级科目 4 位，2 级科目 2 位，3 级科目 2 位，一级科目按组码编码，二级、三级科目按顺序编码，如“22020101”前四位是 2202 代表应付账款，中间“01”代表应付单位款，最后的“01”代表具体应付款单位。

三、数据存储规则

所有系统数据都按照数据库文件格式存储，可以在一个账套数据库中存储不同年度的凭证、总账以及明细账数据，也可以将一个账套的多个年度账分为若干个数据库文件存储。一个完整的账套应该包括账套号、账套名称、账套启用日期、账套存储路径、企业会计期间设置、核算单位（如企业名称、地址）等基本信息。除非人为修改，所有账套的存储路径都是一致的。不同数据库账套存储文件的扩展名会有所区别，比如 SQL 数据库的扩展名是“.mbf”，Access 数据库的扩展名是“.mdb”，Oracle 数据库的扩展名是“.db”，备份账套的扩展名是“.bak”。通过在计算机存储文件夹中搜索这些扩展名，如果发现存在多个以上述拓展名存在的文件，需要进行一一区别，有可能是不同年度、不同分子公司的账套，也有可能是临时保存或者备份账套。

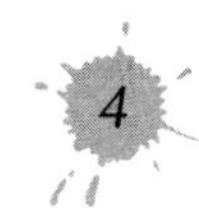

4.4.3 常见问题、造假手段及对策

一、设置多套账

在 3.4.1 记账过程中，我们谈到企业存在内账与外账，其中外账又分为多种。所以，企业往往有多个账套。在会计信息系统中，一个单位可以建立多个账套，主要有几种方式：（1）对内账的账套进行备份，利

用系统的反结账功能，增加、修改或者删除原来的记账凭证，形成虚假的账套。（2）在系统中同时创建多套账，虚构账套专门用于应付检查。（3）电脑安装多个操作系统，不同操作系统中分别安装应用系统软件，运行多套账。（4）安装多个不同品牌的会计信息系统软件，同时运行多套账。

查询企业是否存在多套账，可以在信息系统的账套管理中查询，也可以通过“总账”—“设置”—“选项”界面查询正在使用的账套的存储路径，找到相关文件夹后，查看是否还存在其他账套。中小企业很少采购独立的数据服务器，ERP 数据库、中间层、客户端一般都在同一台电脑上，找到这台电脑就能找到所有账套。大企业如果使用外置服务器、虚拟服务器等，那你就要想办法找到存储服务器。

在查账过程中，如果发现企业同一个名称下存在多个账套，你就要注意辨别不同账套数据的功能，找到反映真实情况的内账。通常情况下，功能单一的财务记账系统容易存在多套账，而模块齐全或者大型企业集团的 ERP 由于数据较多，较少存在多套账。

二、删除敏感信息

税务稽查发现，企业会提前删除系统记账记录，或者转移销毁数据存储介质。金融尽职调查中，也要当心企业存在类似行为，比如企业与民间高利贷之间的资金往来记录，或其他可疑交易记录。通过登录金蝶 K3“账套管理”，选择“账套”选项，查询上机日志，可以查询企业在调查前是否存在删除敏感凭证的行为，如图 4–4 和图 4–5 所示。

三、输入虚假数据

输入虚假数据的常见情形有：录入虚假、伪造或未经审核的原始凭证；输入记账凭证时，凭证编号错误、漏号、金额存在错误；随意修改、伪造记账凭证，或未经审核就入账；ERP 中，总账系统未实现自动记账；记账凭证存在借贷不平衡；记账凭证不齐全情况下仍选择结账；利用系统的反记账、反结账功能，伪造报表。

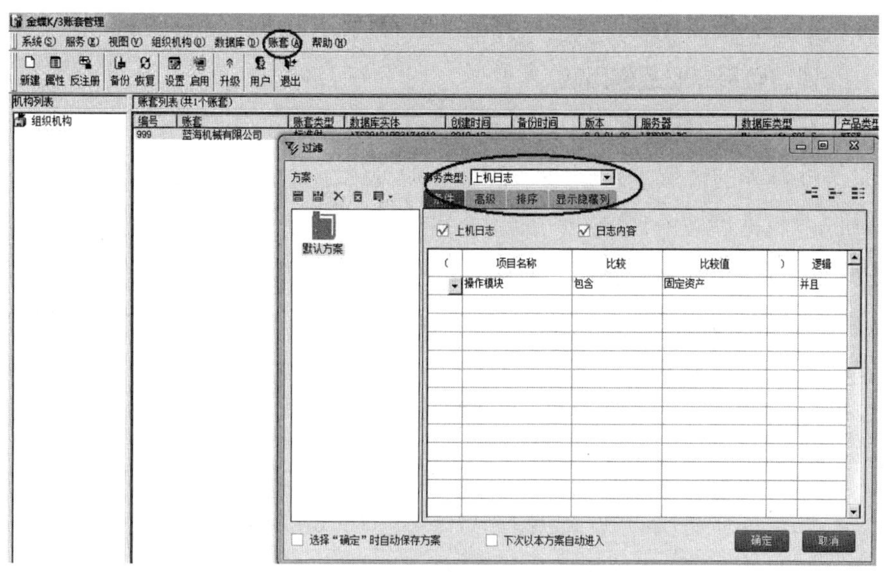

图4-4 系统上机日志登录界面

上机日志

共计:1344张单据，1344条记录

IP地址　操作模块　机器名　查询

时间/日期	用户	操作模块	状态	内容描述	机器名	IP地址
2012-10-25 10:51:21	Administrator	固定资产基础资料-卡片类别管理	开始		HSZC1006-2282L	192.168.15.73
2012-10-25 10:51:19	Administrator	固定资产基础资料--资产组管理	完成		HSZC1006-2282L	192.168.15.73
2012-10-25 10:51:16	Administrator	固定资产基础资料--资产组管理	开始		HSZC1006-2282L	192.168.15.73
2012-10-24 17:47:22	Administrator	固定资产业务处理-变动处理	操作记录	固定资产卡片删除	HSZC1006-2282L	192.168.15.73
2012-10-24 17:47:16	Administrator	固定资产业务处理-变动处理	操作记录	固定资产卡片删除	HSZC1006-2282L	192.168.15.73
2012-10-24 17:47:03	Administrator	固定资产业务处理-卡片查询	完成		HSZC1006-2282L	192.168.15.73
2012-10-24 17:47:03	Administrator	固定资产业务处理-卡片查询	开始		HSZC1006-2282L	192.168.15.73
2012-10-24 17:45:47	Administrator	固定资产基础资料-卡片类别管理	完成		HSZC1006-2282L	192.168.15.73
2012-10-24 17:45:45	Administrator	固定资产基础资料-卡片类别管理	操作记录	删除卡片类别:1-1	HSZC1006-2282L	192.168.15.73
2012-10-24 17:45:40	Administrator	固定资产基础资料-卡片类别管理	开始		HSZC1006-2282L	192.168.15.73
2012-10-24 17:18:54	Administrator	固定资产期末处理-计提折旧	完成		HSZC1006-2282L	192.168.15.73
2012-10-24 17:17:36	Administrator	固定资产期末处理-计提折旧	开始		HSZC1006-2282L	192.168.15.73
2012-10-24 17:13:34	Administrator	固定资产业务处理-卡片查询	完成		HSZC1006-2282L	192.168.15.73

图4-5 系统上机日志界面

企业信息系统中的数据量非常大，查账时很难做到逐笔核查比对。尽职调查中，可以重点检查以下凭证：摘要中包含特殊文字的凭证和异常金额的凭证，如金额比较规整的大额凭证；制单和审核人为同一人的凭证；非正常用户制单凭证；异常科目组合凭证；异常日期制单或审核的凭证；异常时间制单或审核的凭证，如财务部日常工作之外的时间制作的凭证；重复凭证；接近关账时点的凭证；反结账凭证；等等。

四、聘用专业造假团队

在 3.4.3 会计舞弊之“三、系统舞弊”中，我们介绍了企业大范围、系统性舞弊的现象。在造假实践中，企业为缩小知情范围，提高造假水平，降低造假被识破的风险，一般不会采用全员造假方式，而是将虚假业务交由少数人员处理。但是，处理真实业务的工作量较大，团队本就很难顾及，何况造假专业程度也不够，所以就会外聘专门造假团队来处理虚假业务。这些造假人员不会直接处理企业的真实业务，所以也不在公司真实的经营场所办公。

如果你认为企业存在系统性舞弊的嫌疑，可以采取两种方式检查：一是核查操作员的真实性。信息系统数据输入必须依靠操作员来处理，你可以对照企业员工花名册，观察信息系统中的关键控制节点人员是否属于公司在册员工，现场人员是否互相熟悉。二是查看经常登录操作的账号的 IP 地址，与企业生产经营所在地的 IP 地址是否一致，登录时间是否为上班时间，有无频繁找回密码操作等。如果发现可疑迹象，这些账号处理的业务应作为查账重点。

五、篡改软件程序

系统软件是程序员写的，其他程序员就能改，所以对系统程序和系统算法不能给予过高信任，而要保持一定的职业怀疑。修改程序的方式主要有以下几个方面：（1）修改系统设置。比如在账户试算平衡时，将借方总数直接移到贷方，查账不仔细很难发现报表左右不平；在会计凭证记账不全情况下仍能正常结账；对数据进行个性化筛选，隐藏掉一些敏感数据；修改打印程序，打印结果与系统查看时看到的数据不一致。（2）修改报表科目取数公式。在总账相关科目记录的数据与财务报表汇总数据不一致情况下仍能生成报表；在系统记账凭证中将销售收入科目的登账程序预定金额标准，销售收入超过预定金额的不计收入或者多计收入，或者打包转移不予登账。（3）设置查询障碍。比如部分账号的操作记录被隐藏，只有用系统管理员权限才能查询，普通权限无法查询；修改查询条件，在不同的查询模式下得到的结果不一样。这些造假非常隐蔽，如果不仔细研究很难发现。

辨别的方式主要是对信息系统的数据逻辑进行测试：（1）对系统生成汇总数据的公式进行审查，可以在现场临时测试一笔汇总数据的生成，导出电子表格明细后再人工计算结果，比对结果是否一致，同时对公式的正确性进行分析。（2）检查信息系统相关汇总功能是否正常运行，随机测试一笔业务处理的全过程，核查数据在系统中各个节点是否得到实时、准确更新。（3）审查关键业务的前后控制节点设置是否符合业务流程，比如企业发货的数量和价格是否和前面的订单一致。（4）注意信息系统中的逆程序操作及记录，阅读信息系统操作说明书，了解系统管理员的逆程序修改以及临时补录权限，以及这些操作是否会在信息系统中留下操作日志。比如，发货单是否必须在订货单生成后才能发起，系统是否可以在未有订货单情况下，直接修改生成发货单，如果可以允许该类逆操作，是否可以查询到操作记录。

在 1.3 分析财务状况、明确调查重点，3.5.4（逆向审计的）应用技巧总结等章节中，本书详细阐述了确定调查重点的过程与技巧。本节阐述了利用信息系统查账的查前准备工作要点，在下一节，将介绍在信息系统中核实企业经营财务状况的具体方法。

4.5 查账实务

4.5.1 查询企业基础信息

以操作员身份登录金蝶 K3 主界面，依次点击“系统设置”—“基础资料”（见图 4–6）。

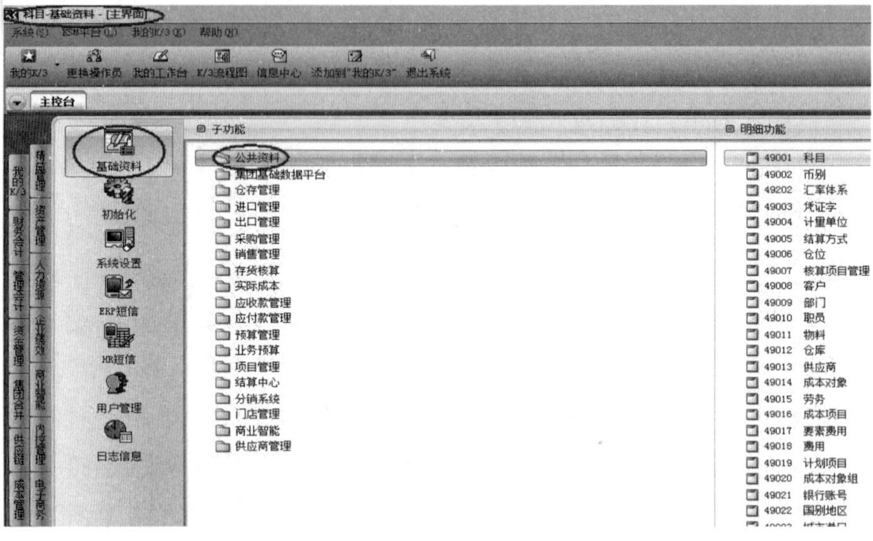

图4-6 金蝶K3主界面

一、查询内设机构

在图 4-6 界面中，在右侧的明细功能中选择“49009 部门”，点击进入后可以看到企业的全部内设机构，选择双击想要了解的部门，就可以看到某个部门的基本信息（见图 4-7）。

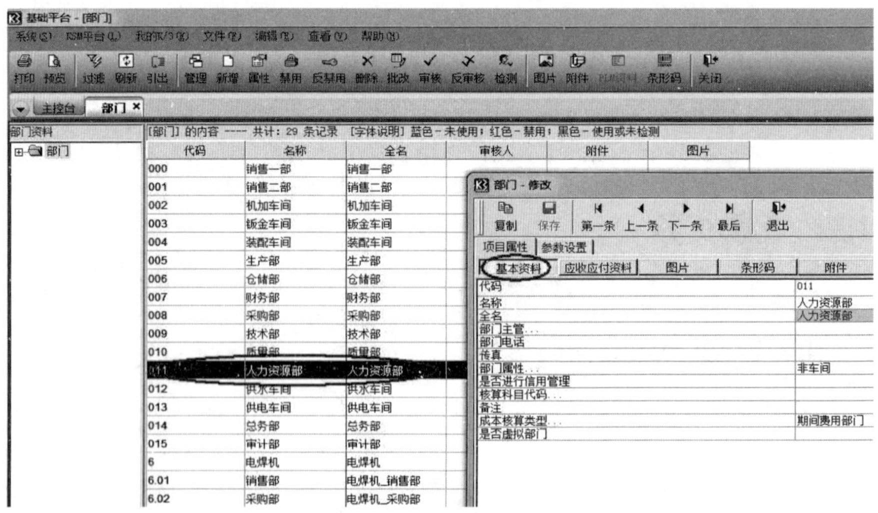

图4-7 部门界面

二、查询银行账户信息

在图 4–6 界面右侧的明细功能中选择“49021 银行账号”，点击进入后可以看到企业所有的银行账号信息，选择双击想要了解的银行账号，就可以具体看到某个账号的信息以及使用情况（见图 4–8）。

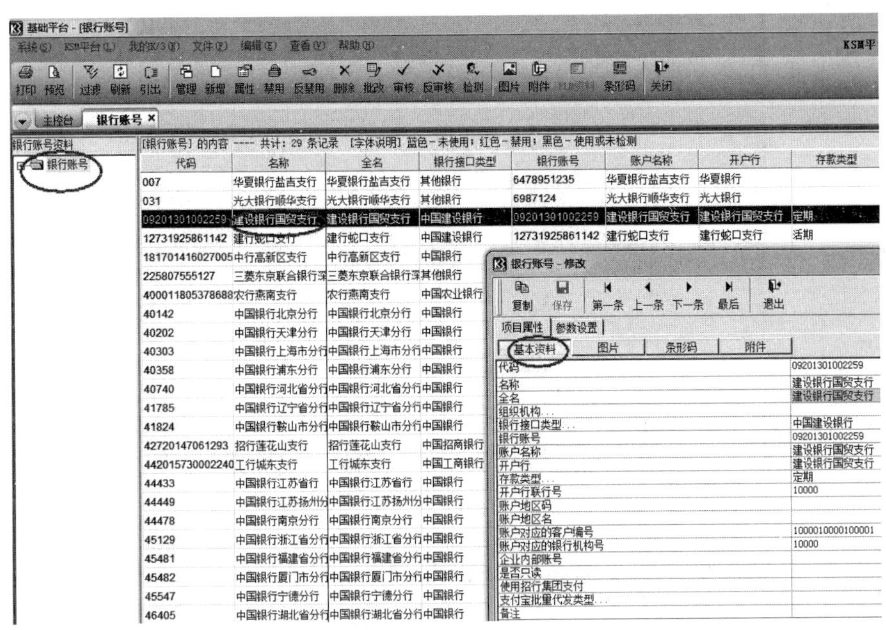

图4–8　银行账号界面

三、查询供应商

在图 4–6 界面右侧的明细功能中选择“49013 供应商”，点击进入后可以看到企业所有的供应商信息，选择双击想要了解的供应商，可以看到供应商的基础材料，包括开户银行、联系人及联系方式（见图 4–9）。

在供应商卡片中，如果信息系统中的记录详细，还可以在应收应付资料中查询到企业与供应商的结算方式、赊账金额以及付款条件等内容（见 4–10）。

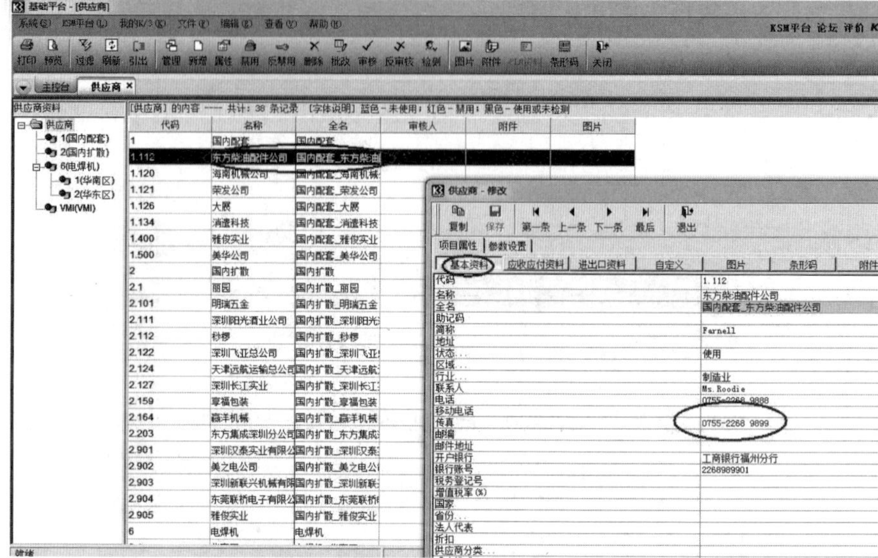

图4-9 供应商界面

图4-10 应收应付资料界面

四、查询仓库信息

在图 4–6 界面右侧的明细功能中选择“49012 仓库”，点击进入后能够发现企业名下是否有多个仓库，选择双击想要了解的仓库，可以看到仓库的地址、仓存类型等信息（见图 4–11）。

图4–11　仓库界面

更多信息的查询方法与前述已展示的内容相似，读者可以找一个 ERP 实际操作一下。

4.5.2　查询企业财务信息

一、查询财务报表

在系统中查询资产负债表、利润表以及现金流量表三大报表，一般需查询最近一个年度以及即期的月度报表，与企业提供的纸质报表核对是否一致。如果不一致，向财务总监了解具体原因，在确定财务系统数据真实，能够反映企业真实经营情况的前提下，正式开展调查。具体操作：在登录界面输入账套名称以及密码，进入主控台，点击“财务会计—报表”，在子功能中选择报表，在右侧的明细功能中选择要查询的会计报表（见图 4–12）。打开要查询的报表后，在菜单栏点选“工具—公式取数参数”，

在弹出的界面设置报表的会计期间（见图 4–13）。为保证财务数据及时性，可以在图 4–13 界面中勾选“报表打开时自动重算”，也可以在报表界面点选“数据—报表重算”，启动系统重新计算，结合当前数据，生成当前报表。利用系统的财务分析功能，可以对财务数据进行同比分析，快速锁定异常变动的科目。

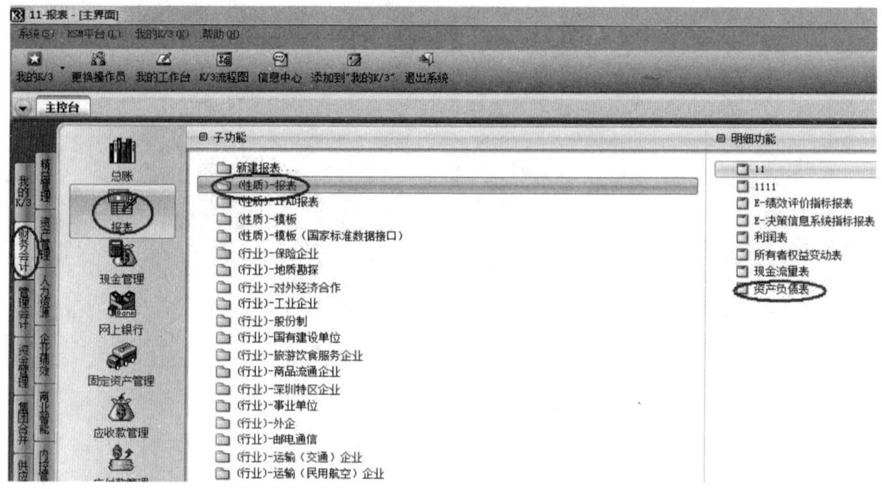

图4–12　金蝶K3报表界面

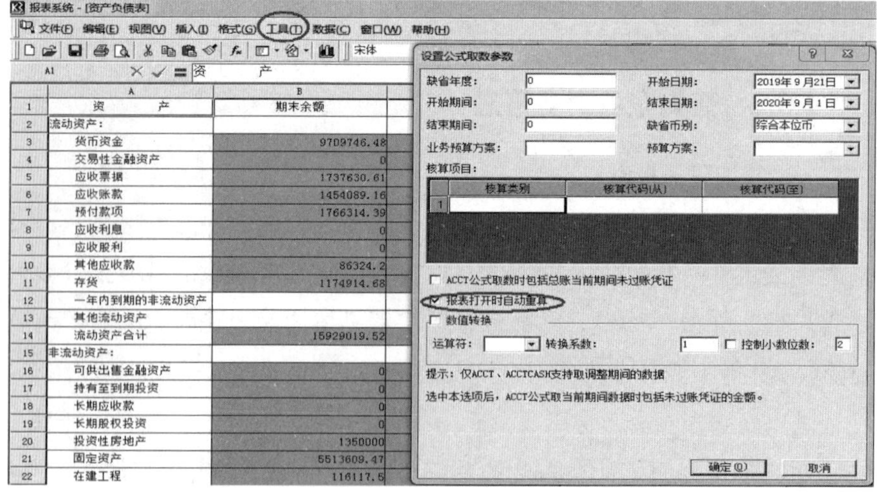

图4–13　资产负债表“设置公式取数参数”界面

二、查询日记账簿

在系统中可以查询到各种日记账簿，比如现金日记、存款日记等。进入系统主控台，点击“现金管理—现金”，在子功能中选择现金日报表（见图 4–14）。

图4–14　现金日记表界面

三、查询总分类账

在金蝶 K3 主界面中选择“财务会计—总账”，在子功能中选择“账簿”，右侧明细功能中选择“总分类账”，进入总分类账界面，查询企业近期报表的总分类账，对企业会计报表主要科目进行核查，了解年度借贷方变化、余额情况，与纸质财务报表核对是否一致（见图 4–15）。

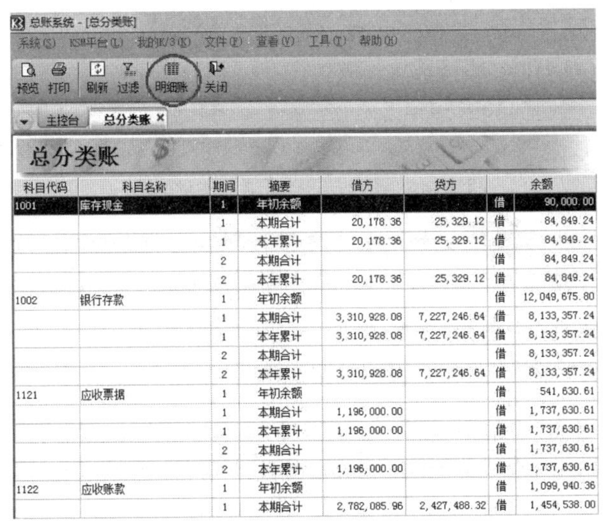

科目代码	科目名称	期间	摘要	借方	贷方		余额
1001	库存现金	1	年初余额			借	90,000.00
		1	本期合计	20,178.36	25,329.12	借	84,849.24
		1	本年累计	20,178.36	25,329.12	借	84,849.24
		2	本期合计			借	84,849.24
		2	本年累计	20,178.36	25,329.12	借	84,849.24
1002	银行存款	1	年初余额			借	12,049,675.80
		1	本期合计	3,310,928.08	7,227,246.64	借	8,133,357.24
		1	本年累计	3,310,928.08	7,227,246.64	借	8,133,357.24
		2	本期合计			借	8,133,357.24
		2	本年累计	3,310,928.08	7,227,246.64	借	8,133,357.24
1121	应收票据	1	年初余额			借	541,630.61
		1	本期合计	1,196,000.00		借	1,737,630.61
		1	本年累计	1,196,000.00		借	1,737,630.61
		2	本期合计			借	1,737,630.61
		2	本年累计	1,196,000.00		借	1,737,630.61
1122	应收账款	1	年初余额			借	1,099,940.36
		1	本期合计	2,782,085.96	2,427,488.32	借	1,454,538.00

图4–15　总分类账界面

四、查询明细分类账

对有疑问科目，可以在总分类账界面中的菜单中选择“明细账”（见图 4–15），选择查看明细分类账，了解该会计科目每一期的变动情况，也可以在明细分类账的菜单中选择“总账”进入总分类账，实现两个界面的快速切换（见图 4–16）。

日期	凭证字号	摘要	结算方式	结算号	对方科目	借方金额	贷方金额		余额
2008/1/1		年初余额						借	12,049,675.80
2008/1/2	收 - 3	中行高新区支行收款	现金	0561001	1122 应收账款	70,000.00		借	12,119,675.80
2008/1/2		本日合计				70,000.00		借	12,119,675.80
2008/1/3	收 - 5	中行高新区支行收款	信汇	056102	1122 应收账款	1,020,000.00		借	13,139,675.80
2008/1/3	付 - 23	18170141602700561购货款	支票	004806001C	2202 应付账款		43,682.02	借	13,095,993.78
2008/1/3	付 - 59	购买低值易耗品	电汇	20080103001	1411.02 在用		30,000.00	借	13,065,993.78
2008/1/3	付 - 60	支付2008.1-2009.4汽车保	信汇	20080103005	1801 长期待摊费		160,000.00	借	12,905,993.78
2008/1/3		本日合计				1,020,000.00	233,682.02	借	12,905,993.78
2008/1/4	付 - 8	18170141602700561购货款	现金	7561002	2202 应付账款		267,347.01	借	12,638,646.77
2008/1/4	付 - 24	18170141602700561购货款	支票	004806002C	2202 应付账款		786,195.75	借	11,852,451.02
2008/1/4		本日合计					1,053,542.76	借	11,852,451.02
2008/1/7	付 - 52	18170141602700561购货款	现金	3220010	2202 应付账款		41,001.60	借	11,811,449.42
2008/1/7		本日合计					41,001.60	借	11,811,449.42
2008/1/8	收 - 4	工商银行城东支行收款	电汇	224001	1122 应收账款	36,000.00		借	11,847,449.42
2008/1/8	收 - 75	工商银行城东支行收款	现金	2240003	1221 其他应收款	485,000.00		借	12,332,449.42
2008/1/8	付 - 48	18170141602700561购货款	现金	660401	2202 应付账款		57,981.70	借	12,274,467.72
2008/1/8		本日合计				521,000.00	57,981.70	借	12,274,467.72
2008/1/9	付 - 58	技术部因研究需要购买资料	现金	20080109001	5301.01 费用化		30,000.00	借	12,244,467.72
2008/1/9		本日合计					30,000.00	借	12,244,467.72

图4–16 银行存款明细分类账界面

五、查询原始凭证

大部分系统提供账证单联查功能，从总分类账可转入查询明细分类账，最后查询记账凭证。在总分类账界面，选择具体科目进入明细分类账界面，在要查询的凭证上选择工具栏中的“凭证”或双击，即可进入相应的记账凭证界面，从而实现财务数据的一体化查询（见图 4–17）。

日期	凭证字号	摘要	借方金额	贷方金额		余额
2008/1/1		年初余额			借	1,099,940.36
2008/1/2	收 - 3	东方机电		70,000.00	借	1,029,940.36
2008/1/3	收 - 5	东方机电		1,020,000.00	借	9,940.36
2008/1/8	收 - 4	PCE 苏州		36,000.00	贷	26,059.64
2008/1/14	收 - 8	衡展贸易		600.00	贷	26,659.64
2008/1/15	收 - 9	衡展贸易		600.00	贷	27,259.64
2008/1/16	收 - 10	衡展贸易		600.00	贷	27,859.64
2008/1/16	收 - 15	PCE 苏州		72,000.00	贷	99,859.64
2008/1/17	收 - 11	衡展贸易		600.00	贷	100,459.64
2008/1/18	收 - 12	衡展贸易		600.00	贷	101,059.64
2008/1/21	收 - 13	衡展贸易		600.00	贷	101,659.64
2008/1/21	收 - 16	科苑		900.00	贷	102,559.64
2008/1/22	收 - 14	衡展贸易		600.00	贷	103,159.64
2008/1/22	收 - 17	科苑		900.00	贷	104,059.64
2008/1/23	收 - 18	科苑		900.00	贷	104,959.64
2008/1/24	收 - 19	科苑		900.00	贷	105,859.64
2008/1/25	收 - 20	科苑		900.00	贷	106,759.64
2008/1/28	收 - 21	科苑		900.00	贷	107,659.64
2008/1/28	收 - 26	创世纪		1,800.00	贷	109,459.64
2008/1/28	收 - 37	菲码		64,506.78	贷	173,966.42

图4-17　应收账款明细分类账界面

4.5.3　查账结果输出及取证

查账时间一般比较短，在查询过程中，一个界面浏览可能就几秒钟时间，一些疑问数据可能还来不及思考，这时候如果用笔记录，就会耽误时间。信息系统中具有各数据统计表现场打印功能，只要企业打印机正常，我们可以现场打印数据表，后面再与其他材料进行比对，这样会大大提高查账效率。

一、总分类账打印及引出

在“总分类账”界面，点击工具栏“打印”，就可以将要打印的总账打印出来，也可以在菜单栏“文件”—“按科目分页打印”将科目分页打印（见图 4-18）。也可以点击“引出”，采用电子数据方式取证。在弹出的“引出总分类账”对话框，选中要保存的数据类型，建议选择保存为 Excel 文件，便于后面进行数据分析（见图 4-19）。

总账系统 - [总分类账]

系统(S) KSM平台(L) 我的K/3(K) 文件(F) 查看(V) 工具(T) 帮助(H)

预览 打印 刷新 过滤 明细账

引出(E)...
使用套打(N)
按科目分页打印
打印预览(V)...
打印(P)...
打印设置(S)...
关闭(C)

主控台 总分类账

总分类账

科目代码	科目名称	期间	摘要	借方	贷方		余额
1001	库存现金					借	84,849.24
		2	本期合计			借	84,849.24
		2	本年累计	20,178.36	25,329.12	借	84,849.24
1002	银行存款	2	期初余额			借	8,133,357.24
		2	本期合计			借	8,133,357.24
		2	本年累计	3,310,928.08	7,227,246.64	借	8,133,357.24
1121	应收票据	2	期初余额			借	1,737,630.61
		2	本期合计			借	1,737,630.61
		2	本年累计	1,196,000.00		借	1,737,630.61
1122	应收账款	2	期初余额			借	1,454,538.00
		2	本期合计			借	1,454,538.00
		2	本年累计	2,782,085.96	2,427,488.32	借	1,454,538.00
1123	预付账款	2	期初余额			借	1,766,314.39
		2	本期合计			借	1,766,314.39
		2	本年累计			借	1,766,314.39
1221	其他应收款	2	期初余额			借	49,135.70

图4-18　总分类账界面

图4-19　引出总分类账对话框

二、明细账打印及引出

在“明细分类账”界面，对于查询后需要打印取证的明细账，可在“明细分类账”界面中点击“打印”按钮。如要采用电子数据方式取证，可以在菜单栏选择“文件”—“引出”（见图 4-20）。

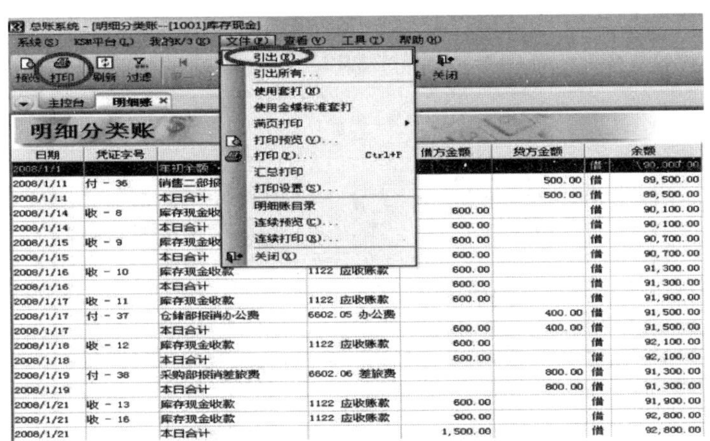

图4-20　明细分类账打印及引出界面

三、凭证引出

在金蝶 K3 主界面选择“总账”，子功能选择“凭证处理”，明细功能中选择“凭证查询”，进入“会计分录序时簿”界面中选中要查询的凭证，点击菜单栏“文件”—“引出”按钮（见图 4-21）。

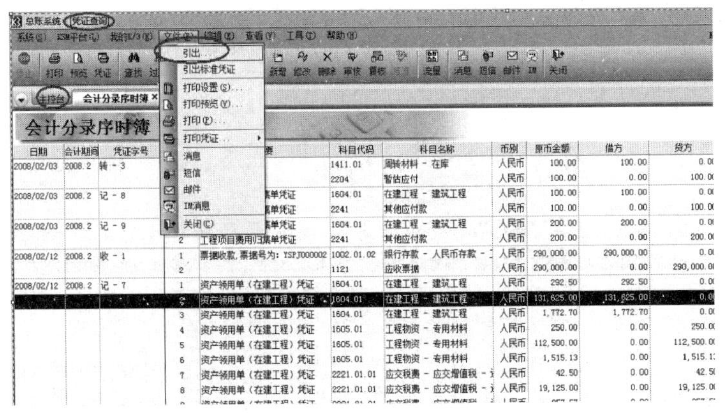

图4-21　会计分录序时簿凭证引出界面

四、凭证打印

对于查询后需要打印取证的凭证，可在“凭证查询”界面或“会计分录序时簿”界面选取该凭证，点击“打印”按钮（见图 4-22）。

图4-22　会计分录序时簿打印界面

凭证也可以汇总打印。在“凭证序时簿”界面的工具栏凭证按钮明细项中点击“汇总打印”，或者在“凭证查询”界面选择“文件”—“打印凭证”—“汇总打印”（见图4-23）。在汇总打印时，可选择科目级次和核算项目级次。

图4-23　会计分录序时簿汇总打印界面

五、报表、银行对账单等打印及引出

在报表及银行对账单界面，也有打印及引出功能，可以采取上述类似办法进行取证。如果企业对大量采集数据有顾虑，根据调查需要及现场情况，也可以对部分显示界面进行拍照。

4.5.4　川鑫公司 ERP 查账案例

我们继续沿用 1.3.4 川鑫公司案例分析中的素材。在 1.3.4、1.4.1 和 3.5.2 中，介绍了川鑫公司的经营财务情况，分析了调查重点，明确了调查思路，但都是基于线下场景。事实上，川鑫公司已经上线 ERP，线下的抽查工作费时费力、事倍功半。现在，让我们接着 3.5.2 中的调查思路，探讨信息系统环境中的查账方法。

一、核对财务报表

首先确定企业提供的财务报表与会计信息系统中的财务报表是否一致。查系统中的报表可以按照 4.5.2 中的查询方式，由近及远进行比对，即从当期报表（本案例中是指 2017 年 2 月报表）数据开始，验证纸质材料和系统报表是否一致。对以前年度的财务报表，可以根据现场情况和经验判断，决定是否全部查验，具体如图 4–24（图中数据仅做演示用，非真实数据）所示。实际操作中，为节约时间，可以快速比对资产总额、销售收入等几个总量数据及个别具体会计科目。如果不一致，就一定要搞清楚原因。

	A	B	C	D	E	F
1	资　　产	期末余额	年初余额	负债和所有者权益（或股东权益）	期末余额	年初余额
2	流动资产：			流动负债：		
3	货币资金	9709746.48	13631215.8	短期借款	770000	770000
4	交易性金融资产	0	0	交易性金融负债	0	0
5	应收票据	1737630.61	541630.61	应付票据	0	0
6	应收账款	1454088.16	1099940.36	应付账款	1153955	1786135.75
7	预付款项	1766314.39	1766314.39	预收款项	5200992	5210932.36
8	应收利息	0	0	应付职工薪酬	1042656.55	617579.00
9	应收股利	0	0	应交税费	656290.43	487639.57
10	其他应收款	86324.2	49135.7	应付利息	7700	0
11	存货	1174914.68	0	应付股利	0	0
12	一年内到期的非流动资产			其他应付款	2292436.08	2043602.02
13	其他流动资产			一年内到期的非流动负债		
14	流动资产合计	15929019.52	17086236.86	其他流动负债		
15	非流动资产：			流动负债合计	11064030	11118075.88
16	可供出售金融资产	0	0	非流动负债：		
17	持有至到期投资	0	0	长期借款	0	0
18	长期应收款	0	0	应付债券	0	0
19	长期股权投资	0	0	长期应付款	0	0
20	投资性房地产	1360000	0	专项应付款	576200	576200
21	固定资产	5513609.47	3674423.86	预计负债	0	0
22	在建工程	116117.5	416117.5	递延所得税负债	6656.04	6656.04
23	工程物资	0	0	其他非流动负债		
24	固定资产清理	0	0	非流动负债合计	584856.04	584856.04
25	生产性生物资产			负债合计	11648886.04	11700934.9
26	油气资产			所有者权益（或股东权益）：		
27	无形资产	3866.66	7733.33	实收资本（或股本）	2626565.38	2626565.38

图4–24　系统财务报表界面

二、抽查重要科目明细账

川鑫公司的资产结构中，固定资产、应收账款、存货占比最大；负债结构中，应付账款、其他应付款和短期借款占比最大；加上货币资金这个重要科目，就是要验证的重点科目。综合考虑现场情况，可以登录信息系统，对其中的 2~3 个科目进行现场验证。

以固定资产科目为例，先将科目明细账从系统中导出。如果明细项较多，可以在过滤条件中设置选择净值大于一定数值（比如 50 万元），或者当年折旧大于一定数值的明细（见图 4–25）。还可以选择前 10~20 大的明细项打印出来（如果没有打印机，可以采用截屏或手机拍照）进行比对。这样，就一定能核实川鑫公司 2016 年固定资产增加 2395 万元，而固定资产净值仅增加 150 万元的原因。

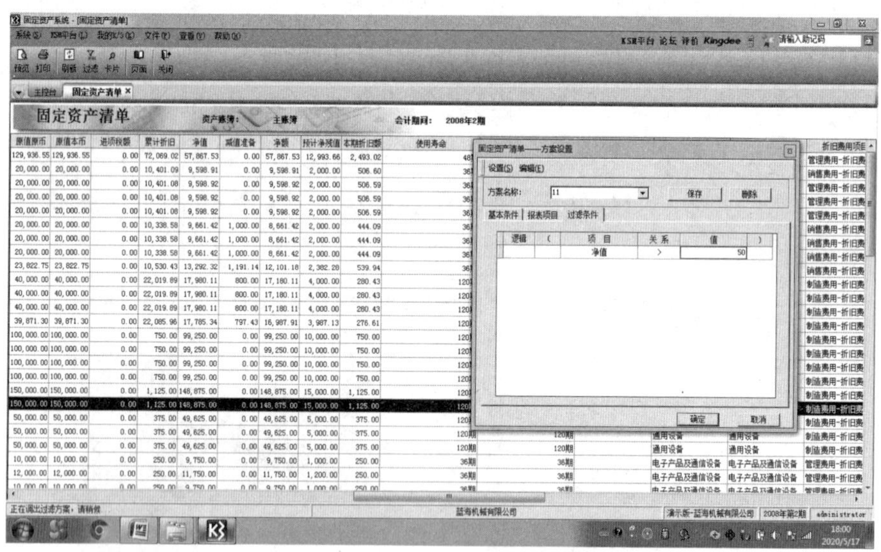

图4–25 系统固定资产清单表界面

三、进一步抽查原始凭证

在上一步，通过查询明细账，可以看到各个科目余额的具体内容。以应收账款科目为例，可以查到每笔回款具体来自哪一个客户以及对商业交易的简要描述。但这些明细项是否已经真实发生，还需要进一步核实其背后的会计凭证。借助系统的账证联查功能，可以查询原始凭证（见图 4–26）。也可以选择索引的销售合同号或订单号，查询对应的销售合同，查询付款时间节点和付款条件，通过多角度交叉验证，验证应收账款变动的真实性。

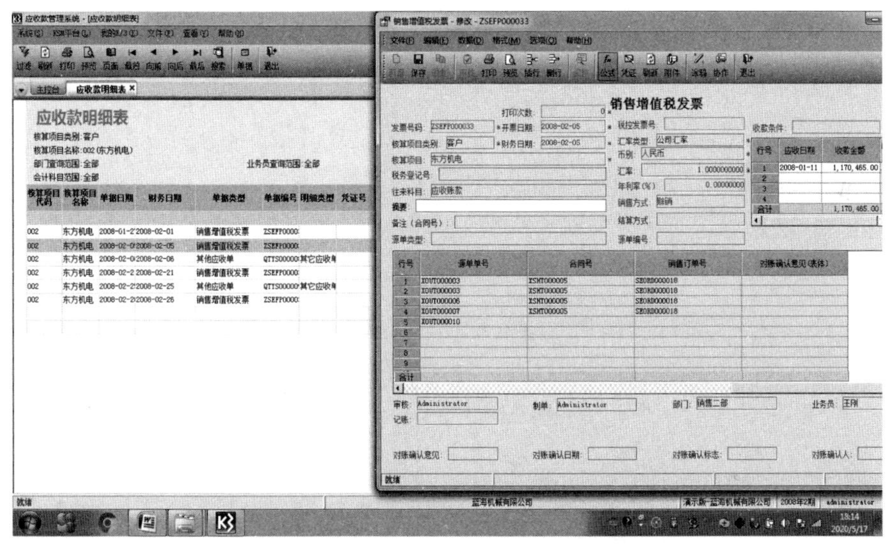

图4–26　系统应收账款表界面

对销售收入、应付账款、短期借款、货币资金等科目，都可以采取类似的做法。

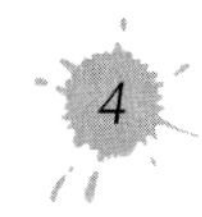

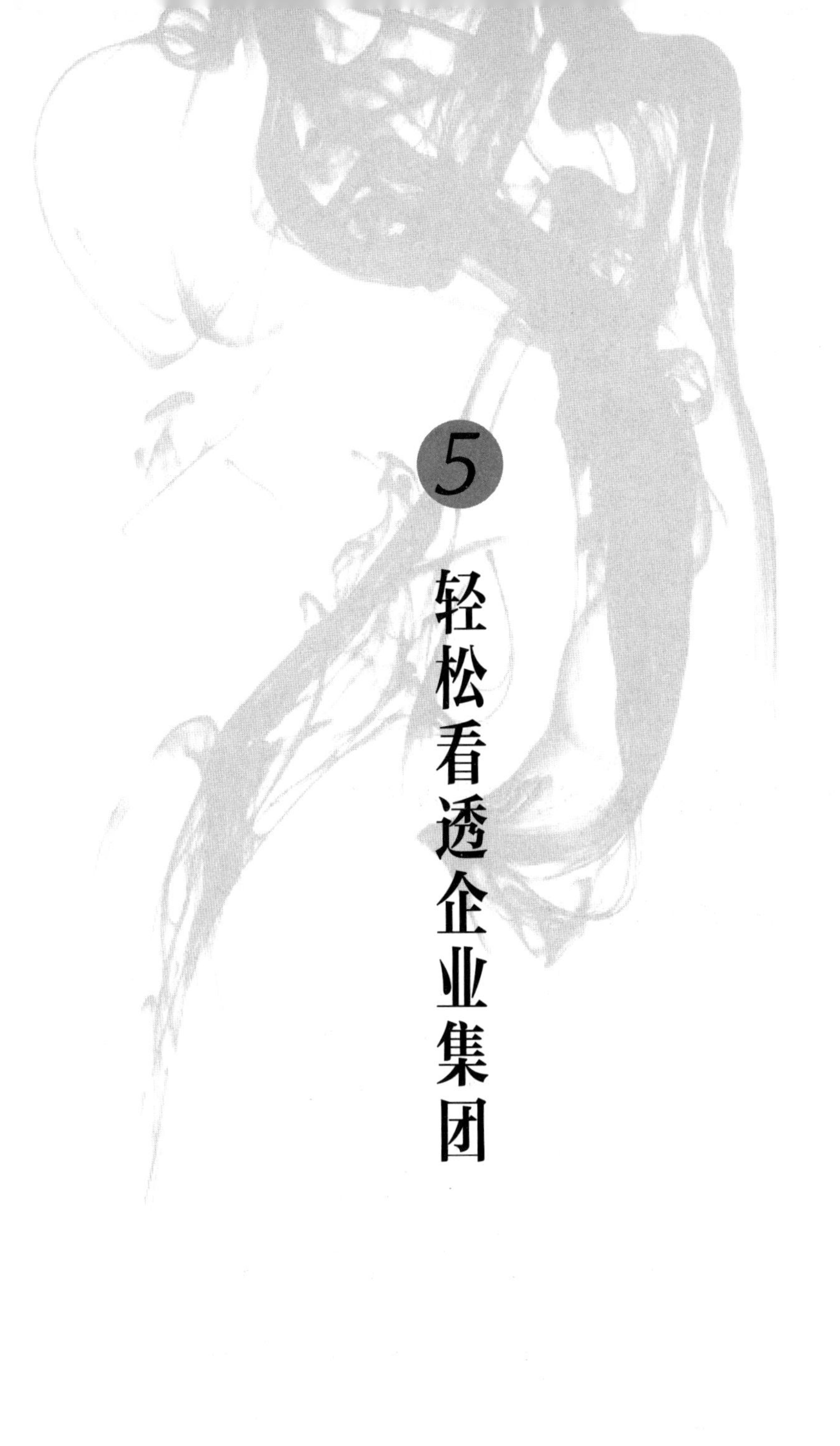

5

轻松看透企业集团

“企业集团”的定义在学界众说纷纭。本书所称“企业集团”是指在同一实际控制下，以股权联系为主要纽带，由若干个企业单位联结在一起形成的多法人的经济联合体。企业集团有三个突出的特征：（1）由多个企业法人主体共同组成。（2）以股权关系为主要纽带。除股权关系外，还可能有亲情关系、雇佣关系等作为纽带，后面案例中会介绍。（3）所有成员企业处于同一实际控制下。注意“实际控制”不是“名义控制”，有的企业名义上是张三和李四的，但张三、李四仅仅是代别人持股，实际控制人是王五。那么这个企业就要与王五控制的其他企业联系在一起，作为同一企业集团。另外，企业集团的经营财务规模通常较大，但也可能是中小规模的企业，甚至由多个小企业共同组成。

5.1 企业集团股权架构的基本类型

5.1.1 单一合并主体

集团公司是企业集团的核心，通过股权控制所有成员企业，集团公司的合并报表能够反映整个集团的经营财务情况。实际控制人通过控股集团公司，实现对整个集团的控制。股权架构如图 5-1 所示。

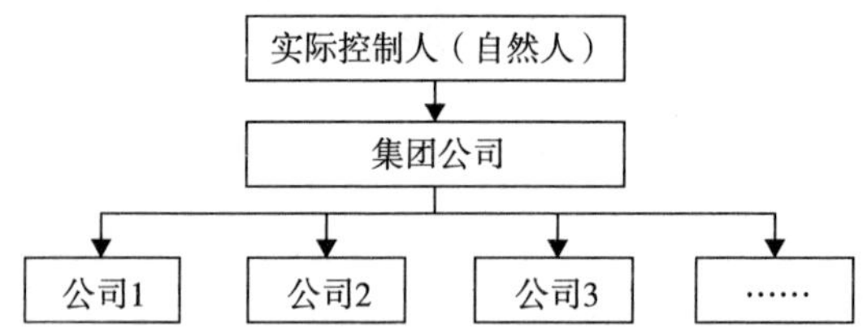

图5-1 单一合并主体情形下企业集团的股权架构

当然，这是一种简化的、理想的、最便于分析的股权架构，现实中有很多变种。自然人控股集团公司的控制链条可能比较长，链条上可能还有其他公司，可能还有实际控制人的爱人、父母或孩子、亲属等关联关系人持股。

5.1.2 无合并主体

企业集团没有合并主体，所有成员企业的股权均由实际控制人及其关联关系人直接持有。股权架构如图 5–2 所示。

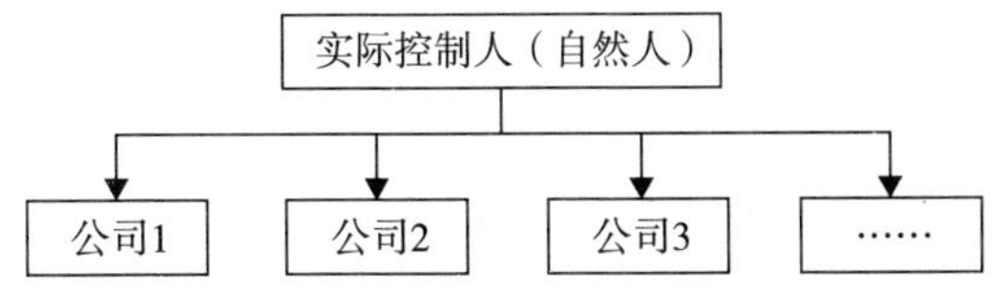

图5–2 无合并主体情形下企业集团的股权架构

成员企业中，有少数几家是核心企业，经营规模较大，经营的业务是集团的主营业务，通常是实际控制人创业起家、比较熟悉的领域。成员企业之间可能存在产业链上纵向或横向的联合，也可能完全没有业务联系。

5.1.3 混合型

混合型股权架构是现实中最常见的类型，部分成员企业由某个公司（姑且称为集团公司）控股，另外还有一些企业则由自然人直接控制（见图 5–3）。

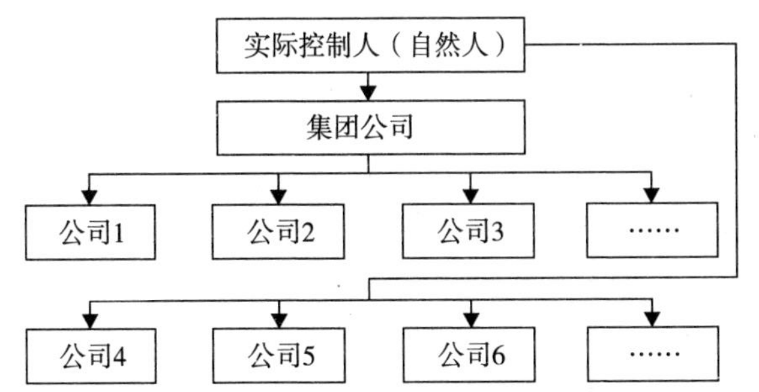

图5–3 混合型股权架构情形下企业集团的股权架构

在这种架构中，企业集团虽然有一个合并主体，但这个合并主体仍不能反映集团的全貌。这一点，往往是容易被忽视的。

上述几种类型的股权架构，在现实中有很多变种。比如，每个业务板块都有个小集团公司，每个小集团公司都是一个合并主体。成员企业之间交叉持股，实际控制人通过有限合伙企业持股或由他人代持股等[①]。但不管怎么变化，对民营企业集团的分析，必须沿着控股关系一直追溯到实际控制人（自然人）。如果是国有企业集团，实际控制人则不是自然人，而是代表政府利益的部门、机构或控股平台。

5.2 企业集团的调查难点及对策

首先回顾一下我国企业集团的发展脉络。改革开放初期，我国从计划经济转轨而来，国有经济成分占绝对多数，民营经济则起步较低、发展较晚、规模较小。到 20 世纪 90 年代中后期，国有企业及乡镇企业出现大面积亏损且呈逐年恶化趋势，自 90 年代后期开始大量改制为民营企业，改制过程一直延续到 21 世纪初。在 20 世纪 90 年代，部分重点国有企业为了减亏脱困，将优质资产剥离注入新的企业主体后，在资本市场政策东风下率先上市。但“靓女先嫁”[②]以后，要承担起帮助穷困的原生家庭的重任。成为上市公司的先嫁“靓女”和其他业务板块及企业法人主体之间，就形成了以股权关系为纽带的企业集团[③]。进入 21 世纪，

---

① 关于企业股权架构的详尽论述，可参阅：李利威著《一本书看透股权架构》。

② “靓女”是指国有企业中那些经济效益好，市场前景好的企业。“靓女先嫁”是指将这些效益好的企业先卖出去（公开发行股票就是卖给社会公众），不然，等到效益不好时就卖不出去了。

③《朱镕基讲话实录》第一卷（1994 年的讲话）：“原来总厂有 12 个车间，现在 12 个车间都变成法人，自主经营，过去的债务不管了，由总厂负担。这个现象叫‘大船搁浅，舢板逃生’，船沉了，大厂搞几个人在这个地方守着，其他车间都坐舢板逃生了。就是把 1.4 亿元的债务留给国家，利息不交了，债务说是总厂认了，总厂不生产，怎么承担债务啊？”这段话反映了 20 世纪 90 年代老国企摇身变成企业集团的另一个角度。也给今天的我们以警醒，知道国企逃废金融债务离我们并不遥远。

国有资本推进“抓大放小”改革，逐步退出市场竞争性领域，民营经济发展迅速。民营经济发展过程中，随着行业、产品多元化发展的深入推进，也逐步形成了企业集团。

5.2.1 调查难点

认识一个事物，要认清它的全貌，否则就可能以偏概全。与企业集团开展金融合作，首先就要认识企业集团。企业集团一般都会用集团内部最闪耀的成员企业出面融资，以便获取低成本、高额度的融资。如果集团内有上市公司，那么上市公司就很容易沦为融资工具。非上市板块的业务若发展得好，则与上市公司发展相得益彰；若发展得不好，就会拖累上市公司或那些经营较好的企业。但企业集团给金融机构展示的永远是最漂亮的角度。若不深究，你看到的就只是企业集团的一角，漂亮的、干净的一角；看不到全部，看不到那些脏乱差、不能见光的角落。一叶障目，就会决策失误。反过来，登高望远，俯视全局，则会耳聪目明，识别风险所在，作出正确的业务决策。

但企业集团太大了，真相往往扑朔迷离，难以辨认，主要体现在以下四个方面。

一是企业主体多，相互交叉持股，股权关系复杂。集团内有 10 个成员企业，每个企业的净资产都是 5 亿元，那么这个集团净资产是 50 亿元吗？通常来讲不是，那到底有多少呢？刘鹤同志说，“做生意是要有本钱的”[①]。这个集团到底有多少本钱？

二是业务多元化，关联交易多。跨行业发展的企业之间，可能存在大量的资金往来，形成大量的其他应收、应付款；纵向一体化发展的企业之间，还会多出一块，就是关联销售与商业往来，形成大量的内部销

① 2018 年 5 月 15 日，中共中央政治局委员、国务院副总理刘鹤在全国政协“健全系统性金融风险防范体系”专题协商会上的讲话。

售收入和应收、应付款项。

三是区域分布广，实地调查难。企业集团的成员企业和资产可能分布在5个省、10个市，还有的在国外，你能去跑一遍吗？

四是表外业务多，隐蔽程度深。比如民营集团老板以他老婆的表哥的名义注册一家公司，暗中做些侵害集团利益的事，甚至给集团掏出个大窟窿或造成了大隐患，你能发现吗？再如，上市公司以有限合伙人的名义，投资一只基金，穿透看呢，就是投了一个新项目。再派人去打理这个新项目，期盼着它成长为现金奶牛了，选个合适的时机（一般会配合二级市场炒作）对外公告并进上市公司。这个项目发展得好，那自然是好，要是发展得不好，投出去的钱可能就要出现损失了。更糟糕的情况是，项目发展的前景谁也说不准的时候，为了帮一帮这个项目，集团母体再提供些资金或担保支持，等到项目搞不下去了，它就会拖累母体的正常经营。这些潜在风险，尽职调查过程中通常是很难发现的。

5.2.2　调查策略

调查策略上，还要用逆向思维方法。就像你要验1000箱货，在验货之前，你可能要想一想，这批货的制造商是谁？以往的交货质量怎么样？物流运送过程中有没有可能被调换？装箱封签是否完好无损？验收后若发现次品，后期付款环节有没有制约对方的手段？这是宏观层面的考虑。在具体验货方法上，时间和精力不允许你逐箱打开验货，你只好随机抽查检验，但是你抽检的方式和范围取决于宏观层面的评估。也就是说，你觉得这批货靠谱，你可能开20箱验货，心里没数呢，你可能会开100箱验货。回到企业集团的尽职调查上来，就要用好“三大工具”，在战略和战术两个层面，把握好业务发展与风险防控的平衡。

一、充分准备阶段

查询企业集团及其成员企业的官网，收集相关新闻报道等常规工作，在第 1 章已经讲过了。这里要讲的重点工作包括通过股权控制链查关联关系，通过资金往来及商业往来等信息查疑似关联关系，把企业集团的所有成员企业都纳入调查范围；看合并主体的审计报告，搞清楚合并主体的合并范围，搞清楚哪些企业没有纳入合并范围，把合并范围以外企业主体的财务信息与合并主体再次合并；如果集团没有合并主体，那你就要自己动手将所有企业的报表进行简单的合并。最终目的，就是要挤干单体报表数据中的水分，摸清企业集团的家底。

一个企业集团无论有几个业务板块，总归会有重要的板块和非重要的板块。金融机构要尽可能选择重要的、盈利的核心企业作为合作对象，退而求其次也要将他拉进交易结构作为担保人。要知道，一旦集团出现债务危机，实控人会尽力保住核心企业，而边缘企业首先成为破产对象。此外，从定量指标来看非重要的组成部分，也可能因为某些风险特质而入围，如期货交易、外汇交易等高风险业务。经过充分准备，你对企业集团的资产分布情况、主要业务板块、核心企业成员、负债分布情况、利润分布情况做到胸中有数，初步确定了尽职调查重点。

二、交叉访谈阶段

请熟悉集团情况的人介绍集团概况，包括发展历史、发展战略、主要业务板块的发展情况及其在集团整体规模中的占比等情况。同时，将对方介绍的内容与充分准备环节了解的情况进行对比，有疑问的地方及时请对方解释，帮助你进一步了解集团情况。然后按照逆向审计的思路，围绕调查重点，从整体到局部，从局部到细节，与不同层级的企业员工进行访谈，完成抽丝剥茧的过程，达到顺藤摸瓜的效果。

如果需要分组调查，那么，你要配备好人员。在出发赴现场调查前，要对团队做好培训，让他们知道目标企业集团的概况、本小组的重点任务、本人的职责分工以及可以采用的尽职调查手段。调查过程中，要加强协调指导。分组调查回来后，要及时召集各小组开会，将各自的尽职调查信息拼在一起，形成交叉验证和对集团的整体认识。

三、逆向审计阶段

如第3章所述，这一阶段的主要任务是寻找书面证据，为前序工作中了解的情况提供数据支撑。这一环节，我们要注意合并主体外的成员企业。前面说过“靓女先嫁”，合并主体或集团主要成员企业是“靓女”（经营情况总体较好），又着重打扮（财务粉饰），看上去比较靓丽。但是一些没被摆上台面的企业，可能就没法看了。很多集团的后院里都养着一堆这样的企业，集团会向这些企业注入一些资产，配套一些关联交易，人为造出漂亮的利润和现金流，再依托这些资源举借表外负债。需要融资的时候就略作打扮，不需要融资的时候照常养着就行，不会花太多精力去精心打扮。如果集团内部有这样的企业，或者你感觉到有些企业疑似这种类型，一定要认真对待。这些企业平时疏于打扮，经不起你的认真调查。将这些企业的报表并入集团合并报表（通常资产和经营性负债都合并抵销了，实质并入的主要是金融负债），你或许就会发现集团整体已经债台高筑，难以为继了。

5.2.3　合并财务报表的简易方法

上一小节我们提到，在充分准备的时候，要对企业的报表进行手工合并。现在，来谈谈简单合并财务报表的方法。

会计方面的书籍对合并报表的阐述非常详尽，充分考虑了企业合并的各种情形，涵盖了各个科目、各种经营状态下的合并方法，列示了一堆眼花缭乱的抵销分录，再动辄来几张超大的表格，实在是让人望而生畏。未亲身经手过相关会计工作的金融一线人员，若不付出一番苦力，很难搞清楚其中的门道。在3.1.2逆向审计的目标中，我们知道，审计师要保证每一个科目的CEAVOP，财务数据不能有虚增，也不能有隐瞒，必须按照会计准则真实、公允地反映企业当期经营成果。金融机构关心的重点则是，企业不能为了报表好看骗取融资而虚增收入、隐藏费用、虚增资产及隐瞒负债，重点要做收入的存在性、准确性认定，费用的完整性及分类认定，资产的存在性、估值及权属认定，以及负债的完整性认定。此外，金融机构能核实清楚数据所处的区间范围就够了，不必像审计师那样去抠数据的精确性。比如，金融机构要清楚企业的年销售收入是 5 亿元还是 2 亿元，而不必纠结是 5.238564 亿元还是 5.526482 亿元。这样一来，你不必逼着自己去看懂那些设计精巧的合并过程，用简单、容易上手的办法掌握合并报表的方法，就可以达到目的，提高调查效率。

一、合并报表的基本原理

资产负债表主要反映企业在特定时点上的资产与负债状况，反映企业的家底如何，做生意有多少本钱。合并资产负债表就是将同一控制下不同企业主体之间的交叉持股、债权债务关系进行合并抵销，得到企业集团真实的资产负债状况。比如，集团公司持有旗下 A 公司 5000 万元的股权，在集团公司的单体报表上，反映出 5000 万元的长期股权投资；在 A 公司的报表上，反映出 5000 万元的实收资本；集团公司拥有的本来就是 5000 万元，通过投资 A 公司，就变成了 5000 万元的股权和 5000 万元的实收资本，合计 10000 万元；但经过合并抵销后，就恢复出集团公司实际拥有 5000 万元的原貌，只是通过投资的动作，这 5000 万元成为 A 公司的资产。再如，同一企业集团内，A 公司拆借给 B 公司 2000 元，A 公司记账“借：其他应收款 2000，贷：货币资金 2000”，B 公司记账“借：货币资金 2000，贷：其他应付款 2000”，A 公司账面上反映的其他应收款与 B 公司账面上反映的其他应付款经合并抵销，就发现 A 公司账面少了 2000 元的存款，而 B 公司多了 2000 元的存款，恰恰与事实相符，在合并报表中企业集团拥有的这 2000 元始终未变。

利润表反映的是企业在一段时期内的销售、成本、费用及盈利情况。单体报表反映的销售收入中，如果部分销售收入来自集团内关联企业，而该产品又未实现对外销售，那么，合并以后，这种内部的关联销售就会被挤掉，只留下对外销售数据，反映集团整体真实的销售能力和盈利

能力。比如，同一集团内，A 公司卖给 B 公司一批货，A 公司成本 30 元、销售收入 50 元，B 公司购货后却未能对外销售，那么，合并利润表中的销售收入就是零。如果 B 公司将这批货对外销售实现收入 60 元，那么，合并报表反映的销售收入就是 60 元、成本 30 元、利润 30 元；A 公司原本的收入 50 元被抵销掉，而不能将 B 公司的收入 60 元和 A 公司的收入 50 元简单相加，认为集团收入是 110 元。

二、尽职调查视角下合并报表的简易方法

通过前述分析，可以看出，在资产负债表的合并过程中，一家公司的资产科目抵销一定金额后，另一家公司的负债或权益科目会抵销对等的金额。同时，除了长期股权投资对应的是权益科目，其余常见的资产科目对应抵销的都是负债科目。所以，合并资产负债表过程中，我们只需要搞清楚每家公司的每一个资产科目中关联交易的余额，再把关联交易形成的余额从科目余额中扣除，资产就实了。如果扣除的是长期股权投资，那么就对应地核减所有者权益；如果是其他资产类科目，就对应地核减负债；并且，知道核减的是负债还是权益就够了，不必再去追究应该核减哪个具体科目。经过一系列的扣除动作以后，企业集团真实的总资产和净资产、总负债就能看得清清楚楚。要搞清楚这种挤干水分后的资产分布情况也不难，合并抵销的时候仔细对照一下，将抵销科目对应起来就可以了，详见下一节的案例分析。

合并利润表同样没有想象的那么困难。企业集团的内部业务板块之间，如果没有产业关联，或者没有关联销售，或者关联销售规模小到可以忽略不计，那么这项工作直接就免了，各个单体报表数据的合计数就可以直接采用。如果产业关联度高，同一集团内上下游企业之间存在大量的关联销售，那么，你直接去关心每个业务板块中最下游的那个企业就可以了，因为集团的最终产品要通过这家下游企业实现对外销售，集团内部整个产业链的大部分利润都要通过下游企业去实现。当然，处于产业链中上游的企业的产品也会直接对外销售，把这部分对外销售加到一起，就得到集团整体的销售规模。最后别忘了，“充分准备”“交叉访谈”与“逆向审计”都是你的调查工具，这里讲的合并财务报表简易方法只能帮助你认清企业集团的轮廓，只有与其他调查工具结合起来使用，才能充分发挥其威力。

掌握了资产负债表和利润表的简易合并方法，你就可以应对绝大部分的尽职调查场景。至于现金流量表的合并以及深入的合并技巧，可以参考会计专业书籍。

5.3 案例分析

5.3.1 长江集团债务危机处置案例

笔者曾经参加过一个民营企业集团的债务危机应急处置小组。这个集团主要包括 6 个成员企业，其中 3 个企业算作核心企业，实际运营且规模较大。6 个企业均由同一家族控制。老板的发家史是这样的：20 世纪 90 年代起，成立了长江物资公司，主要收购废钢材卖给钢厂，同时又为钢厂经销成品钢材，围绕大型钢厂赚取上下游贸易利润。中国加入世界贸易组织以后，看到航运业务发展迅猛，赚到钱的兄弟们就开了一家航运公司，从钢材贸易延伸到了钢材物流。又过了几年，看到造船行业红火，自己跑航运买别人的船还不如自己造船呢，于是又开了一家造船公司。为了经营和融资等各方面需要，又成立了 3 家小公司做配套。2008 年国际金融危机爆发，国际贸易疲软，2009 年中央政府推出“四万亿”投资计划，刺激经济保增长。2011 年开始，多个行业出现产能过剩，钢材价格高位回落，造船行业也相继受到了冲击，该集团的 3 大主营业务板块均受到不利影响。根据经济形势的变化，银行调整了授信政策，少数授信额度小、授信到期日靠前的银行在授信到期后就收回了贷款。2012 年 8 月，企业扛不住了，向政府求助。政府领导出来协调，几个最

大的债权金融机构组成债务危机应急处置小组，要求对企业的经营财务情况进行摸底，目的是要得出一个结论：这家企业到底值不值得救？

在金融风险处置过程中，首当其冲遇到的问题就是“这家企业到底值不值得救？”判断值不值得救，前提是要全面掌握企业的经营财务状况。“没有调查就没有发言权”，了解情况，才能作出决策，才能对症下药，才能研究确定风险处置方案。这个问题主要又分为两个方面：一是资产能不能覆盖债务，即企业是否存在资不抵债的问题？二是企业的主营业务是否健康？说白了，企业还能不能赚钱？如果我（指债权金融机构和地方政府）扶一把让它渡过难关，它能继续活下去，有望逐步消解债务危机，甚至能恢复正常运转，那我就顶住压力救一把。反过来，若企业内部已经烂得没法看了，挽救无望，那该破产就破产吧，及时止损。

我们来看看长江物资集团的情况。

一、股权架构（见图 5-4）

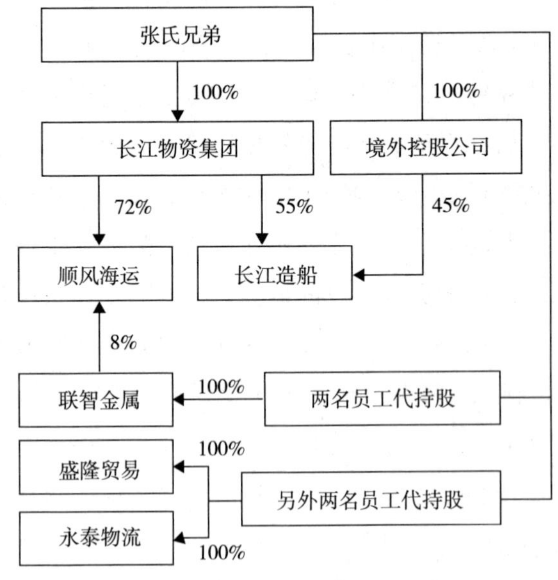

图5-4　长江物资集团股权架构

二、成员企业的主要财务数据

（一）长江物资集团主要科目余额（见表 5–1）

表5–1　长江物资集团主要科目余额

单位：万元

科目名称	科目余额	主要内容	科目名称	科目余额
货币资金	21951	其中21500万元为银票保证金	短期借款	12775
应收账款	8724	其中2500万元为关联交易	应付票据	47540
其他应收款	451		应付账款	
预付账款	11695	其中4000万元为关联交易	预收账款	
存货	1245		其他应付款	78
流动资产合计	44065		流动负债合计	60393
长期投资	50770	全部为对关联企业的投资	长期借款	
固定资产	1089	主要为办公用写字楼一层	负债合计	60393
在建工程			实收资本	7000
无形资产			所有者权益	35532
资产合计	95924		负债及权益合计	95924

（二）顺风海运主要科目余额（见表 5–2）

表5–2　顺风海运主要科目余额

单位：万元

科目名称	科目余额	主要内容	科目名称	科目余额
货币资金	1069	其中1000万元为贷款保证金	短期借款	2801
应收账款	1678	其中150万元为关联交易	应付票据	
其他应收款	2339	其中500万元为关联交易	应付账款	135
预付账款	2668	预付的船舶制造工程款	预收账款	
存货			其他应付款	106
流动资产合计	7755		流动负债合计	3047
长期投资	4800	全部为对关联企业的投资	长期借款	14286
固定资产	5635	主要为运输用船舶	负债合计	17333
在建工程	29035	在建的两艘船舶	实收资本	25000
无形资产			所有者权益	29892
资产合计	47225		负债及权益合计	47225

（三）长江造船主要科目余额（见表5-3）

表5-3 长江造船主要科目余额

单位：万元

科目名称	科目余额	主要内容	科目名称	科目余额
货币资金	3110	其中3000万元为银票保证金	短期借款	3200
应收账款	2124		应付票据	6021
其他应收款	274		应付账款	4753
预付账款	17941	其中14000万元为在建的码头、船坞及厂区基建工程款，4000万元为预付船舶制造工程款	预收账款	1910
存货	18371	顺风海运发包的在建船舶	其他应付款	490
			应付工资	258
流动资产合计	41913		流动负债合计	16632
长期投资			长期借款	14500
固定资产	16261	厂房和设备	负债合计	31132
在建工程	7297	在建的办公楼和厂房	实收资本	31000
无形资产	5990	厂区土地使用权	所有者权益	40346
资产合计	71478		负债及权益合计	71478

（四）盛隆贸易主要科目余额（见表5-4）

表5-4 盛隆贸易主要科目余额

单位：万元

科目名称	科目余额	主要内容	科目名称	科目余额
货币资金	1423	其中1400万元为银票保证金	短期借款	1401
应收账款	976	其中100万元为关联交易	应付票据	3285
其他应收款			应付账款	
预付账款	3806	其中3600万元为关联交易	预收账款	
存货	103		其他应付款	
流动资产合计	6309		流动负债合计	4692
长期投资			长期借款	
固定资产			负债合计	4692
在建工程			实收资本	1000
无形资产			所有者权益	1618
资产合计	6311		负债及权益合计	6311

（五）联智金属主要科目余额（见表5-5）

表5-5 联智金属主要科目余额

单位：万元

科目名称	科目余额	主要内容	科目名称	科目余额
货币资金	6248	其中5900万元为银票保证金	短期借款	3450
应收账款	5081	其中2600万元为关联交易	应付票据	11800
其他应收款	1009		应付账款	3888
预付账款	6418	其中1680万元为关联交易	预收账款	
存货	4344		其他应付款	66
流动资产合计	23099		流动负债合计	19206
长期投资	2000	全部为对关联企业的投资	长期借款	
固定资产			负债合计	19206
在建工程			实收资本	1200
无形资产			所有者权益	5897
资产合计	25103		负债及权益合计	25103

（六）永泰物流主要科目余额（见表5-6）

表5-6 永泰物流主要科目余额

单位：万元

科目名称	科目余额	主要内容	科目名称	科目余额
货币资金	563	其中500万元为银票保证金	短期借款	2000
应收账款	5235	其中3200万元为关联交易	应付票据	500
其他应收款			应付账款	389
预付账款			预收账款	
存货			其他应付款	25
流动资产合计	5810		流动负债合计	2920
长期投资			长期借款	
固定资产	12		负债合计	2920
在建工程			实收资本	2600
无形资产			所有者权益	2903
资产合计	5823		负债及权益合计	5823

（七）对六家公司财务数据的简要分析

因行业形势不佳，企业三大业务板块均受到市场冲击，营业收入下降幅度很大，所以利润表数据十分惨淡，对风险处置方案的选择不具有重要意义，为节省篇幅，此处不再列报。根据上述资产负债表数据，我们可以计算出六家公司各自的偿债能力指标如表 5–7 所示。

表5–7　六家公司各自的偿债能力指标

公司简称	长江集团	顺风海运	长江造船	盛隆贸易	联智金属	永泰物流
资产负债率	63%	37%	44%	74%	77%	50%
流动比率	0.73	2.55	2.52	1.34	1.20	1.99

从这些指标来看，六家公司的偿债能力指标基本正常，尤其是三家核心企业的指标很正常。但六家公司之间的关联交易很多，各自财务指标正常，并不意味着企业集团整体健康，让我们继续看看六家公司合并以后的模样。

三、合并后的财务数据

按照 5.2.3 合并财务报表的简易方法，我们将六家公司资产科目中涉及关联交易部分进行抵销，将保证金从货币资金及应付票据余额中扣除，负债科目中保留短期借款、应付票据和长期借款（这三个科目无法抵销且为刚性负债），权益科目中将实收资本与长江物资集团的长期股权投资科目予以抵销，得到六家公司合并抵销（挤干水分）后的资产负债表主要科目余额，如表 5–8 所示。请再次注意，表列数据是大约值，不是精确值。

表5–8　六家公司合并抵销后的资产负债主要科目余额

单位：万元

主要科目	长江物资	顺风海运	长江造船	盛隆贸易	联智金属	永泰物流	合计
货币资金	451	69	110	23	348	63	1064
应收账款	6224	1528	2124	876	2481	2035	15268

续表

主要科目	长江物资	顺风海运	长江造船	盛隆贸易	联智金属	永泰物流	合计
其他应收款	451	1839	274		1009		3573
预付账款	7695	2668	17941	206	4738		33248
存货	1245		18371	103	4344		24063
流动资产合计	16065	6105	38913	1209	12919	2123	77334
长期投资							
固定资产	1089	5635	16261			12	22997
在建工程		29035	7297				36332
无形资产			5990				5990
有效总资产	17154	40775	68461	1209	12919	2135	142653
短期借款	12775	1801	3200	1401	3450	2000	24627
应付票据	26040		3021	1885	5900		36846
长期借款		14286	14500				28786
刚性负债合计	38795	16087	20721	3286	9350	2000	90259
实收资本	7000	5000	0	1618	1200	2600	
所有者权益	–21641	24688	47740	–2077	3569	135	52414

从表 5–8 可以看出，如果将 6 家公司的单体报表数据进行算术相加，则长江集团总资产 251864 万元，总负债 135676 万元，资产负债率 54%。按会计准则简单合并后，该集团的总资产为 142653 万元，刚性负债 90259 万元，净资产不超过 52414 万元，资产负债率超过 63%。合并后总资产缩水 43%，资产负债率明显上升，但看起来仍然比较正常。为了尽可能地取得金融机构支持，为企业寻求一线生机，企业老板很配合，和盘托出了隐性负债。原来，企业债务危机在半年前就显露端倪了。刚开始出现周转困难的时候，为了维护在银行的信用，企业通过民间高利贷过桥周转，恰逢银行因行业授信政策调整而收贷，企业就陷进了高利贷的泥潭无法自拔。到调查时点，民间高利贷余额近 1 亿元。另外，因造船厂固定资产投资规模大，企业还向某国有企业拆借资金 2 亿元。

企业既然发生了债务危机，隐性负债很高，挽救无望，会计准则中持续经营的前提就不复存在。持续经营假设下，会计科目都是按照历史成本原则来列示，如果企业不能持续经营了、要清算了，就要按照清算价值原则来核算。首先是预付账款33248万元。账面上的预付账款，钱已经付出去了，工程施工商会推进下一阶段的施工，供货商会把钱拿去备货，账面上之所以还在，往往是因为还没收到对方的发票。长江集团预付给码头基建承包商的工程款和造船需要的钢材预付款，肯定是要不回了，只要一对账，不出意外的话，还会欠对方不少工程款。其次是存货和在建工程合计60395万元，两个科目核算的内容实质是一样的，都是还没有完工的散货船，只是核算主体不一样，所处的核算阶段不一样，那么这两艘船的清算价值跟账面价值比，会缩水多少呢？我们无法给出明确的数字，但可以肯定的是，账面价值中的一大半没有了。企业资产按照清算价值缩水以后，其净资产就是负值了。分析至此，毫无疑问，企业资不抵债、营收下滑、挽救无望，最终滑向了破产。

四、简要总结

长江集团发生风险的外部诱因是国际金融危机，看起来是一个偶然的因素。但偶然中蕴藏着必然，风险处置小组在与企业深入交流的过程中，发现企业内部存在不少问题，主要问题：一是内部管理混乱。职能部门没有发挥应有的作用，老板事必躬亲，但企业规模大了，一个人又不可能有那么好的记性，时间久了，很多事情都理不清头绪。二是严重短贷长用。单从报表数据及流动比率等指标来看，短期偿债能力还不算很糟糕。但是流动资产中存货和预付账款都是船舶、码头、船坞等重资产，所以本质上都属于固定资产。企业获得的长期授信非常有限，大量流贷资金进入固定资产投资，导致企业的资金链非常脆弱，经不起风吹草动。贷前如果能够用好三大工具，这些问题或许是可以发现的。

5.3.2 中技系上市公司风险识别案例

一、业务基本情况

2017 年 6 月，NT 中技桩业有限公司提出 5 年期 20000 万元融资租赁业务申请，首笔投放拟不超过 8000 万元。首笔业务的担保方案：（1）上市公司宏达矿业（600532）1 亿元商业承兑汇票质押；（2）SH 中技企业集团有限公司信用保证；（3）实际控制人颜 JG 个人信用保证。

经调查，颜 JG 当时是三家上市公司宏达矿业（600532）、尤夫股份（002427）和富控互动（600634）的实际控制人。2017 年上半年，金融监管风暴[①]还没有来，股市平稳；三家上市公司及实际控制人无任何负面信息，上市公司股价总体平稳。

二、充分准备阶段

因承租主体 NT 中技桩业资产规模相对较小，未纳入上市板块，不是集团核心企业成员，故该业务的主要依托为上市公司宏达矿业的信用。但是，中技系的商业帝国很大，除三家上市公司以外，还有桩业板块的诸多公司。尽职调查时，如果将眼光局限于借款主体及宏达矿业，则“只见树叶、不见森林”，容易得出错误的结论。为摸清中技系企业的全貌，调查人员对三家上市公司近两年的年报及系列公告进行了集中查阅。以下关于上市公司主要事件及财务数据的描述，均来源于上市公司公告。

（一）富控互动

1. 主要事件。

2013 年 12 月，上市公司上海澄海企业发展股份有限公司发行股份，购买颜 JG 等 73 名自然人和 8 家机构所持有的 SH 中技桩业股份有限公

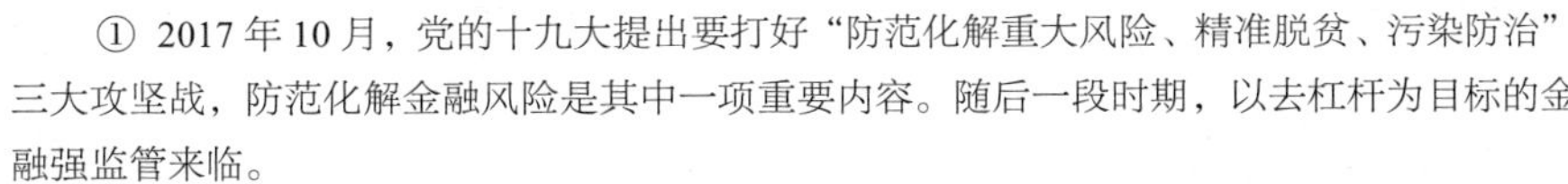
① 2017 年 10 月，党的十九大提出要打好“防范化解重大风险、精准脱贫、污染防治”三大攻坚战，防范化解金融风险是其中一项重要内容。随后一段时期，以去杠杆为目标的金融强监管来临。

司约 92.99% 的股份，SH 中技桩业股份有限公司第一大股东颜 JG，成为上市公司实际控制人。

2016 年 10 月起，子公司中技桩业不再纳入合并范围，上市公司持有的中技桩业 94% 股权转让给上海轶鹏投资管理公司（中技系关联企业）。

2016 年 11 月 25 日，公司累计向上海品田创业投资合伙企业、山东宏达矿业股份公司（两家公司均为关联企业）支付 16.32 亿元，收购上海宏投网络科技公司 51% 股权。宏投网络概况：2016 年 2 月 24 日成立，股东为宏达矿业，注册资本 400 万元；2016 年 3 月 7 日，增资到 1400 万元；2016 年 3 月 14 日，19.668 亿元收购 Jagex 公司（英国互联网游戏公司）；2016 年 4 月 5 日，增资到 220000 万元。

2017 年 1 月，名称由"SH 中技投资控股股份公司"变更为"上海富控互动娱乐股份公司"，股票简称"富控互动"。

2017 年 4 月 20 日停牌。截至尽职调查时点，停牌已经 2 个月时间，停牌原因不明，复牌时间不明。

2. 主要财务数据（见表 5–9）。

表5–9　富控互动的主要财务数据

单位：亿元

科目	2015年末	2016年末
货币资金	17.68	16.50
应收账款	4.45	0.73
其他应收款	2.99	12.82
流动资产合计	32.38	30.78
投资性房地产	13.10	1.63
固定资产	8.39	0.27
在建工程	4.20	0.00
商誉	5.33	25.78
非流动资产合计	34.05	28.81
短期借款	15.33	8.71

续表

科目	2015年末	2016年末
应付票据	8.03	0.00
其他应付款	5.74	3.48
流动负债合计	37.43	14.35
长期借款	1.35	5.15
一年内到期的非流动负债	3.64	0.74
负债合计	40.40	19.70
总资产	66.43	59.59
营业收入	18.41	23.41
净利润	1.33	1.85
经营活动净现金流	2.46	–2.79
投资活动净现金流	2.34	–20.88
筹资活动净现金流	2.78	21.47

其他应收款中，12.3 亿元为上海轶鹏（中技系关联企业）所欠股权收购款，收购标的为中技桩业的股权。商誉中，收购上海宏投网络科技 51% 股权形成 5 亿元，宏投网络收购 Jagex 公司形成 20 亿元。其他应付款中，1.95 亿元向 ZA 融金（深圳）商业保理有限公司拆借，1.16 亿元向上海 ZZ 资产管理有限公司拆借，颜 JG 和其夫人梁 XH 均提供担保。

3. 初步判断。通过 2016 年初及年末的财务数据对比可以看出，经过桩业板块的剥离及游戏板块的注入，上市公司的资产显然“脱实向虚”。

（1）该公司资产质量较低，其中商誉 25 亿元及其他应收款 12 亿元，合计 37 亿元基本为虚增资产，去掉该部分资产后，公司总资产仅余 22 亿元。负债接近 20 亿元，其中银行借款 13.86 亿元，能公开查询到的非银行金融机构借款 3.11 亿元，真实负债率高达 90%。

（2）2016 年末短期借款与长期借款之和从 16.65 亿元下降为 13.7 亿元，但当年筹资活动现金净流入 21.47 亿元，其中取得借款收到的现金39.64亿元，偿还债务支付的现金16.23亿元，资产负债表与现金流量表数据之间存在明显反差，不符合正常的钩稽关系，但审计报告附注未给出明细或线索。虽然仅凭年报数据不能妄下定论，但可以判断其财务数据涉嫌造假。

（3）通过借款渠道可以推测，该公司融入了数亿元成本较高的资金，反映公司资金紧张。

（4）宏投网络成立不足一个月，即斥资近20亿元进行海外并购，增资过程频繁、迅速，资本运作迹象明显。

（二）宏达矿业

1. 主要事件。

2015年12月14日，控股股东淄博宏达将上市公司41.6%的股权转让给梁XH等自然人，梁XH（颜JG夫人）持有15%股份。加上关联企业及其他一致行动人的股权，颜JG成为实际控制人。

2016年3月，宏达矿业与品田投资通过宏投网络投资Jagex公司100%股权，宏达矿业出资5.5亿元，持有宏投网络25%股权，其余75%股权归品田投资。

2016年9月，上述25%股权以8亿元转让给富控互动，宏达矿业从入股宏投网络到退出仅半年时间，获得2.5亿元投资收益，年化投资收益率高达91%。公司也因此实现当年扭亏为盈。

2016年12月，山东宏达更名为上海宏达。

2017年1月17日，宏达矿业通过宏啸科技收购美国某公司，预计支付不超过3亿美元。截至业务审查时点，收购进展情况及预计交割情况不明。宏啸科技于2016年6月21日成立，初始注册资本400万元，12月28日，注册资本由400万元增资到1400万元再到27000万元，12月31日，实到资本400万元。

2017年5月12日，高管表态要增持上市公司股份，但股价一直下跌。

截至尽职调查时点，上市公司前两大股东——梁XH和上海晶茨投资管理公司（中技系关联企业）分别持有的 15% 股权、8.42% 股权已全部对外质押，其他至少 10% 股权对外质押，5% 股权被冻结。

2. 初步判断。

（1）宏达矿业通过向富控互动转让宏投网络 25% 的股权，获得 2.5 亿元投资收益，颜 JG 将资产从左手倒右手，实现了宏达矿业扭亏为盈和富控互动虚增资产（实质为商誉）“一石二鸟”的目的。综上所述，宏投网络当时成立时间仅半年，25% 股权估值 8 亿元违背常理，该项交易显然是在“讲故事”。

（2）通过宏啸科技收购美国某公司，与宏投网络并购英国 Jagex 公司，其资本运作的手法如出一辙。

（3）从梁 XH 股权质押情况和股价表现来看，公司内部情况及实际控制人资金链状况不容乐观。

（三）尤夫股份

2017 年 5 月 13 日，尤夫股份的控股股东苏州正悦投资管理有限公司将全部股权和债务转让给 SH 中技企业集团有限公司，SH 中技企业集团有限公司实际控制人颜 JG，成为上市公司尤夫股份的实际控制人。

5 月 22 日停牌，截至尽职调查时点，停牌原因及复牌时间不明。

（四）担保企业 SH 中技企业集团有限公司

经查阅其审计报告，报告内容非常简单，报告附注无任何分析价值，审计报告质量与其公司规模应具备的管理水平严重不匹配。

根据其审计报告，截至 2016 年末，交易性金融资产 9 亿元，其他应收款 33 亿元，商誉由年初 –2.08 亿元上升为 9.36 亿元，短期借款由年初 15.33 亿元上升为 26.36 亿元，长期借款由 1.35 亿元上升为 14.39 亿元，总营收从 2015 年 18.6 亿元上升为 59 亿元，投资活动净现金流为 –55 亿元，筹资活动净现金流为 52 亿元。因审计报告过于简单，上述科目的明细构成不明，财务数据增减幅度过高的原因也不明。报表数据之间应有的钩稽关系混乱，原因不明。

三、现场调查访谈情况

中技集团总部位于上海浦东地标建筑——上海中心大厦。大厦环境高端、大气、上档次，公司内部环境整洁、优雅。现场情况主要有以下几个方面。

1. 对方接待人员只有1人，直到上午11点才匆忙赶到公司办公现场。基于前文所述，对查阅资料中发现的问题，调查人员提出了很多具体的、针对性的疑问。毕竟有三大上市公司和上海中心大厦撑场面，接待人员见过的金融机构应该也比较多，掌握金融机构“傍大户、做业务”的心理，对方回复的方式比较“拽”，主要有两种方式：一是集团实在太大，很多情况自己也不掌握，无法解释；二是根据证券市场有关内幕信息披露规则的要求，与三家上市公司相关的事项均以公告为准，凡未公告的，均无可奉告。也就是说，访谈过程未获得任何有价值的信息。

2. 现场访谈（含等待时间）全过程90分钟左右，访谈会议室的玻璃墙外，是公司的办公走廊且邻近唯一的办公入口，全程未见公司员工来回走动。对方解释说，此处主要供集团高层领导办公使用。尽职调查人员心里揣摩这个解释不合理，因为即便如此，也应该有综合行政部门的员工。

3. 尽职调查人员借故去洗手间，向几个办公室内部探望，发现均为独立办公室，面积40~60平方米，办公桌上物品较少，均无人办公，且未发现日常有人常态化办公的迹象。

四、尽职调查结论及后续进展

存在太多的疑问，发现明显的造假痕迹，尽职调查现场又没有得到任何合理的解释，所以尽职调查人员离开现场后，即否决该项目。

7个月后，2018年1月19日，三家上市公司同时发布公告，实际控制人颜JG因涉嫌违反证券法律法规被证监会调查。随后，多家金融机构对SH中技企业集团有限公司、上海富控互动娱乐股份有限公司等公司提起诉讼，要求提前收贷，并向法院申请强制执行，对上市公司的股份进行了查封冻结。三家上市公司还爆出多笔表外高息债务、民间高利借贷、参与网络赌博等，三家上市公司股价出现断崖式下跌。2019 年末，三家上市公司无一例外官司缠身，富控互动、尤夫股份则被列为失信被执行人。

五、简要总结

本笔业务风险的准确识别，主要得益于第一大工具——充分准备。在现场尽职调查中，因对方不配合，交叉访谈和逆向审计根本就无法施展。案例带给我们以下启示。

（一）分析集团客户切忌“只见树木、不见森林”

本案例中，若将三家上市公司的情况割裂开来看，那么每家上市公司都没有异常，表面都比较风光。作为同一控制下的企业，把它们的行为放在一起看，才能发现其中的端倪，才能不被上市公司的耀眼光环所蒙蔽。颜 JG 及其实际控制的中技系企业大搞资本运作，产业空洞，造血功能差。表面上向游戏动漫、新能源等热门行业发展，实则营造表面繁荣、博取眼球，通过制造热点消息操纵股价，套取金融资金，榨取散户利益，其事业注定不会长远。

（二）爱搭不理的客户要谨慎合作

现场尽职调查的经验表明，越是踏实的企业和老板，对尽职调查工作越能够给予理解和配合。因为，踏实做事的老板对自己的企业有信心，很少对尽职调查人员说假话、大话，尽职调查人员要求与员工面谈、核实账务、银行流水等信息时，老板不担心你揭他的盖子。反过来，一些看起来“大而不能倒、大而不会倒”的客户，往往会让尽职调查人员有高攀不起的感觉，尽职调查工作得不到对方的配合，也就无从下手。在还没有看懂、看透客户的情况下，就跟着它的耀眼光环，懵懵懂懂上了圈套。试想，放款前就对你爱搭不理，放款后会怎样?

（三）要苦练本领，才能驾驭复杂的局面

俗话说，“没有金刚钻，就别揽瓷器活”。看别人游泳横跨长江，刚学会游泳的人也要去挑战，难免会被淹死。所谓“艺高人胆大”，本领提高了，才能做别人不敢做的、复杂的动作，应对复杂的局面。只有掌握基础知识，

苦练业务技能，你才能从容面对多元化投资、关联企业众多、分析难度大的客户，才能擦亮双眼，在发展业务的同时规避风险。作为领导和团队负责人，在遇到复杂业务的时候，要派出业务能力强的人主办。

5.3.3　悟空光电集团风险识别案例

悟空光电集团的成员企业最早成立于2005年，以生产光伏电池片、光伏组件及EPC[①]工程为主营业务。创始人及核心管理团队具备海外工作经历，在光伏行业有多年的从业经验，拥有多项发明专利。经过多年的发展，该公司自2010年起与本机构合作，合作品种为4亿元、1年期银团贷款，其中2亿元贸易授信（无风险敞口的低风险业务），2亿元流动资金贷款。截至2012年，合作已延续两个完整年度，企业过往还款记录良好。2012年7月，该集团提出6亿元新增贷款额度的需求。

一、股权架构（见图5-5）

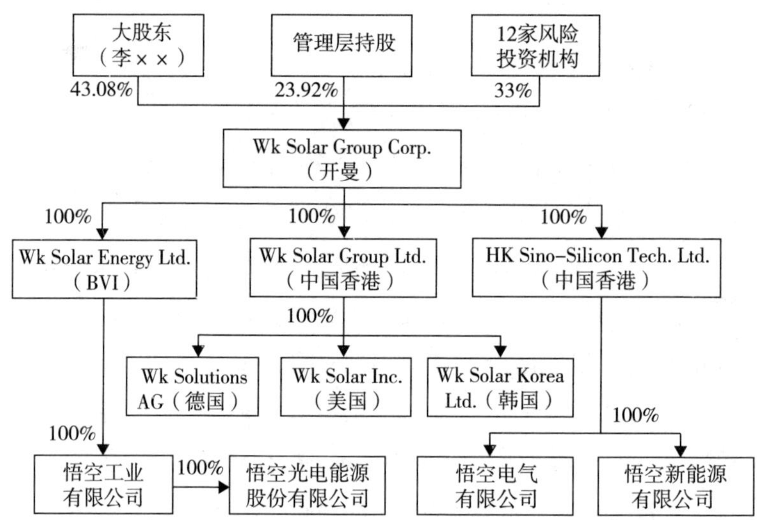

图5-5　悟空光电集团的股权架构

① EPC（Engineering Procurement Construction）是指公司接受业主委托，按照合同约定对工程建设项目的设计、采购、施工、试运行等实行全过程或若干阶段的承包。

在图 5-5 中，位于德国、美国和韩国的 3 家公司主要承接海外电站工程业务，位于中国香港的 Wk Solar Group 统筹负责海外电站的管理与服务工作，位于英属维尔京群岛（BVI）、开曼群岛和中国香港的其他公司是持股平台、无实质运作，其余 4 家公司为中国大陆境内负责组织生产的制造企业。这种架构，可以判断出，境外公司掌握集团的销售渠道和资金，但境内 4 家制造公司是集团的核心资产和加工基地，因其制造业特性，比较容易举借金融债务。

站在尽职调查的角度，境外公司未提供报表（提供了咱也看不懂，境外会计准则也不一样，而且也无法核实），很难核实情况。我们就从境内的 4 家制造企业入手，毕竟集团形成销售规模的基础还在于制造，通过考察制造企业的出货量及销售对象，仍然可以一探究竟。为节省篇幅，仅列出部分财务数据。

二、成员企业的主要财务数据

（一）悟空工业有限公司

该公司成立于 2003 年 11 月，成立之初经营范围为生产、销售自行车等，2005 年成为悟空光电集团成员公司。生产销售光伏产品开始于 2007 年，公司实收资本 27966 万元，主营业务是以电池片为原料，加工生产光伏组件及系统集成产品。主要财务指标如表 5-10 所示。

表5-10　悟空工业有限公司的主要财务指标

单位：万元

期间	总资产	总负债	负债率	营业收入	净利润	净利润率	经营性现金净流量	投资性现金净流量	筹资性现金净流量
2012年5月	217331	140087	64%	102713	3002	2.92%	—	—	—
2011年	208264	134022	64%	268976	10117	3.76%	-3028	-2440	12639
2010年	170475	106350	62%	264669	11491	4.34%	-33992	-5111	31456
2009年	106478	66469	62%	333824	9587	2.87%	-14926	-7231	33974
2008年	47583	33280	70%	130149	5013	3.85%	未提供现金流量表		

（二）悟空电气有限公司

该公司成立于2006年10月，实收资本42110万元，主营业务是采购硅片，加工电池片。主要财务指标如表5-11所示。

表5-11 悟空电气有限公司的主要财务指标

单位：万元

期间	总资产	总负债	负债率	营业收入	净利润	净利润率	经营性现金净流量	投资性现金净流量	筹资性现金净流量
2012年5月	103195	47123	46%	17534	796	4.54%	—	—	—
2011年	106439	51163	48%	62837	1890	3.01%	-16272	-8920	6587
2010年	101556	48170	47%	42874	3525	8.22%	16855	-19252	22591
2009年	67969	31401	46%	69036	3489	5.05%	-18829	-2583	22588
2008年	44663	20180	45%	33203	1882	5.67%	未提供现金流量表		

（三）悟空光电能源股份有限公司

该公司成立于2009年4月，实收资本10000万元，主营业务是承接国内电站工程。主要财务指标如表5-12所示。

表5-12 悟空光电能源股份有限公司的主要财务指标

单位：万元

期间	总资产	总负债	负债率	营业收入	净利润	净利润率	经营性现金净流量	投资性现金净流量	筹资性现金净流量
2012年5月	22159	3730	17%	1978	-110	—	—	—	—
2011年	15417	6869	45%	7939	239	3.01%	6883	-6551	0
2010年	11723	3414	29%	1280	-1217	—	未提供现金流量表		
2009年	10807	1281	12%	837	-474	—			

（四）悟空新能源有限公司

该公司成立于2010年12月，实收资本27221万元，主营业务是生产电池片。主要财务指标如表5-13所示。

表5-13　悟空新能源有限公司的主要财务指标

单位：万元

期间	总资产	总负债	负债率	营业收入	净利润	净利润率	经营性现金净流量	投资性现金净流量	筹资性现金净流量
2012年5月	38690	13525	35%	0	-157	—	—	—	—
2011年	57952	32631	56%	0	—	—	未提供现金流量表		

另外，据互联网公开信息查询，悟空光伏发电有限公司50MW电站项目总投资6.74亿元，处于建设阶段。悟空光电相关负责人口头解释称，该项目是开曼公司直接投资的，未纳入悟空光电集团统一管理，故未作为集团的成员企业，也未提供相关材料，但受股东委托对该项目组织建设和管理。

三、充分准备阶段

（一）行业分析

2010年以来（截至2012年7月），光伏行业一直处于下行趋势，光伏产品价格下跌，光伏企业应收账款增幅明显，账龄延长，经营财务压力显著增加。主要原因：受欧债危机影响，欧洲国家普遍下调对光伏行业的价格补贴；美国对我国光伏企业进行“双反”调查，初裁结果对无锡尚德、常州天合、悟空光电等61家应诉的企业征收31%~32%的反倾销税，对其他未应诉的中国光伏企业征收近250%的反倾销税，而我国光伏组件主要销往欧美市场，国内光伏市场刚刚启动。

尽管一些有利于光伏市场发展的经济形势、产业政策正在孕育，光伏企业或许将迎来新一轮的发展高潮，但在当时低迷的形势下，悟空光电逆势而上的策略，蕴含着巨大的风险。未来2~3年，当新增数亿元贷款沉淀为固定资产或存货，或难以收回的应收账款，而光伏市场仍不回暖，不能为企业带来稳定的现金回流用于归还到期贷款时，债务危机就会发生。

（二）经营财务情况分析

根据近三年审计报告及 2012 年 5 月财务数据，结合多方面了解的信息，以下为 4 家制造企业的具体情况。

1. 关于悟空工业有限公司。2009—2011 年 3 个完整会计年度期间，该公司实现净利润共计 31195 万元，但同期经营性现金净流量共计 –51946 万元，可见该公司净利润的现金含量很低，账面实现的净利润主要以应收账款的形式存在。与之相印证的是，该公司应收账款及其他应收款合计从 2009 年初 16490 万元迅速攀升至 2011 年末的 118666 万元，应收账款周转率从 2009 年 8.78 次降低为 2.27 次。截至 2011 年末，应收账款金额占该公司总资产的 55%。

同期，该公司投资性现金流量为 –14782 万元，筹资性现金流量为 78069 万元，短期借款从 2009 年初 30338 万元上升为 97042 万元。可以这样理解，近三年来，该公司不断增加的银行融资（累计增加 66704 万元）和实收资本（累计增加 19059 万元），一方面变成了用于扩大产能的固定资产；另一方面则形成了高达 11 亿元的应收账款，企业的快速扩张对融资的依赖十分明显。

2. 关于悟空电气有限公司。2009—2011 年 3 个完整会计年度期间，该公司净利润共计 8904 万元，而经营性现金净流量为 –18246 万元，同样存在经营周转效率下降的问题，具体表现为营业收入未见明显增长情况下的存货及应收账款大幅增加。

投资性现金净流量为 –30755 万元，固定资产原价增加 30627 万元；同期筹资性净现金流量共计 51766 万元，银行借款及应付票据合计增加 19950 万元，实收资本增加 19300 万元。可见，该公司三年来依靠融资不断增加固定资产投入，但受外部经营环境的不利影响，营业收入及净利润并未取得相应增长。

3. 关于悟空光电能源股份有限公司。该公司成立于 2009 年 4 月，悟空光电集团对其定位是承接国内电站工程。但因国内光伏市场一直没能启动，该公司尚未进入正常经营轨道，财务数据上表现为资产负债率、营业收入、净利润等多项指标均很不稳定。截至5月底，该公司无短期借款。该公司的发展前景暂不明朗，其发展依赖未来几年国内光伏市场的发展，其经营水平仍有待进一步观察。

4. 关于悟空新能源有限公司。据了解，该公司目前处于建设阶段，土地、厂房等基础设施建设基本完工，需要进口生产线设备后开工生产。公司目前无营业收入。

综上所述，对悟空光电集团的经营管理现状作以下预判。

1. 集团信息不透明，跟踪管理难。该集团销售渠道在国外，内部关联交易频繁，且交易规模高达10亿元以上，金融机构很难整体把握其情况。若该集团在经营风险暴露前，事先通过转移定价等方式将4家制造企业的利润及资产转移出境，则很难被及时发现。此外，在新增6亿元融资需求中，2亿元用于海外电站工程建设项目，很难对工程进展实施监督管理。

2. 经营周转效率下降。应收账款账龄越长，坏账风险越大，企业承受的资金压力越大，可能导致其被迫拖欠上游货款或不能足额偿付到期债务。企业发展过度依赖融资，融资规模越大，垫资能力越强，会进一步放大其经营风险。

3. 内部管理可能受到挑战。企业快速扩张过程中，销售渠道、采购、生产、管理等各条线人员均会相应扩张，该集团过去几年发展较快，其内控管理规范性需要验证。

4. 面临项目筹资与再融资风险。一是因投资扩张速度快，多个项目同时上马，对外融资需求大但又得不到满足，导致新建项目不能如期建成的风险；二是受行业大环境影响，存量贷款到期后，银行不予续贷，导致公司现金流收紧甚至断裂。

（三）授信方案分析

悟空光电提出，新增6亿元主要用于项目建设和补充流动资金。结合现有合作方案，则本机构与悟空光电合作风险敞口将达 8 亿元，对应的担保措施为以下几个方面。

（1）价值约 2.35 亿元的房地产抵押（有土地证、部分暂无房产证），7 折后抵押价值约 1.645 亿元；（2）原值约 3 亿元的设备、汽车抵押，3 折后抵押价值约 0.9 亿元；（3）（预）评估价值约 1.2 亿元的 12 项专利权质押，3 折后质押价值约 0.36 亿元；（4）企业所在地政府出面协调，由当地某大型国有企业承担 35000 万元连带责任担保；（5）法人代表李某某及悟空公司其他 3 名董事提供个人无限连带责任担保。以上合计，担保措施的内容：抵押价值 2.55 亿元的实物资产 +12 项专利权质押 + 国有企业部分担保。可以看出，风险敞口很大。

四、交叉访谈与逆向审计阶段

第一阶段访谈中，企业分管财务的副总裁及财务部负责人介绍了公司的集团架构与发展战略，公司对光伏行业形势的理解，对应收账款攀升的对策等内容，尽职调查人员就充分准备环节形成的预判及疑问开展了一系列询问，包括拟建项目和营销管理等情况。企业解释，关于境外应收账款的坏账风险，通过中国出口信用保险公司的保险产品可以得到部分解决。投保以后，再办理相应的应收账款保理或质押融资业务。读者应能意识到，这种处理方式能够在短期内缓解企业资金短缺的问题，但核心问题（经营中应收账款迅速攀升）仍然没有得到解决，应收账款的收款风险只是延后了，一点都没有减少。

第二阶段访谈中，与集团在省会城市设立的销售中心工作人员座谈。了解到公司境外销售的产品类型、客户行业类型、主要客户、主要结算方式及销售中心的内部管理方式等内容，了解了销售中心与境外公司关联销售的操作方式，掌握了关于对外销售的真实性及关联销售规模等数据的口头证据。

在逆向审计阶段，对销售收入、销售回款（银行流水）、固定资产、在建工程等科目进行了重点抽查，查阅相应的出货单等原始凭证，抽查核实销售产品类型、价格等访谈中了解的情况，核实企业固定资产投入的内容及投资规模，核实企业财报中披露的财务数据是否有充分依据。在企业配合提供材料的过程中，尽职调查人员能够感受到企业部门间的协同困难，感受到内部管理的低效与混乱，感受到企业真实情况与访谈描述情况的明显不一致。

五、后续进展及启示

基于前述分析，该项目当然被否决。不仅 6 亿元新增融资未予批准，存量 2 亿元到期后也果断退出。经过当地政府的协调与担保支持，其他金融机构对该集团予以授信准入，维持住了局面。又过两年，几家制造企业全部关停，资产被查封，成为失信被执行人。为其担保的企业蒙受了数亿元损失，当时参与决策为该集团提供担保的官员被追责。

本项目风险的识别，依赖对客户经营财务情况的跨期分析，发现症结后再运用三大工具针对性地调查。将企业多年（通常要求三年以上）的财务数据放在一起作对比，观察会计科目余额的波动，就像在体会企业跳动的脉搏，你可以去感受和揣摩数据背后的企业经营活动。悟空集团的创始人是海归博士，管理团队履历光鲜，海外股权架构的格调很高，走到哪里都可以代表某领域的顶级专家，吸引着政府招商引资官员和主要领导的目光。因此，他们也容易打通政商关系，获得政府的支持。作为金融机构，尽职调查和业务决策都要坚持独立自主，遇到外部压力时敢于坚持自己的观点，是非常难能可贵的。

5.3.4 千泰集团尽职调查案例

千泰集团成立于 20 世纪 90 年代初，实际控制人为王氏家族。经过二十余年的发展，集团本部有各类专业服装生产线 48 条，年产各类服装 800 万件（套），是公安、检察、法院、军队、邮政、税务、铁路、电信等系统制服的定点生产企业。积累大量资金后，该集团控制的置业公司开发了一处 64000 余平方米的商业地产，整体出租给红星美凯龙，年租金收益 3000 余万元。集团还注资成立了一家小贷公司，并参股当地村镇银行。现置业公司拟发行私募债 2 亿元，作为业务经办人员，将该集团主要情况整理如下。

一、股权架构（见图 5-6）

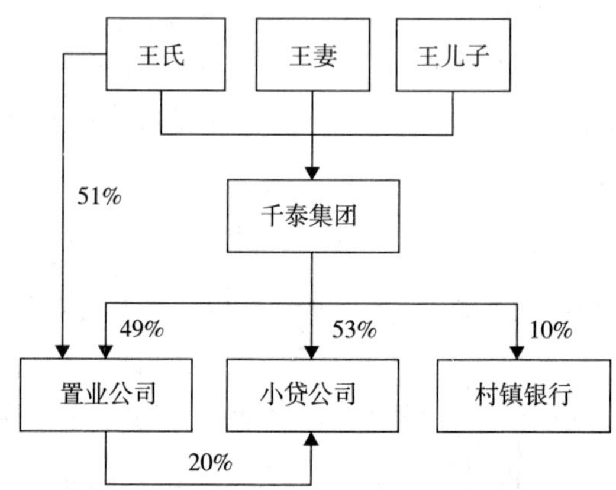

图5-6　千泰集团股权架构

二、成员企业的主要财务数据

各成员企业独立核算，千泰集团未编制合并报表。

（一）千泰集团（见表 5-14）

表5-14　千泰集团的主要财务数据

单位：亿元

科目	上年末	其中关联交易	科目	上年末	其中关联交易
货币资金	1.55		短期借款	3.52	
应收账款	0.50		应付票据	1.05	
其他应收款	2.15	根据审计报告附注，判定90%为关联交易	应付账款	0.98	
			预收账款	0.20	
存货	0.58		其他应付款	0.17	暂估0.1

续表

科目	上年末	其中关联交易	科目	上年末	其中关联交易
长期股权投资	3.18	投资小贷公司2.34，置业公司0.73，村镇银行0.08	应付债券	0.52	
			实收资本	1.50	
固定资产	0.60		未分配利润	0.42	
总资产	8.62		负债与权益总计	8.62	

（二）置业公司（见表5–15）

表5–15　置业公司的主要财务数据

单位：亿元

科目	上年末	其中关联交易	科目	上年末	其中关联交易
应收账款	0.63		应交税费	0.25	
其他应收款	0.16	租客“欠”①租金0.11，自然人股东借款0.05	其他应付款	0.35	全部应付千泰集团
			长期借款	1.16	
长期股权投资	1.30	投资小贷公司1.15，电子公司0.07，村镇银行0.08	递延所得税负债	1.50	
			实收资本	1.50	
投资性房地产	7.51		资本公积	3.93	
			未分配利润	0.79	
总资产	9.61		负债与权益总计	9.61	

① 账面上显示红星美凯龙尚欠公司租金1100万元，但经了解，这笔租金只是挂账暂未处理，实际上无法收回。原来，为了吸引红星美凯龙入驻整租，双方已协议约定，公司给予装修补贴1100万元，相应抵扣了1100万元租金。

（三）小贷公司（见表 5-16）

表5-16　小贷公司的主要财务数据

单位：亿元

<table>
<tr><th>科目</th><th>上年末</th><th>其中关联交易</th><th>科目</th><th>上年末</th><th>其中关联交易</th></tr>
<tr><td>货币资金</td><td>0.20</td><td></td><td>短期借款</td><td>0.50</td><td></td></tr>
<tr><td>短期农户贷款</td><td>3.72</td><td>不明</td><td>实收资本</td><td>4.50</td><td></td></tr>
<tr><td rowspan="2">短期农业经济组织贷款</td><td rowspan="2">1.80</td><td rowspan="2">不明</td><td>盈余公积</td><td>0.11</td><td></td></tr>
<tr><td>未分配利润</td><td>0.57</td><td></td></tr>
<tr><td>总资产</td><td>5.72</td><td></td><td>负债与权益总计</td><td>5.72</td><td></td></tr>
</table>

三、合并后的财务数据（见表 5-17）

表5-17　合并后的财务数据

单位：亿元

科目		合并数额	千泰集团	置业公司	小贷公司
资产类	货币资金	1.75	1.55		0.20
	应收账款	1.13	0.50	0.63	
	短期贷款	5.52			5.52
	其他应收款	0.20	0.20		
	存货	0.58	0.58		
	长期股权投资	0.16	0.08	0.08	
	固定资产	0.60	0.60		
	投资性房地产	7.51		7.51	
	合计	17.45			
负债类	短期借款	4.02	3.52		0.50
	应付票据	1.05	1.05		
	应付账款	0.98	0.98		
	预收账款	0.20	0.20		
	其他应付款	0.07	0.07		

续表

科目		合并数额	千泰集团	置业公司	小贷公司
负债类	应付税费	0.25	0.25		
	长期借款	1.16		1.16	
	应付债券	0.52	0.52		
	递延所得税负债	1.50		1.50	
	合计	9.75			

从表5–17可知，合并后千泰集团总资产17.45亿元，总负债9.75亿元，资产负债率56%，处于正常水平。在有效资产中，短期贷款和投资性房地产两项合计13.03亿元，占比75%，这两项资产的真实性、足值性对该集团的资产质量具有决定性影响。分解来看，投资性房地产核算内容为置业公司持有的商业地产项目，因地处闹市，周边商业建筑可比价格较多，租金收益稳定，故资产价格比较透明，估值相对容易。经调查，尽职调查人员认为投资性房地产资产真实，产权清晰，入账价值可信。另一项资产"短期贷款"的真实性与足值性越显重要。同时，很多小贷公司存在自融行为，将贷款投放给股东单位或关联企业，形成的关联贷款应合并抵销。所以，若"短期贷款"全部真实、足值，则该集团资产负债率仍为56%；若"短期贷款"中有2亿元为关联贷款或不良贷款，则该集团资产负债率为63%；极端情况下，若"短期贷款"中有5亿元为关联贷款，则该集团资产负债率为78%。

根据上述分析，判断千泰集团资产是否优良，关键因素在于"短期贷款"科目。判断该集团经营财务状况是否健康，尽职调查的重点不在于发行人置业公司自身，而在于小贷公司。小贷公司应该如何调查呢？请参考3.5.1聚财农贷案例。

四、案例启示

千泰集团没有合并报表，尽职调查人员通过简单的合并，才能准确地发现尽职调查重点。方向不对努力白费，本案例中，若按照直观思维，

尽职调查重点当然是主债务人置业公司，但置业公司的经营情况非常简单，且有较稳定的发展预期。经过分析，小贷公司才是尽职调查重点。充分准备的重要性在于发现问题、找准问题、明确尽职调查重点，解决问题反而比较简单，用交叉访谈和逆向审计就够了。

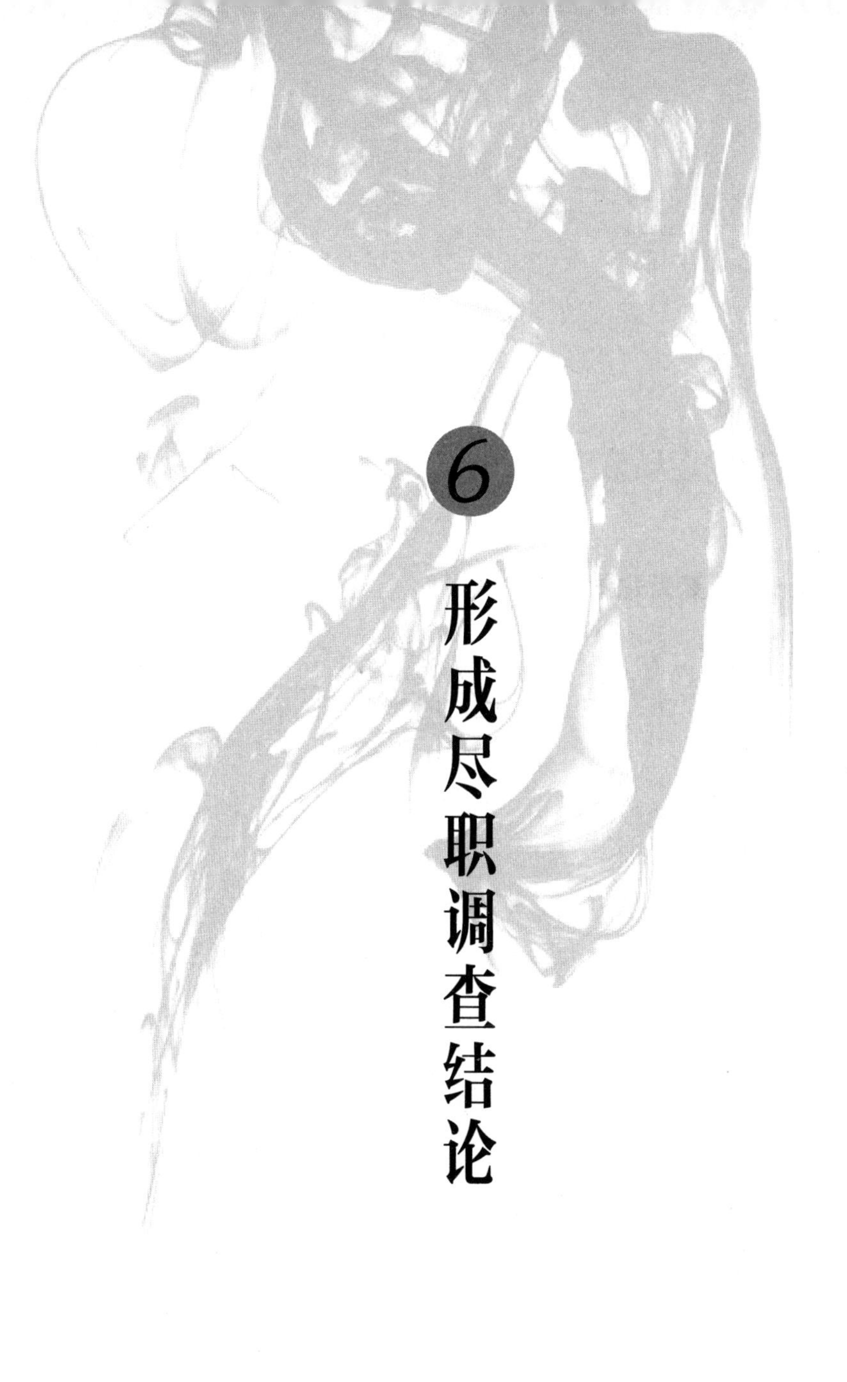

6 形成尽职调查结论

经过前五章的讨论，我们已经掌握了尽职调查的方法。该做的调查都做完了，接下来就是写调查报告、内部报批及签约放款等流程，推动业务落地。本章就来讨论形成尽职调查结论的过程。

6.1 问题的现场整理与解决

6.1.1 千变万化的问题

企业法人跟自然人一样，各有各的生存之道，绝不会相同。每个企业都要学会适应市场的变化，不能适应的就会被淘汰。长期来看，每个企业都会进化出自己的生存技能和赚钱之道，形成自己独特的企业文化与管理方式。你接触的企业里的每个自然人，都有各自不同的人生履历。所以，在尽职调查过程中，你会遇到千变万化的问题。

比如，企业说某个对外签署的合同中有保密条款，或者有些资料涉及商业秘密，拒不提供，偏偏你又认为很重要。这种情况，怎么处理？你就要思考，对方拒绝的理由是否成立？是条件真的不允许给你看，还是敏感信息不敢给你看，给你看了这笔融资就“黄”了？不看又怎样，是不是会影响到你的业务决策？再说具体点，你要看企业与风投签署的投资入股协议，想看入股价格、股权回购、对赌条件等核心条款，企业不同意。你可以试着说，我不复印、不拍照、不带走、不抄录，甚至不作笔记，仅作现场查阅。如果对方就是不同意，那你就只好“看着办”了：觉得事关重大，看不到材料就拒绝这笔业务；觉得对业务决策没有重大影响，那就综合考虑、权衡利弊、酌情推进。这只是拿个简单的例子感受一下，下面谈谈一般流程。

充分准备、交叉访谈和逆向审计工作中，你掌握了大量反映企业经营财务状况的书面证据、言辞证据和审计证据。如果这些证据相互印证，只要前期尽职调查方向正确、尽职调查重点没有遗漏，那么，你对企业的情况就胸中有数，可以放心地得出尽职调查结论了。如果证据之间相互矛盾，问题就来了。首先，你要判断问题的性质，这个问题的危害性有多大？对业务决策存在重要影响，还是细枝末节、无关大局的问题？问题是偶发还是多发？解决这些问题的方式是扩大审计范围或调整审计方向，直到认清真相为止。当然，受制于尽职调查时间、环境及对方配合程度，这些问题也可能无法现场解决，那你就只能根据已经掌握的情况作决定。

如果你已经严重怀疑企业造假，要沉住气，不动声色地进一步取证，从不同途径取得更多证据来支持你的猜想。可以通过企业编排好的证据，发现更多的自相矛盾；设想它们可能提出的辩解，继续寻找证据验证或推翻这些可能的辩解。容易引起对方警觉的调查需求，尽量押后再提，以免“打草惊蛇”。如果太早摊牌，或是你的行动让对方感觉到骗局要被你彻底识破，对方很容易采取补救措施，降低配合程度或予以狡辩和掩盖，导致尽职调查工作难以推进，最终导致支撑你作出否决结论的证据不足。这一点，对走“上层路线”打招呼的人情项目尤其重要。

6.1.2 以不变应万变的解决思路

以不变应万变的解决问题的思路，是站在企业经营者的角度看待问题，再去探寻查明真相的途径。尽职调查人员在内心里要问几个问题：他为什么要这么做？他为什么要选择这种方式、这种手法或这种渠道？他是怎么做到的？他又是怎么掩饰的？他会在哪里留下蛛丝马迹？我要怎么查？比如，企业隐性负债是比较棘手、难以核实、关系重大的问题。站在经营者的角度，企业什么时候会举借高成本的民间债务呢？缺钱的时候。什么时候缺钱呢？大额债务到期前，集中大额采购、大额聚集性投资时，或老板因黄、赌、毒等不良嗜好欠下的隐性债务。缺钱的时候，他会找谁借？找民间放贷人、亲戚朋友、内部员工、压供应商的货款等。那么，你可以去追查企业过往大额债务到期前的还款资金来源，追查与

经营无关的交易对手之间的资金划转，追查与个人账户、民间放贷机构之间的资金往来。

6.2 形成初步结论

本节讲形成尽职调查结论，下一节讲撰写报告。那么，为什么要先有结论，再写报告呢？第一，避免做无用功，报告快写完了才发现这笔业务不能做，前功尽弃，岂不要吐血？第二，在一头扎进调查报告中文字和数据的海洋之前，趁头脑还清醒，先把大事办了，避免作出错误的决策。如果你是团队负责人，一定要注意这一点，若是经常让弟兄们做无用功，他们会对你失去信心。

无论在信贷市场还是资本市场，很多公司风险暴露以后，会冒出来很多文章把企业分析得头头是道，问题大抵如下：财务数据违背了基本常识，舞弊行为让人瞠目结舌，造假没有底线、侮辱公众智商等，比如上市公司獐子岛、康得新、绿大地等。但是，毕竟“放马后炮”容易，金融机构在事前怎么就没有发现呢？这是很多金融实务工作者提出来的问题，这种现象的根源是过度看重合规、强调程序、沉溺于技术层面的数据，热衷于项目包装靓丽，过度关注项目如何通过审批和落地，却忘掉了实质风险，出现违背基本常识的低级错误，进入“当局者迷”的困境。

6.2.1 独立决策的重要性

如果你是“金主”[①]，或是承担主要风险的那个人（比如专业担保机构），那么作业务决策时你唯一能依靠的，就是你自己。来自外界的所有信息可以为你所用，但仅作参考，你要揣摩不同信息来源机构的立

① 金主，指金融交易中出资金的机构，比如债券投资机构、贷款银行等。

场、收益与风险和行动信号，背后则是对人性的把握。

一、不要迷信同业

金融机构的风险偏好及风险处置能力各自不同，采用不同的尽职调查方法，掌握不同角度的企业信息，拿到不同的筹码（担保及监管措施等），所以对同一个客户，会作出不同的业务决策。别人与企业合作得很成功，你不见得就行，出风险的时候，也许别人能全身而退，你自己却陷入泥潭而无法自拔。这就是“潮水退去，才知道谁在裸泳”，而你，不要做那个裸泳的人。别人会演高空杂技、游泳横渡长江、跑马拉松，你要结合自身量力而行，否则风险很大。

“羊群效应”在金融市场广泛存在。君不见，暴雷企业的债委会成员动则数十家甚至上百家，还出现了债委会会场被挤爆的情况。企业正常的时候，看见带头大哥（同业头部金融机构）冲进去 50 亿元，小弟们纷纷往里冲，每人 5 亿 ~10 亿元。小弟们给的钱少但服务好，带头大哥在企业心中的重要地位就被慢慢稀释。企业慢慢地就被惯坏了，兜里的钱总是很多，这心态就变了，语气也狂了，投资也不那么谨慎了。蜂拥而入的资金给企业带来繁荣的假象，让所有参与者沉醉其中，相信“大而不能倒”、横下心“要死一起死”的时候，谁还会持续地关注企业的变化，对潜在风险保持警觉？

二、不要迷信审计、资产评估等中介机构

简单地认为财务审计是会所的事，信用评级是评级机构的事，资产评估是评估公司的事，自己汇总分析后即得出结论，是很多投行容易犯的错误。轻信审计报告的数据，进而得出对企业财务状况的判断；轻信资产评估报告中的资产估值，进而得出抵押物的抵押率，是银行容易犯的错误。

中介机构也都是生意人，买单的是企业，审计师、评级分析师、资产评估师都要做业务挣钱养家糊口，自然要看企业的脸色。当然，做生意也是有底线的，必须遵循会计准则等行业制度，要保持职业操守，不

能出现大的纰漏，否则一旦东窗事发，那就是“搬起石头砸自己的脚”。这两年，瑞华会所的教训就是例子。所以，中介机构要在业务收益和执业风险中把握好平衡。大所更注重长远发展和品牌声誉，通常严一些，执业质量取决于内部文化、团队素质和管理水平；小所即使出事了，代价也比较小，可能会“收钱办事”，数据“放水”的尺度比较大。

审计师发现的风险点，要传到金融机构的耳朵里，需要几个前提。首先，审计师要有足够高的水平发现风险点；其次，他要有动机告诉金融机构；最后，他要准确、完整地告诉你，或是隐晦地告诉你，而你又能充分领会并采取行动，对风险点予以关注。第一个前提在技术层面，审计师会囿于程序的完备，排除自身承担的审计风险，而不着重于金融风险的判定，企业可以巧妙利用制度漏洞来堵审计师的嘴。比如，审计师对企业的存款进行函证或现场打印对账单，都能得到证实，完成了规定的审计程序，就可以取信相关数据。但是企业却利用银行现金管理服务，导致上市公司的账面存款变成纸面富贵[①]。对第二点，有很多问题需要解决，比如审计师与企业多年合作、日久生情，虽然知道问题所在，但不愿捅破窗户纸。审计师会权衡，这个问题要不要告诉你，怎样告诉你，口风的松紧可能就在一念之间。对第三点，如果直截了当地告诉你，那自然没问题，但通常他们会比较委婉。口头上表达委婉，或干脆不做口头沟通，而只将审计结果披露于审计报告及附注中。你要是没有领会他们委婉的口头表达，或者没认真看他们出的审计报告，也许会有不利的后果，比如3.4.3会计舞弊中外贸企业的例子。

资产评估呢，价格相对透明的资产，评估师一般不敢造次；但对价格不透明的资产，采用不同的评估方法，尤其是对资产未来形成的预期现金流量予以乐观估计，只要遵循了评估方法，价格评到天上去都可以

① 有兴趣的读者，可以查阅康得新、康美药业等上市公司有关巨额存款消失之谜的公告及新闻报道。

用来糊弄人，因为这是“公说公有理、婆说婆有理”的领域。比如，对品牌或商标价值的评估，对“华为”品牌的估值可以差 10 倍以上，而且不同的评估报告结论看上去还都是对的。你还可以去看上市公司收购公告中，对收购标的公司的估值过程，尤其是被证监会或交易所问询过、质疑过、检查过的收购事项。很多评估报告，充斥着高大上的数据推导与精确计算过程，但掩盖不了“满纸荒唐言”的底色。等出事要处置资产的时候，贷款银行或投资人注定要“一把辛酸泪”。

三、不要迷信投行

不管是股票承销、债券承销还是其他投行业务，一旦落地，投行都会赚得盆满钵满，相关团队拿到丰厚的项目奖金。所以，不管对投行机构还是从业人员，其利益诱惑都是巨大的。看看欺诈发行的案例，典型案例有雅百特、胜景山河、绿大地、欣泰电气、万福生科等，还有很多欺诈未遂的案例，投行在其中扮演的角色都不光彩。投行有时也明白审计、资产评估中的猫腻，但为了做成业务，会选择“揣着明白装糊涂”，纵容舞弊。再看看近年来上市公司的债券违约记录及相应爆出来的舞弊新闻，你就明白这一点：不要迷信投行。当然，新《证券法》于 2020 年 3 月 1 日起正式施行，进一步明确了投行及相关责任人的监督责任，大大加重了处罚力度，资本市场的造假风气有望得到明显遏制。

四、不要迷信政府

政府和政府官员关心企业的出发点大抵有几个：一是关心重点纳税企业，因为重点企业的正常经营发展关系到地方 GDP、税收、就业和社会稳定，这是地方经济发展的存量和基本盘。二是关心重点招商引资企业，这些企业关系到 GDP 和税收的增量与经济发展速度，是出政绩、出亮点的地方。三是基于人情社会、熟人关系的私下关心。四是政府要求各级官员和公务人员结对帮扶的企业。政府领导会告诉金融机构，这家企业的纳税、出口、就业、环保甚至水电费等非财务信息都很好，完全可以也应该给予更多的资金支持。但问题在于，政府的出发点与关注点

与金融机构不一致，出了事他也不担责，重点企业出了事政府还会“护犊子”，出面协调债权人搞债务重组，甚至采取司法冻结手段。所以，做业务不要迷信政府。也不要迷信企业及实际控制人获得的荣誉，企业家的政治身份、个人荣誉与企业的经营情况是“一荣俱荣、一损俱损”的关系。企业出现债务危机的时候，无论什么身份都于事无补，还不上的钱还是还不上。

五、不要被表象迷惑

金融欺诈成功的秘诀在于善于利用人性的弱点。攀高枝儿、夸大资本实力、保持神秘感、利用金融机构想要做业务的心理搞欲擒故纵，这些手法被前世界 500 强中国华信集团[①]用到了极致。企业将实际控制人与国家领导人、省市政府领导合影的照片悬挂在会客室，将上百台数控机床摆放在巨大的厂房，价值不菲、装修豪华、视野开阔或低调、神秘、仿国企氛围的办公场所，价值莫测的发明专利，博士学历、光彩夺目的专业背景或市场从业经历，不冷不热、欲擒故纵的接待风格……都是熟悉的装扮门面的套路。走马观花地看，你感受到企业实力雄厚、气势不凡，或是科技含量高、前景光明。用上“三大工具”，就照出了企业的原形：房子是租的，设备是临时凑数的，宾利车是贷款买的，企业负债沉重，10 个壶只有 5 个盖。很多上市公司造假的手法其实并不高明，技术上很容易识破，金融机构很多时候是被自己的“心中贼”[②]骗了。

---

① 被称为“中国最神秘的富豪”——中国华信集团董事局主席叶 JM，政治攀附甘肃省委原书记王 SY、国家开发银行原董事长胡 HB 及多位国外政要，在短时间内迅速崛起，后来也迅速走下神坛。

② 王阳明说：破山中贼易，破心中贼难。心中贼指人心中的贪欲，包括名、利、权、色等。金融机构从业人员的“心中贼”主要的内容：想做成业务、提高业绩拿奖金的个人得利，业绩好、容易晋升及晋升后得到的更大权力，与企业搞私下利益交换的不当得利，与明星企业或明星企业家合作的虚名，企业家帮忙运作得来的权、色等诱惑。“心中贼”会蒙住金融从业人员的眼睛，让人失去识别风险的能力。

六、不要依赖审批部门

业务部门身处一线，与客户打交道多，在调查过程中掌握大量信息，与客户多次沟通的过程中可以揣摩到客户的心理。在业务上报与内部审批过程中，大量信息会出现漏损，审批部门无从得知。所以，如果业务部门发现了风险和问题，但心存侥幸，不披露也不向上报告，抱着“批了就做、不批拉倒”的心态，是对自己和所在单位的不负责任。

读者会问，你这是要怀疑一切吗？是的，怀疑一切，但也利用一切，要对所有信息进行批判的吸收，最终作出独立的判断。最高目标：在其他债权人发现企业风险并采取行动前就退出；在企业跨越死亡谷、爬坡过坎、经营向好时，在其他金融机构之前率先进入。这有点像炒股遵循的“高抛低吸”原则，讲起来很简单，做起来很难，但只要努力，就有可能做得更好。

6.2.2 调查结论的类型

经过三大工具的轮番使用，现场调查以后，一般会形成几种形式的结论。

一是同意。经调查，企业经营正常，财务健康，履约能力强，担保措施可以接受，风险可控，对调查结论形成支撑的证据充足，你对通过内部审批信心满满，对收回资金也是胸有成竹。

二是不同意。只要经验、常识或调查证据告诉你，企业涉嫌系统造假，或存在多发性违法违规经营行为（比如走私、侵犯知识产权、违背商业伦理等），或隐瞒大额隐性负债，你就必须否决这笔业务。你在企业的弥天大谎中撕开一个缺口，十分确定、肯定地认为这是个“坑”，就一定要敢于坚持自己的观点。要保存好工作痕迹与证据，尽量保证否决该业务的理由充分，以便有效抵挡外部压力。看别人做这样的业务发财，你别眼红。企业出不出事不仅取决于自身，也取决于其他金融机构支持的力度。金融机构只要不撤退，甚至不断追加投放资金，企业也许

2~3 年甚至更长的时间都不会出事，但终究是要出事的。不要心存侥幸，要敢于做寂寞、智慧的独行者。

以上两种是最理想的状态，意见明确，不拖泥带水。但现实中，更常见的却是两者之间的中间态。每个企业都存在或多或少的问题和瑕疵，对一笔业务，你往往能找到 5 种以上同意的理由，也能找到 5 种以上不同意的理由。这种情形，你要扩大调查范围、提高调查深度，努力形成对企业经营情况的清晰判断，进而得出明确的尽职调查结论。

6.2.3 留好后手：风险防范措施

风险防范措施是防范企业信用风险的补充措施，是晴天出门带的伞，如果贷前调查看走了眼或是经济形势打得企业措手不及，企业出现还款困难，它可以帮助金融机构进一步确保资金安全。风险防范措施主要包括监管措施、担保措施和保护性条款。

一、监管措施

监管措施就是要盯着企业的相关行为，核心是监管企业资金，有时会配套一些针对性的措施，其着眼点是盯住第一还款来源。监管措施主要包括“受托支付”“回款监管”“封闭管理”等。排第一个讲，实在是因为它非常重要。

2018 年，排名民营企业 50 强的某集团出现债务危机，涉及金融债务近千亿元，在政府协调下，司法手段被冻结，金融机构无奈兴叹，被迫展期、转贷、降息甚至停息。什么时候能回收本金？无法预料！但是，危机爆发六个月过去了，个别机构却实现了全身而退，胜利大逃亡！这是电影画面里，在剧烈爆炸前飞身逃难的、活脱脱的英雄形象！原来，这家机构通过“股＋债”的方式，控股了该集团下属的一个住宅地产项目公司，并通过协议方式实现了对该公司的控制，对该项目公司的账户进行监管，有权决定项目公司的重大决策，包括有权降价销售以加速项目回款等。当集团公司出现债务危机时，该机构启动应急策略，加速项目销售，利用所在城市住宅一级、二级市场存在价格倒挂的有利时机，迅速实现了销售回款。最终，本金、收益全部收回。

有的企业“10个茶壶8个盖”，还有的可能只有5个盖，甚至3个盖。企业往往又太大，调查的时候，你很难搞清楚它到底有几个盖。有个简单的办法，就是甭管你几个盖，拿个茶壶放我这里，再拿个盖放我这里，我把这个盖看好了，随你怎么折腾去，这就叫“封闭管理”。笔者也遇到过这样的项目，向对方提出“封闭管理”的要求，对方表示做不到，自然就没有合作。没想到，仅仅过了4个月，对方企业就传来了“爆雷”的消息。后来，项目停摆了2年多，直到项目重组新股东接盘才再次启动，也不知道原来合作的金融机构有没有损失。10个茶壶5个盖的企业，它没法接受你1个茶壶1个盖的要求，因为你挤压了它腾挪的空间，它转不动啊！实务中，有不少机构也是按这个思路去做的，但没看好地盘，这“盖”中途被别人“借”走了，没成想就出了事，这属于操作风险的范畴。

“受托支付”和“回款监管”是银行的常用“杀器”，不管对流动资金贷款还是项目贷款都管用。殊不知，不管什么政策，实施的时间长了，效果就会大打折扣。警察总是用同样的套路去抓小偷（尤其是惯犯），能抓到吗？能，但是效果不好了。如果客户是国有企业，内部制度约束比较刚性，这些要求还管点用。早已习惯银行“受托支付”等“老一套”要求的民营企业，将资金绕路返回的手法就太多了。通过关联企业绕，跟供应商达成默契绕，通过贸易公司绕……所以，这监管不能为了监管而监管，还要与营业收入增幅、项目建设形象进度等贷后管理动作相配套，才能发挥应有作用。

二、担保措施

担保措施包括保证、抵押、质押、留置和定金。保证是人的担保，其余是物的担保。

人的担保，要评估保证人的担保能力，实质是担保人的信用风险，这就回归到了本书的主题，把“三大工具”在保证人这里再用一遍就好。选择保证人时，要特别注意四点：一是不要把保证人的净资产与担保额度作简单对比，净资产超过担保额，就认为担保能力尚好。一定要全面评估保证人的经营财务情况和担保履约能力。二是企业集团母公司违约时，只能追索其自身的资产，不能追索其子公司，也不能处置子公司资产，所以要找集团中的核心成员企业作为担保人。三是要慎重选择第三方担保，因为人家会反过来找本企业担保，给业务带来未知的风险。同时拉长了企业之间的担保链，当经济下行时，容易出现连锁反应，企业出现“多米诺骨牌”式的还款困难。当然，供应链金融业务中，依托核心企业开展的担保是可以接受的。四是可以选择专业担保机构。经过多年的大浪淘沙，担保行业资源出现集中化趋势，大型担保机构的资本实力和代偿能力越来越强。在出现业务风险时，担保机构可以直接支付现金给债权人，债权人和投资人则有机会从企业的债务危机中全身而退。

物的担保，基本原则是权属清晰、价值稳定、易于变现，其中含义，想必读者都能明白。但还有一点容易忽视，就是你要能控制得住这个押品。有抵（质）押登记机关的，自然是要做好他项权利登记。无法登记的，如果控制不住，就抵御不了风险。

实务中，有一种现象值得注意：企业花 1000 万元置办的刚刚到手的资产，转身就评估作价 4000 万元抵押给金融机构，打 5 折获取融资 2000 万元。客户经理有时也知道这里有个梗，但是为了做业务，睁一只眼、闭一只眼就过去了。这种抵押物，它符合了表面合规，但埋下了风险隐患。所以，企业持有年限短的抵押资产，你要注意调查它取得时的成本。若是工业用地，你还要考虑企业支付土地购置款后，政府可能还会有返还款，企业实际取得成本比账面上支付的价款还要低。

三、保护性条款

保护性条款是指金融机构通过合同条款对企业的财务指标或可能影响企业履约能力的重大经营行为进行约束和限制，一旦企业触发相关条款，金融机构有权采取相应措施，保护自身利益。比如，贷款存续期内，企业的资产负债率须始终保持在 75% 以下，否则银行有权要求企业提前还款。企业必须按照指定用途使用融资款项，若发现资金被挪用，投资人有权要求企业以一定的价格回购股权。常见的保护性条款：限制企业增加有息负债，限制股东分红，限制资本性支出，限制关联交易，交叉违约条款，限制对外担保等。

设置保护性条款，要遵循三个原则：一是针对性，要针对企业现状和发展阶段设置条款。比如，企业本有意在 1~2 年内扩建厂房，但金融机构调查认为，扩建厂房将大量占用流动资金，短期内会导致企业的运营风险显著增大甚至失控，企业应缓一缓，经过 2~3 年的进一步发展和积累后才能考虑扩建。经讨论，企业老板也认同你的意见。为了防止后期执行中走样，你有必要为此设置一个条款，限制企业的投资行为。二是合理性，要符合企业特点和日常经营需要。要求过高，会增加监督成本和沟通频率，给双方工作带来不便，时间久了就落实不下去，被束之高阁；要求过低，则又起不到应有的作用。三是易操作性，对财务指标或经营活动的要求很明确，不存在模糊空间，贷后管理中易计算或易辨认，双方都理解、不扯皮。

识别主体信用风险与风险防范措施不能本末倒置

识别主体信用风险是信贷决策的根本，风险防范措施是补充，不能混淆主次。过度关注风险防范措施，反倒忽略了信用风险，银行为此付出的代价有很多。比如，按照流贷的审查标准，不够准入资格的借款人，可以通过贸易融资实现合作。按照贸易融资的思路，交易背景真实，物流、资金流、信息流三流合一，交易过程全程可控，银行要么控制资金、要么控制货物，不管借款人的其他业务经营得怎么样，银行贷款的风险都是可控的。但是，“理想很丰满，现实很骨感”。当借款人出现债务危机的时候，银行控制的企业存货也属于借款人的资产，法律上很难对抗

第三人，现实场景中也可能会被其他债权人一抢而空。所以，贸易融资业务要求的封闭管理并没有与企业的信用风险相隔离。要注意，此处的封闭管理，与前面讲到的封闭管理的成功案例是不同的，因为前述案例中，借款人作为一个独立企业法人，金融机构通过对借款人的封闭管理，实现了借款人信用风险与其所属集团的信用风险的相互隔离。2012—2013年银行业集中爆发的钢贸融资风险，其根源在于忽视了主体信用风险，累加封闭管理不到位的操作风险[①]。

忽视借款人的信用风险，后患无穷。资质差的企业，为了拿到它从来都没见过的那么多的钱，造假动机非常强，违约成本非常低，会想尽一切办法攻破金融机构的风控体系。有的企业自身资质很普通，但老板路子野、本事大，能搞定金融机构的大领导，项目审批一路绿灯。或是能拿到央企的优质项目，项目一旦建成，央企通过分期回购或长期租赁的方式支付项目收益。那么，项目的未来收益权能不能拿来作质押？可以，但是一旦借款人爆发信用危机，央企支付项目收益、企业用来还款的链条就断了，金融机构与央企要是没有建立合同关系，那么，未来的项目收益就成了“镜中花、水中月”。

6.3 撰写尽职调查报告

完成了尽职调查工作，也得出了初步结论，觉得这笔业务能做，那么，恭喜你进入尽职调查工作的最后一步：撰写调查报告。你要将已掌握的所有重要信息汇总到一起，呈现在一份数据准确、依据充分、内容丰富、有说服力的报告中。当你开始写作的时候，关注重心就从聆听企业的诉说，转向怎样说服审批部门，让他们接受你的尽职调查结论。

① 董汉勇、华文龙著《发现灰犀牛——信贷审查的逻辑》中，对钢贸行业授信风险有详细的分析。

6.3.1 解决第二层次的信息不对称

企业与金融机构之间的信息不对称可以分为两个层次：第一个层次是企业与金融机构业务部门之间的信息不对称；第二个层次是金融机构内部的信息不对称，主要存在于业务部门与审查审批部门、评审会委员之间。两个层次的信息不对称都得到妥善解决，业务才能通过审批和最终落地。现实中，有一些好的企业被业务部门写差了导致“错杀”，也有一些差的企业被写好了导致“错投”或“错贷”，这都不是理想的结果。

“三大工具”解决的是第一个层次的信息不对称，让业务部门有办法充分地了解企业。那么，解决第二个层次的信息不对称，就要看尽职调查人员写报告的水平了。在写好报告的基础上，再与审批部门保持良好的沟通，项目才好落地。有的人过度重视口头沟通，而不重视书面报告，往往事倍功半。原因在于，审批部门的审批依据主要来自业务部门提交的书面材料和尽职调查报告，业务部门讲企业好，要讲到点子上，还要落实到纸面上。要不然，过后空口无凭，要是出了事，这责任算谁的呢？

6.3.2 撰写尽职调查报告的注意事项

1. 完成规定动作，搭好报告的骨架。报告模板要求填写的内容，要尽可能填写完整，这是对审批人员的尊重，也是对自己工作成果的尊重。

2. 做好自选动作，给报告注入血、肉和灵魂。不囿于报告格式，报告没有要求必填的内容，你也可以写，写细节，让审批人看到你的尽职调查活动，让他感受你这份报告是用心写的，发表的观点是建立在充分尽职调查基础上的。用笔者的说法是，报告要有现场感。比如你写：经抽查应收账款 2020 年 5 月第 58 号、61 号、123 号凭证，发现销售发票、发货单及相关原始凭证、审批单据均完整，反映企业管理比较规范，销售业务真实。经查，交易对手非关联关系人，反映应收账款真实。这样写，比你泛泛地写“企业管理规范”显然更有说服力。

3. 保存好工作痕迹。保留好工作底稿和痕迹，包括自己写的尽职调查提纲、访谈笔记、现场照片、录音录像等。出风险的时候，他们可以证明，当初你“尽职”了，为“免责”认定工作提供依据。此外，这些材料便于你事后对项目进行复盘，项目成功了可以总结经验，失败了可以总结和吸取教训。

4. 思路要清晰，逻辑要严密。报告采信的数据要有来源、有依据、有验证，要体现尽职调查人员对各方面数据和信息的分析、加工与归纳过程，对企业局部情况的判断和定性有说服力，对企业经营财务情况的整体评价和尽职调查结论有“水到渠成”或“自然天成”之感。

5. 不要甘当“二传手”，不要简单复制企业提供的文字材料。审批人员看的项目多，有的报告一看就是抄的，甚至是企业代写的，看了让人恼火。为什么会恼火？报告写这么烂就提交，你明摆着不尊重我，这分明是在浪费审批资源！不愿独立思考和作出判断的客户经理是很难成长的，也很难得到同事发自内心的尊重。

6.4 撰写审查报告

银行审批部门撰写的审查报告，券商称为内核报告，其他机构可能还有不同的名字，但总的目的是一样的：对业务部门的尽职调查成果进行复核，保证业务质量，防控业务风险。

6.4.1 审查报告与尽职调查报告的区别

一是读者不同。写文章、发表演讲，我们首先就要考虑读者或听众是谁，面对不同的受众，即使同样的问题也要讲出不同的高度和深度。尽职调查报告的读者主要是审查人员，工作阶段尚处于比较基础的阶段，所以尽职调查报告力求全面反映企业情况，让读者全面了解企业的情况。审查报告的读者主要是审批官（或风险官）和评委，处于决策参考层面，读者都是武林高手，所以要坚持“高手过招、点到为止”的原则，力求语言精练、重点突出。

二是主动性不同。业务部门否决的项目，尽职调查报告直接就免写了，审查人员根本就看不到。端到审查人员桌子上的项目，都已得到业务部门的初步认可。不管审查人员认为这项目好还是不好，都要写报告。觉得项目好，自然要写报告，以便往下推进；觉得项目不好，要否决、要增加担保或是增加其他合作条件，还得跟业务部门沟通甚至要观点交锋，如果业务部门仍然坚持申报方案，那你还要找证据来支持你的观点，必要时还要去项目现场了解情况。还有一种情形，审查反馈意见直指严重问题，业务部门主动终止申报，审查报告就免写了。总的来讲，业务部门写尽职调查报告是主动的，审批部门写审查报告是从动的。

三是结论定性不同。尽职调查报告通常是对项目予以肯定的结论，因为否定的项目已经被淘汰了。审查报告的结论则有多种，包括同意、不同意、有条件同意等。

6.4.2 撰写审查报告的注意事项

一、审查报告的站位要比尽职调查报告高

若把企业比作风景区，尽职调查报告是沉浸式游览，审查报告则是登高望远、俯视全景。审阅完业务部门提交的材料，审查人员对企业的情况应了然于胸，知道企业的优势、不足和风险所在，再用凝练的语言将这种整体印象勾勒出来，完成对企业经营、财务、管理等维度的基本面分析。这一块内容写得好不好，决定审查报告质量的总体水平。

二、风险点揭示与防范措施是审查报告的灵魂

审查的着眼点是防控风险，准确指出风险所在，并给出针对性的应对措施，也是审批官和评委重点关注的部分。但是，揭示风险要敢于动真碰硬，善于“防真风险、真防风险”，不能把风险审查等同于合规审查。同时，不能把风险审查等同于财务审查甚至财务审计，要分清主次，不

纠缠于细枝末节，不搞“本本主义”、搬制度、认死理，不管问题和风险的大小，洋洋洒洒罗列一堆问题，以便出了事不担责。

三、注重对业务部门尽职调查工作的监督

尽职调查报告披露的内容，数据是否有出处？重点事项、重要科目是否经过交叉验证？尽职调查过程是否符合内部管理要求？审查时应予以关注和抽查，抽查结果可以在审查报告中披露，督促业务部门持续提高尽职调查工作质量。

四、急事要缓办

有些项目给你的审查时间很短，甚至下班时才报上来，第二天早上就要上会。缓办就是要仔细审、慢慢审、不放松标准，因为这样的项目更可能有问题，有人要一路闯关，试图蒙混过关。你可以急业务部门之所急，加班加点、迅速推进，但该核实的疑问要核实、该揭示的风险必须要揭示、该落实的方案要明确。

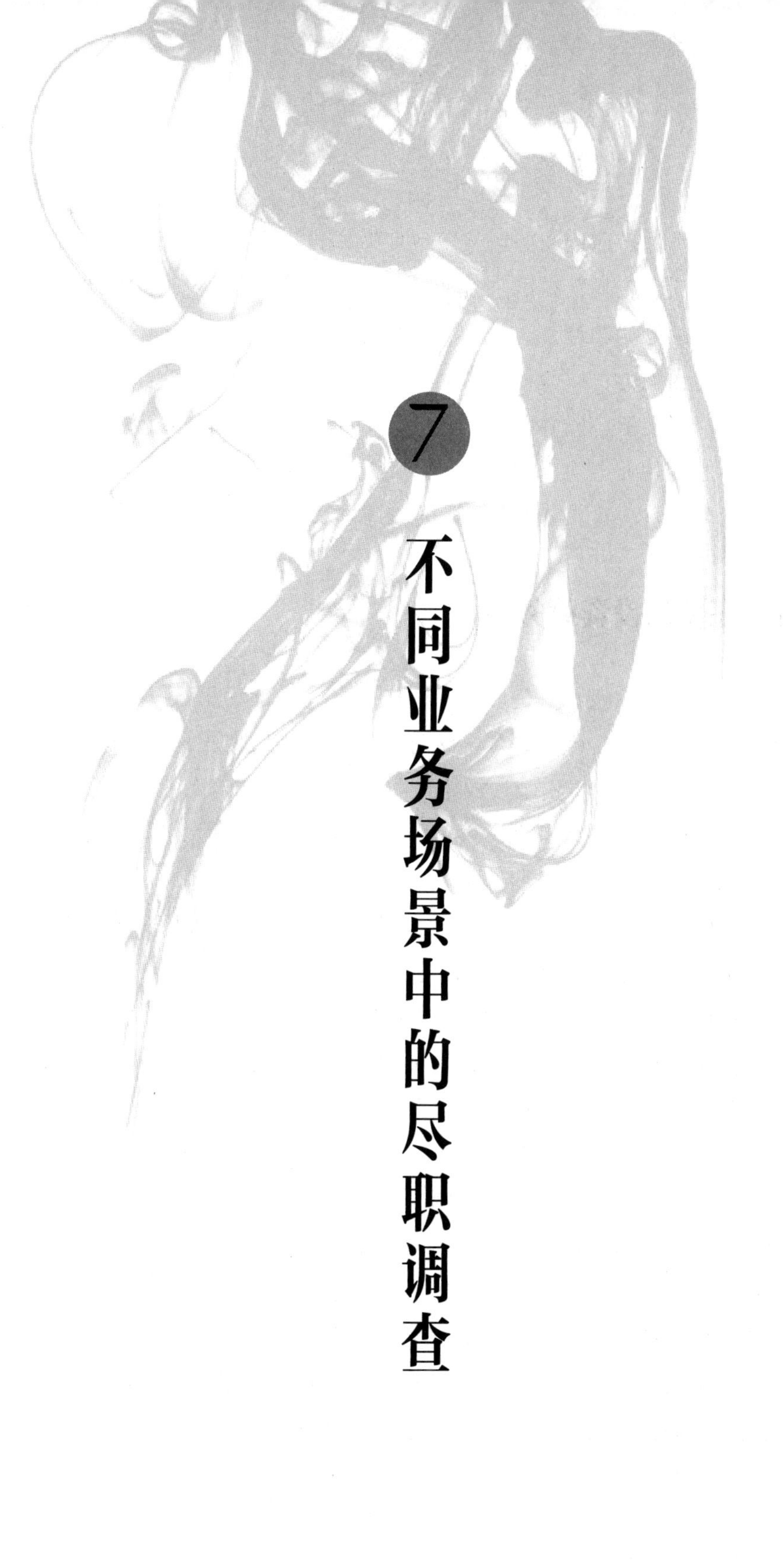

7 不同业务场景中的尽职调查

前六章讲的是通用业务场景下尽职调查技巧，本章着眼于特定业务场景，讲“三大工具”在识别企业信用风险中的应用。以信贷业务、债券投资为目的的尽职调查，重点关注目标公司在债务存续期内的持续经营与还款履约能力；以股权投资为目的的尽职调查，重点是目标公司的发展前景以及估值；以并购为目标的尽职调查，重点是调查标的公司与并购主体之间的业务协同与互补性以及对应的估值。目的不同，侧重点就不同，调查方法及“三大工具”的应用方法也应该有所不同。

7.1 在债权投资业务中

这里讲的债权投资，是广义上的概念，一笔金融业务只要对应地形成金融机构对企业的债权，本书统称债权投资。对企业来讲，这叫债务融资。比如银行将信贷资金投放给企业使用，即形成对企业的金融债权，企业就多了一笔债务。资金进入企业后，计入短期借款、其他应付款、长期借款、应付债券、长期应付款等负债类科目。从金融机构的业务类型来讲，主要包括银行贷款、企业债券投资、信托计划（债权类）、租赁债权、部分理财或资管计划等固定收益业务。

开展债权投资业务时，如果客户正常履约，金融机构获得的收益（以利差为主）十分有限。反过来，如果客户出现经营风险甚至破产，那么金融机构将损失惨重。所以，这类业务的风险容忍度较低，控制风险的核心：在债权存续期间，客户要具备持续良好的履约能力。尽职调查时，一般又分为两个层面：一是要求第一还款来源充足，即客户自身的还款能力好，通过自身正常的经营周转即可还清债务；二是要求第二还款来源充足，即万一客户经营财务情况出现恶化，金融机构可以通过强大的第三方担保代偿或处置抵（质）押物等方式实现债权。如果第一、第二还款来源都很好，那自然是一笔优质业务，但客户会压低融资成本，金融机构的收益会较低。如果第一、第二还款来源中的一个存在瑕疵或风险敞口，那么就要考验金融机构的判断力和决断力，这是平衡收益与风险的一门艺术。如果第一、第二还款来源都存在瑕疵，那么你大概率会拒绝，或者提高要价把对方吓跑，再或者对方接受要价而你选择赌一把。

7.1.1 短期债权业务

短期债权业务包括短期流动资金贷款、（超）短期融资券等一年以内的债权投资。在第一还款来源的可靠性上，着重分析客户在一年内的履约能力；在第二还款来源的可靠性上，考虑到资产处置中诉讼及执行程序占用的时间，要着重分析担保措施在两年到三年内出现担保能力弱化的可能性。

充分准备时，要重点考察企业的短期偿债能力，摸清企业现有对外融资的交易方案。比如，企业现有融资渠道稳定，抵押物充足，一有风吹草动就被银行抽贷的可能性小。交叉访谈和逆向审计时，要着重了解企业经营的稳定性、资产的真实性与流动性。

长期贷款比短期贷款风险小？

有一种观点认为，如果给企业一笔1亿元的贷款，那么中长期贷款比短期贷款风险小。理由：中长期贷款的还款方式是分期还款，客户还款压力小，而短期贷款是一次性到期还款，企业容易出现流动性困难。这个理由听起来有一定道理。但现实中，贷款（债券）期限越长，则利率越高，按照收益与风险匹配的原则，说明期限越长则风险越大，证明这个观点错了。那么，这个观点错在哪里呢？

它的问题在于，只盯住自己给企业的这笔贷款，而不是以客户为中心考虑问题。客户对你履约的一个重要前提：在还你的钱之前，他要一直能还上欠的别人的钱。因为期间只要有实质性违约，客户就撑不到还你钱的那一天。影响客户持续履约能力的因素非常多，期限越长变数越大。持前述错误观点的人，就像是打牌的时候，只看自己手里的牌，而

不看桌面上别人打出来的牌，所以得出了错误的结论。

7.1.2 中长期债权业务

中长期债权业务包括中期流动资金贷款、项目贷款（固定资产贷款）、并购贷款、债券（企业债、公司债、中期票据、资产支持证券等各类债券）投资、租赁、信托、资管计划等1年期以上的债权投资。客户融资的资金用途主要包括补充流动资金、置换存量债务、固定资产投资及股权投资等。主要有三个还款来源：一是客户自身的经营现金流；二是拟投项目建成后（或并购项目、或管理资产）的回款现金流；三是担保措施变现的现金流。

因债权存续期较长，存续期间经济周期、行业形势出现变化的概率较大，客户经营的抗风险能力将受到更大的挑战，第一还款来源会因此受到影响。考察抗风险能力，一是客户是否跨越过经济低谷或行业低谷，决定其是否积累了抗风险的经验，具备了防风险的意识；二是老板及管理团队的战略决断力和内部管理水平，决定其未来面对风险挑战的应变能力及执行力。第一个方面，通过充分准备可以了解企业的发展历程，通过与高管访谈可以了解生动细节。第二个方面，了解老板及管理团队的行业经验与学识，主要通过交叉访谈核实相关情况。至于管理水平，这属于纸面上难以核实的企业内部信息，主要在交叉访谈中通过企业员工的口述来了解，再与逆向审计相结合，通过细节判断企业的管理规范性。

评估第二还款来源的可靠性，主要包括三个方面：一是项目投资的合理性及必要性，投资目的是现有工艺扩建产能，还是技术改造转型升级，抑或是产品系列向产业链上下游延伸？不管是哪种情况，要结合企业当前的经营实际，判断其合理性，防止企业以项目之名套取长期融资。二是项目如期建成的可靠性，概算、预算是否合理？建设资金（或并购资金）是否足够？施工技术、产品工艺、运行调试上确定都能够实现？

铺底流动资金如何解决？三是项目未来收益的可靠性。产品种类、产量及预期价格？盈亏平衡点与敏感度分析，回款现金流对项目融资还款的覆盖程度等。这些问题主要在充分准备中解决，现场参观与访谈环节进一步核实。

第三还款来源依托基础资产或担保措施，比如资产支持证券的基础资产，资产管理计划的基础资产，股票质押式回购业务中的上市公司股票，其他业务则依托抵押物和保证人。

7.2 在股权投资业务中

股东对公司的所有权主要体现在受益权、转让权和剩余财产分配权。受益权意味着公司盈利将为股东带来丰厚的收益，转让权意味着股东可以将股权变现一次性获取投资收益，剩余财产分配权则意味着企业清算时，股权劣后于债权，股东为公司经营不利甚至破产承担更高的风险。开展股权投资业务，高收益与高风险并存，与开展债权投资业务相比，人要更加大胆、奔放、前瞻。股权投资的目的不同，决定其不同的目标持股比例和业务类型。在企业成长周期的不同阶段投资参股，做财务性投资，是风险投资业务，又可分为天使、VC、PE、Pre-IPO 等；不管上市前还是上市后，要实现控股或控制目的，是并购业务；在二级市场投资赚取股票差价，是散户投资；帮助企业首次公开发行或定向增发，是股票承销业务；在股票发行时通过一级市场认购，是股票投资。不同的业务对尽职调查深度的要求差别很大，尽职调查方法当然也不同。

7.2.1 股票发行与投资

这里讲的是股票投资，不是投机，短线持股的股民此处应绕行，建议去看汗牛充栋的看盘技巧相关书籍。对投资上市公司股票的散户来说，不管是打新股还是二级市场交易，不管你是小散还是牛散，终究是个散户，持股比例有限，是股票市场的积极参与者，是关心上市公司发展的利益相关人。尽职调查是没机会了，但借助"充分准备"这一法宝，仔细研读上市公司的招股说明书、审计报告及公告等资料，可以做到少"踩雷"甚至不"踩雷"，比如5.3.2中技系上市公司风险识别案例。

如果你是股票发行的承销券商，尽职调查是你的重要工作。首次公开发行过程中，对企业的辅导和全方位审计非常充分，在企业现场的工作时间远超过2~3小时，所以本书所讲的"三大工具"相形见绌。但是，如果是在项目承揽阶段，你需要对这单业务的可行性进行评估，做项目内部立项前准备，就需要"三大工具"，它们可以帮助你在较短的时间内对目标公司上市的可能性作出判断。

如果你是公募基金、投资上市公司股票的各类基金或重量级投资者，你可以利用调研上市公司的机会，用"三大工具"帮你掌握企业的第一手信息，在参考卖方分析报告、财务顾问等机构信息的基础上，做出独立判断（参见6.2.1独立决策的重要性），避免出现决策失误。

金融产品创新不能脱离信用风险评估

——以股票质押式回购业务为例

2014—2017年，上市公司股票质押式回购业务迅猛发展，为券商带来不菲的收入。2017年开始，"去杠杆"发威，很多上市公司股东质押股票爆仓，因负面信息出名的上市公司康得新、康美药业、乐视网等概莫能外。据统计，截至2018年6月，A股3500余家上市公司，约2400家涉及股票质押。全市场股票质押市值超过6万亿元，约5000亿元市值的股票触及平仓线，4000亿元触及预警线，涉险股票的总市值9000亿元，涉及800多家上市公司。大股东持股的质押率在90%以上的上市公司有424家，约100家上市公司控股股东的质押比例为100%。

这个业务听起来像是个股权类业务，其实不然，这就是个以股票质押为担保措施的债权类业务。上市公司如果出现信用危机，股票将变得一文不值，担保措施的变现能力也就无从谈起。所以，这个业务的第一还款来源依托上市公司大股东的信用，第二还款来源依托上市公司的信用。在操作过程中，这个业务却变成了实质意义上的典当业务。当户就是上市公司大股东，当品就是上市公司股票，大股东把持有的上市公司股票当给证券公司并取得当金。双方约定过一段时间后，大股东归还当金并赎回当品。券商就是特别擅长处理上市公司股票这种特殊当品的典当行。至于当户取得当金后干什么去、拿什么还，典当行不关心，当品在我手里就好，你拿钱、我拿收益，到时还不上我就处置当品，对上市公司及其大股东的经营财务情况、资金用途、还款来源等核心要素缺少足够的关注。上市公司大股东一旦还不上钱，或是上市公司股票价格跌破预警线甚至平仓线，券商发现手中的股票很难顺利变现，其中涉及上市公司控股权变更、股票限售、大额抛售引起踩踏风险等复杂因素，于是问题出现了，损失难以避免。

2018 年 3 月，《股票质押式回购交易及登记结算业务办法（2018 年修订）》（以下简称质押新规）正式实施，在纾困专项债等政策工具支持下，股票质押式回购业务规模走入下行通道。质押新规的一些要求，核心在于引导该业务回归本源，提高融入方的准入门槛，规范资金用途，限制质押比例和质押率，以便更好地控制产品风险。

7.2.2 风险投资

风险投资的终极问题是如何退出。退出方式主要有三种：企业公开上市、被并购或大股东回购。按投资回报率从高到低排序，第一种退出方式最理想，回报率最高；第二种次之；第三种再次。不管怎样退出，都暗含两个前提：一是企业未来的成长性好，估值一路攀升，股票才有人接盘或公开上市由社会公众接盘，风投机构才能盆满钵满地退出；二是企业及大股东不会死，这样大股东回购股份还有机会，本金乃至基本的投资收益还有保障。债权投资人主要关心第二点，企业正常经营和履约就行了，至于发展得快一点还是慢一点，不那么重要。相比之下，风投更关注企业中的人、商业模式、市场容量等决定未来成长空间的因素。

投资阶段越接近企业创立的早期，越重视人的因素，毕竟创始股东的视野、成长经历、技术背景与管理风格，决定企业正在开创的事业能否成功。交叉访谈帮助你从多个角度观察和了解创始股东，而不仅仅是通过他们本人。交叉访谈还可以帮你绕开专业术语造成的知识壁垒，以通俗的方式迅速了解企业所处行业的技术现状及本企业的技术优势。

商业模式研判中包括对行业发展阶段、市场发育现状以及技术等因素的综合考量，这些信息往往比较深奥或过度前瞻，“隔行如隔山”，企业与投资者之间隔着一座高大的山。这时，除了“充分准备”，你还需要充分利用“交叉访谈”，帮助你更好地了解目标企业。如果企业已经越过种子期，产品开始得到市场的初步认可，商业模式已经得到初步验证，处于快速成长的前夜，你还需要“逆向审计”，去核实已执行订单的真实性。

7.2.3　并购业务

并购成功有三个前提：卖方企业积极接受并购并促进并购后的融合；买方在尽职调查阶段消除了所有重大及潜在问题；买卖双方存在较好的业务协同，并购整合能够创造增量效益。宝能收购万科，引起万科管理层的强力反弹，被斥为“妖精”，最终也未能成功；惠普收购 autonomy 公司形成高达百亿美元的损失，就是源于尽职调查的失败[①]。以资本运作、炒作股价为目的的“忽悠式重组”曾经风起一时，如今则偃旗息鼓，

① 这个案例在网上能够搜索到，有兴趣的读者可以自己看。本案比较诡异的是，惠普聘请德勤对 autonomy 公司进行了全面的审计和并购尽职调查，又聘请毕马威对德勤出具的审计报告进行审核，另外聘请了两家投行作咨询顾问，最终还是没有发现 autonomy 公司的财务造假。笔者判断，这不是技术层面的问题，一定还是因为惠普或受托机构被“心中贼”骗了。

比如德隆系、明天系、中技系等。

并购业务回归本源，买方（通常是上市公司）一定是将产业运营作为核心，立足产业逻辑整合资源，卖方企业的盈利能力与上市公司业务的协同效应才是并购交易关注的重点。并购业务的尽职调查一般由投行牵头负责，会所、律所、资产评估等机构同步跟进，但这并不意味着买方可以对这些中介机构的意见照单全收。买方作为出资方，是享受并购收益也最终承担并购风险的人，一定要有自己的力量参与其中。在尽职调查过程中，可以进行深度“交叉访谈”和“逆向审计”，除了了解并购标的企业自身的经营情况，还可以了解目标企业员工对并购的态度，为后期的并购整合提前做好准备。

7.3 在贷/投后管理中

将资金划付给客户使用之后，对资金使用情况及客户经营财务状况的持续跟踪工作，银行称为贷后管理，投资机构称为投后管理，投行称为存续期管理，租赁公司称为租后管理，担保公司称为保后管理。名称虽然不同，但目的是一样的。为表述方便，本书统称贷后管理。

政策、市场、企业是动态变化、面向未来的，而贷前调查是时点的、静止的、过去的，所以必须借助动态的、面向未来的贷后管理去应对未来的风险。一般来讲，政府平台和大型国企的抗风险、跨周期能力较强，房地产项目抵押物充足（仅适用于资产价格上行期），贷后管理做得实不实，对资产质量影响不那么显著。但民营实体经济财务造假动机强，重大经营投资决策往往比较草率，又比较容易受到经济形势的冲击，经营财务情况容易出现较大的波动。扎实的贷后管理可以提醒、约束企业的不当行为，及时发现风险信号以便及早退出，就显得非常重要。企业违约风险的爆发往往在朝夕之间，但风险的积累与形成是一个渐进的过程。通常是经营风险在前，财务风险在后。所以，借助扎实的贷后管理，

在财务风险爆发前实现退出是完全可行的。

7.3.1 贷后管理的常见问题

按照事情的重要性和紧急程度排序，人们通常是先办既重要又紧急的事，其后依次是不重要但紧急、重要但不紧急、不重要也不紧急的事。贷后管理属于重要但不紧急的事，排在第三位，所以不幸成为金融机构“提得最多、干得最少”的活。有句话说“三分贷、七分管”，讲的就是贷后管理的重要性。大家的共识是贷后管理非常重要，既然不存在思想认识问题，为什么总还是推不动、干不好呢？

一是监督考核不到位。贷后管理工作难以量化，时间跨度长，工作成效难以凸显，做得好得不到及时的奖励，做得不好也不会有对应程度的惩罚。业务营销推动不力，考核数据很快就给你难看。贷后管理用功不用功，却不那么容易引起关注。贷后管理不用功，但企业一切正常、如期履约，那谢天谢地。企业出风险，那也正常，“常在河边走，哪有不湿鞋”呢，外部环境、经济形势和内部审批流程上的每一个签字人都可以背锅。尽管会受惩罚，但领导也未必会把出风险与贷后管理不力联系在一起。反过来，你努力地做贷后管理工作，在企业出现风险预警信号时，迅速行动，及早退出或采取补救措施，在其他债权人反应过来之前已经“胜利大逃亡”，那是应该的。作为客户经理，扎实做好贷后管理工作，按期收回贷款资金，那不是天职吗？所以，很少听说有哪家金融机构能为这样的“吹哨人”[①]颁奖。

二是发现问题却不采取行动。存量客户只要正常付息，就会带来稳定的收益，如果退出，那么当年的业绩指标就会多出个窟窿，到哪里找

① 根据百度百科：“吹哨人”这个词起源自英国警察发现有罪案发生时会吹哨子的动作，以引起同僚以及民众的注意。从此延伸出来，目前所指的“吹哨人”是为使公众注意到政府或企业的弊端，以采取某种纠正行动的人。

新增的业务来补这窟窿？所以，如果客户经营上遇到些困难，业务部门宁愿相信客户的解释，相信客户一定能渡过“暂时”的困难，继续给予客户坚定的支持，心理上还会认为自己很仗义，这是带着英雄情结和侥幸成分的复杂心理。还有种情况，业务部门与客户企业日久生情，“吃人嘴软，拿人手短”，跟客户变成“一根绳上的蚂蚱”，发现问题后从主观意愿上就不想汇报。

三是做表面文章，工作质量差。该做贷后管理的时候，业务系统会自动提醒，领导和风险管理部门又催得紧，所以规定动作要做到位。该收集的资料、该去跑的现场、该写贷后检查报告都要做到位。眼、手、腿都到位了，就是心不到位，看起来做了贷后管理，实际上工作不深入，机械地填写报告，不入脑、不入心，忽略了本可以发现的风险信号。

四是主动退出、规避风险的意识不强。企业经营得好，蒸蒸日上，只要手里有钱就能赚更多的钱，我们要继续支持，客户赚了大钱，“客户吃肉、我们喝汤”。再说，同业都在抢这样的好客户，你要退出去，你不是傻吗？企业有钱要求提前还的时候，还不同意他提前还。企业老板会琢磨，这么多钱总不能一直放在账上吧？资金一旦挪用，就很可能出现到期还款困难。反过来，企业经营出现困难的时候，资金“一抽就死”，我们不能害人，所以也不能退出。基于这样的逻辑，给予企业的授信就只会一直上升，断没有下降的可能，直到企业发了大财，还清全部债务，或企业破产，形成巨大损失。

五是惯性使然。本书自序中已述，长期以来的金融文化是看爹、看脸、看资产，而资产价格又长期处于上行通道，即使一些贷款出了问题，也可以通过处置抵押物收回损失。所以，金融机构形成了思想上重视，但行动上忽视贷后管理的行为习惯。

7.3.2 贷后管理的任务

一是风险监控、预警与应对。持续跟踪企业的发展动态，识破企业在贷前时点的伪装，关注企业在贷后时期经营恶化的量变与风险堆积，对经营恶化的质变与风险暴露保持警惕。从反欺诈的角度看，企业在一段时期持续地欺骗金融机构要比在贷前时点欺骗金融机构困难得多。如果在贷前企业不存在欺诈行为，也就意味着，基于贷前时点的外部环境，我们判断企业的经营状态及发展趋势稳中向好，由此作出了授信决策。但经过一段时间后，政策、市场、内部管理等很多因素会出现变化，导致影响企业经营及授信决策的外部前提发生变化，企业的经营状态和履约风险会相应地发生变化。那么，当不利因素出现时，作为金融机构，是否应该采取行动？已发放资金是否用到了指定用途？还没有发放到位的资金，是否继续发放？是否需要提前收回全部/部分贷款或追加担保措施？行使其他合同权利或采取法律手段？这都是贷后管理要解决的问题。

二是交叉营销与跟踪服务。通过持续的贷后管理，增加与客户交流互动的机会，动态掌握客户的金融需求，为交叉营销和深度营销寻求机会。在存量业务到期前，与客户对接续贷（或债券续发等）。投资机构通过投后管理，掌握企业的发展动态，为企业引进紧缺资源、提供咨询服务，为企业赋能。事实证明发展空间不大的被投企业，则要择机退出。

三是保荐券商要对上市公司进行持续督导。持续督导的内容主要包括对募集资金使用情况、内控制度执行、关联交易、信息披露、对外担保等事项的督导。有一些上市公司在上市前涂脂抹粉，在证监会发审委面前打扮靓丽，上市没几年就业绩变脸。现在，这是监管部门重点防范的领域，也是券商持续督导要重点关注的事项。

7.3.3 提高贷后管理工作质量

任何贷前授信决策所依赖的因素发生变化，都是贷后管理应该关注的。提高贷后管理的质量，主要在于主观态度上要认真应对，分析贷后材料要入脑入心；技术上要突出重点，避免面面俱到、流于形式。在贷后管理的每一个阶段，为企业的经营财务状况做到深度解读。

从防欺诈的角度，贷前未充分解决的问题，在贷后要继续保持关注。因为贷后工作延续的时间更长，补充调查的机会更多。

从动态跟踪的角度，要监控企业经营基本面的变化。具体到三大工具的应用上，要重点关注科目余额变化大的会计科目。科目余额变化的背后，是已经发生的商业交易与经营行为，其中风险高的经营行为是重中之重。哪些是风险高的呢？比如，应收账款本来就畸高，周转越来越慢，贷后管理发现应收账款进一步攀升；授信批复里明确要求企业 100 万元以上的资本支出要报本机构书面同意，合同里也作了明确约定，现在却发现企业发生 200 万元的资本支出而没有通报。要将所看到的报表数字与客户的经营活动联系起来，实现不同来源信息的相互比对。比如，看到固定资产增加或减少，不能只作机械的验证以及在贷后报告中作平直的描述，而要思考这样规模的增加和减少对于这一具体企业的经营而言是否必要、是否符合常理。对中长期项目贷款或债券募投项目，要关注项目资金到位、拨付情况与项目建设进度是否匹配。

在上述分析过程中产生的疑问，要在贷后现场即时开展“逆向审计”，逆向审计后仍不足以确信的，可以借用“交叉访谈”来解决。随着金融科技的不断发展，视频监控设备、实时信息传送技术、图文识别技术的完善和低成本化，对企业经营现场、仓库、办公现场、管理信息系统的动态监控将得到越来越广泛的应用，贷后管理也有望降本增效。

7.4 在风险处置中

在你得知企业债务违约的那一瞬间，风险就无情地摆在了你的面前。企业生病了，跟自然人生病、治病的道理一样，表面症状是发烧，内在病因却有很多种，只有确诊了，对症下药才能取得良好的治疗效果。首先，要知道是什么因素导致企业出现财务风险和债务违约，要判断这些诱因是暂时的、一次性的，还是持久的、难以逆转的。其次，要判断事态的严重程度。感冒是小病，也会要人命，不管什么病因，要判断病灶有多深。也就是说，要判断企业经营财务基本面恶化的程度。最后，制订针对性的风险处置方案。企业若是病情较轻，尚可以医治，就要拿出科学合理的治疗方案；若是病入膏肓、难以救治，就只能走破产的路，将企业的资产变卖偿债。

7.4.1 企业财务风险的诱因

通常来讲，财务风险是表征，经营风险才是病根。从表象上看财务风险的导火索可能是银行抽贷，但银行抽贷却是因为观察到企业经营基本面的恶化。

企业经营风险的诱因主要有存货减值、应收账款坏账、投资失误、股东控制权纷争、对外担保代偿和高利贷抽血等。具体地讲，大客户说再见，或现有销售渠道受阻，企业产品滞销，存货挤占了流动资金，呆滞存货多了会发生减值，形成潜亏；销售政策激进，通过赊销扩大收入、做大市场份额，却不能及时回款，造成应收账款账龄延长，挤占流动资金，同样会形成潜亏；投资建设新项目，抽调了正常的经营周转资金，而新项目形成的现金流却迟迟不达预期，造成亏损；长期亏损，导致现金流枯竭，入不敷出；行业形势发生变化，产业链上下游的谈判地位出现逆转，导致结算模式发生变化，以前采购可以享受供货商给予的三个月账期，现在却需要先款后货，加剧了资金紧张；企业发生了安全生产事故、对外担保代偿等突发事件，支出一笔超出其承受能力的费用。经营恶化的信号：高管团队、财务负责人辞职，员工离职率走高，频繁更换会计师事务所等。

上述经营风险都会直接导致企业经营周转不灵，孕育或直接引爆资金流动性风险和债务履约风险。金融机构若发现形势不对，选择抽贷；或企业通过高利贷临时缓解资金困难却深陷泥潭、无法自拔，导致大量失血，都会成为压倒骆驼的最后一根稻草。

7.4.2 判断风险的性质

根据上一小节，我们知道导致企业出现经营财务风险的主要原因。现实中，企业出风险的原因其实是层出不穷的。这些原因可以从不同的维度，分为短期的或长期的、轻度的或严重的、可以修复的或无法逆转的（见表7-1）。比如仅有的一笔对外担保，被担保企业出现违约，连累本公司，是偶发的风险事件；总资产1亿元、年营收2亿元的企业，卷入高达8000万元的担保代偿诉讼，可能是灭顶之灾；卷入200万元的诉讼，则是可以承受的。进一步举例来讲，企业应收账款周转率下降导致的风险累积，根据不同的情况可以分为以下几种情形。

表7-1 企业经营财务风险的性质

	轻度的		严重的	
	可以修复的	无法逆转的	可以修复的	无法逆转的
短期的	新冠肺炎疫情期间，一些客户停产停业，导致本公司10%的应收账款无法按期收回，资金紧张	下游客户资金链断裂，应收账款中的10%形成坏账，预计全部形成损失	新冠肺炎疫情期间，很多客户停产停业，导致本公司应收账款无法按期收回，债务逾期	下游大客户突发资金链断裂，应收账款中的40%无法收回，存货减值，导致公司一蹶不振
长期的	经济上行期销售政策较为激进，经济下行期回款困难，部分应收账款账龄被迫延长，企业资金承压	因部分产品质量、性能较差，引发客户投诉及货值争议，公司被迫让利，同时计提损失	因某批次产品出现质量问题，引发信任危机和经营困难，但经过努力，还有机会重获市场的信任	因主要产品出现大面积质量问题，公司失去了客户与市场的信任，订单锐减，核心技术人员流失

总的来说，企业面临短期的、轻度的冲击，资金承压甚至出现债务违约，金融机构通过注入资金、加大支持力度，企业就可以渡过难关、恢复正常经营，最终结清债务。这种“以时间换空间”的方式，可以化解很多业务风险，实现多方共赢。若金融机构不管不顾、袖手旁观，企

业也许就被那一口气憋死并走向破产，金融机构的业务风险则彻底暴露。若金融机构与企业相濡以沫、共度时艰，势必与企业结下深厚的感情，为今后的合作打下坚实基础。

凡事皆有两面性。若对企业的基本面判断不准，被企业家的巧舌如簧所蒙蔽，将长期的、严重的、不可逆转的危机判断为短期的、轻度的、可以修复的危机，盲目追加投放资金，金融机构就会陷入企业的债务泥潭，越陷越深、无法自拔，形成更大的风险损失。

还有一种分析方法，从企业的净资产和净利润两个维度来衡量企业的生存状态。净资产越高，则企业历史经营积累越厚，抗风险能力越强，债务人的还款意愿越强；净利润越高，则企业盈利能力越强，渡过难关、化解风险的能力越强；反之则反是。从这两个维度出发，企业可以分为四类：高净资产、高净利润（高资高利）；高净资产、低净利润（高资低利）；低净资产、高净利润（低资高利）；低净资产、低净利润（低资低利）。企业风险演进的一般路径：高资高利向高资低利或低资高利转化，最终恶化为低资低利，直至出现违约[①]。

所以，不仅在贷前，在风险处置的时候，对企业基本面的判断仍然至关重要。企业违约后，随着时间的消逝，如果违约情形迟迟得不到解决，局势会逐步恶化，债权人对企业会越来越没有信心，老板往往是最后一个承认失败的人。如果老板都承认失败了，比如还款意愿很差、不出面接待、不配合推进风险缓释方案甚至跑路了，那你千万不要低估问题的严重性，要"丢掉幻想、准备斗争"。还有一种情形，老板知道企业不行了，但还故作轻松，努力再骗一笔资金或争取时间转移资产。事实与真相总是那么扑朔迷离，要努力辨别才能看清。这时候，"三大工具"中，最方便使用的是访谈工具，通过与老板交谈了解企业情况；视企业配合程

① 马福熠在《回归经营的小企业信贷逻辑》一书中，对这种分析方法有详细阐述。

度，可以开展交叉访谈，以及使用逆向审计工具。

7.4.3 评估担保及风控措施的有效性

分析经营财务风险的性质，是着眼于企业的基本面，判断第一还款来源在风险暴露后的可靠程度。评估担保及风控措施的有效性，则是着眼于第二还款来源，看手中掌握多少筹码，如果企业破产，预计会有多少损失。

首先，放款前手续的规范性，包括相关合同是否完好、签章是否完整、决议文件是否有效、抵押登记是否有效等。其次，担保人是否具备担保代偿能力，抵押物的状态以及司法拍卖到底能卖多少钱等。“手中有粮，心中不慌”，担保措施越充足，心中越有底，处置风险时越果断、硬气、处变不惊。反之则反是。

贷前调查欠的账，出险后加倍还

贷前时点上，企业经营正常，实控人、管理团队及各职能部门运转正常，配合程度高，方便了解企业的各方面情况，了解企业经营状况和风险特点的途径有很多，“三大工具”可运用自如。到风险处置的时候，企业的经营、团队、资产状况都不再正常，企业配合度较差，各路债权人会以各种意想不到的手段冲击企业现场，企业还会暗地转移资产，为与金融机构“鱼死网破”作准备。根据前面的分析，要做好风险处置工作，金融机构仍然离不开对企业基本面的判断。贷前如果不认真分析企业的经营状况和风险特点，现在你就要抓瞎了，要付出加倍的努力，才能弥补一些贷前调查工作上的欠账。贷前调查时偷懒，没能充分掌握企业的风险特点，现在你却无从逃避，必须要搞清楚企业到底是哪个环节出了状况，以便采取针对性的措施。贷前没搞清楚企业核心资产的分布情况，现在要下更大的力气寻找资产线索，保证诉讼执行效果。贷前为了通过审批，纵容企业对资产进行过度包装、高估抵押价值，现在要处置的时

候，你就要真刀真枪地论证抵押物到底价值几何？你要再次确认抵押顺位的正确性与抵押手续的完备性，查询同区域、同类资产的近期交易记录，查询处置过程中的税费，以便了解抵押物到底能弥补多少风险敞口。而这些，都是本应在贷前解决的问题。如果贷前功课做足了，也许就不会做这笔业务，不会摊上这个糟心事。出来混，迟早要还的。早知如此，何必当初呢？

7.4.4 制订针对性的处置方案

分析透了风险成因，摸清了手中有多少筹码，制订处置方案就水到渠成了。人看病往往也这样，确诊比较难，治病反而容易。同时，处置方案也不是一成不变的，还要根据风险处置形势的变化作出调整。常见的处置方式包括协商清收、诉讼清收、贷款重组、债权平移、债转股、打包转让、不良资产证券化、核销等。从实质上讲，不良资产转让给他人后，不良资产仍然是不良资产，新的债权人仍然要回归本源，从债务人、担保人等利益相关人那里寻求补偿。

总的原则：如果企业基本面不那么难看、还有翻盘的机会，还款意愿良好，债务结构简单、预计其他债权人不会“先下手为强”，就倾向于采取协商清收、贷款重组等相对温和的处置方式。还款意愿差，或企业基本面很差、出现资不抵债等严重情况，就要及时采取诉讼、查封资产等手段，尽快锁定风险敞口。

7.5 在担保业务中

担保业的市场价值在哪里？对于这个问题，很多金融界的朋友都没想明白。有一种看法：担保公司要求企业提供反担保措施、缴纳担保费，有的还要收取保证金，增加了企业的财务负担，也就削弱了企业的还款能力，担保费挤占了金融机构的收益空间，所以担保公司没有市场价值。

但金融实践中，为什么仍有大量的业务需要专业担保机构介入呢？金融机构和企业为什么愿意跟担保公司合作呢？

7.5.1 担保业的生存逻辑

我们站在担保公司合作伙伴的角度，来理解担保公司的生存逻辑。

首先介绍银行的想法。凡是债权人，比如信托、租赁、债权直投资管等，思考这个问题的角度与银行基本相同。一是改善服务。金融机构认为企业很好，但在本行授信额度已满，短期内无法新增授信，客户又存在合理的新增融资需求，引入担保公司担保后，新增业务占用担保公司在本行的授信额度，就可以解决这个问题，银行为优质客户提供更周到的服务，也实现对存量优质客户的深度挖潜，提高经营收益。二是便于审批。经营部门认为企业很好，业务能做，但是有些方面存在瑕疵，制度流程、内部评级或风控模型过不去，没法直接做，引入担保公司解决这个问题。三是推动产品上规模。标准化、模型化、风险可控、符合大数法则的业务中，想批量推广但心里又没底，要先试行一段时间，万一推广失败，最好有人背锅。还有，出风险的话，单笔业务金额小而散，追偿烦、牵扯大量精力，风险外包给担保公司——省心。四是找人背锅。对某笔或某类型业务拿不准，可做、可不做又想做，拉上担保公司一起做，出了事由它担着。就像是一个人独自夜行会害怕，但是有个同伴一起走就好多了，互相壮胆。五是恶意转嫁风险。明知道企业有问题了，找个担保公司进来接盘，趁机把自己解放出去，即使做不到全身而退，至少也可以让企业苟延残喘再多活几天，自己也多过几天快活日子。

再介绍券商的想法。对一些主体信用评级 AA 级或 AA- 级、存在发行困难或发行风险的发行人，通过信用评级高的担保公司担保，可以提高债券的债项评级，实现多个好处。一是提高发行审核通过率；二是降低销售难度；三是降低债券票面利率和发行成本；四是出事有人垫背，担保机构先行代偿后，券商就全身而退了，债券持有人会议、追偿等都

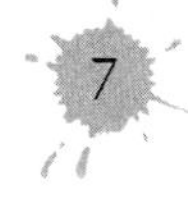

没有了，投资者没有损失，监管机构的压力也轻了。

再介绍企业的想法。企业与金融机构合作，目的是获取融资，争取最低的成本、较长的期限和最好的交易方案，在融到资金的前提下，手续越简便越好。找专业担保机构有几点原因：一是自身条件不够好，金融机构要求找强担保，这是最常见的原因。二是有的企业担心互保风险，一些风险意识强或在企业互保上曾经受过损失的老板，对企业互保行为心存芥蒂，宁愿出担保费也不要不可控的风险。三是发债企业为了提高债券评级，确保发行成功，降低票面利率，节省融资成本。

最后介绍政府的想法。在 6.2.1 独立决策的重要性中，我们分析了政府重点关心的企业的类型，以及政府官员关心企业的心理动机。通过银企双方对接等市场化手段就可以解决的企业融资，自然不需要政府过问。但市场手段失灵的地方（通常因为企业融资条件不符合金融机构的审批条件），政府有形的手就要出来进行调节。有很多地方政府或园区管委会跟一家或多家银行签署战略合作协议，建立银、政合作协调机制，但运行中发现，不同银行的风险文化及审批偏好不同，企业的特点也不同，少数几家银行无法满足企业多样化的融资需求。于是，担保公司来了，它说：政府把企业名单、需求给我，我来匹配银行，所有银行都跟我有合作，根据企业的特点，我去给它们匹配合适的银行。就这样，既懂企业又懂银行的担保公司，润滑了交易流程，在市场之手失灵的地方，让政府有形的手更好地发挥作用。

综上所述，当金融机构、企业和政府都需要担保公司时，担保公司的桥梁作用就得到了体现，这就是担保业的生存逻辑。

7.5.2 专业担保机构的功能

担保是金融业的重要基础设施，是金融交易的润滑剂，可以跨市场开展业务，具备丰富的创新空间。

在信贷市场，随着国家支持担保行业发展的一系列政策出台，以及国家融资担保基金的正式运转，担保体系发挥的作用日益凸显。在精准滴灌小微企业上，通过银、担风险共担机制的推广，担保体系承担了大部分风险，并将代偿风险在担保机构、省级再担保机构和国担基金中进一步分散，建立了银担合作的良性机制。在一些区域，中小企业之间的担保圈、担保链错综复杂，导致“一损俱损”乃至集聚性金融风险，担保机构在“破圈解链”中发挥了重要作用，保证了良性企业的正常融资和经营[①]。国家对政府主导的担保机构的政策性定位越来越明晰，风险补偿及补贴相关政策增强了担保行业的代偿能力和可持续经营能力。

在债券市场，担保机构为打通较低评级主体的发债通道、债市扩容及债券违约处置发挥了重要作用。截至 2020 年 4 月，信用债市场 22.34 万亿元余额中，有担保的债券超 2 万亿元，其中由融资担保公司担保的债券存量规模为 6600 余亿元，占信用债市场的 3%。虽然担保公司担保债券占比不高，但据方正证券研究所[②]统计，对于主体评级较差的 AA- 级主体，高达 60% 左右的信用债发行需要依靠担保公司增信，对低评级主体，担保公司的作用不容忽视。全国有 21 家专业担保机构的信用评级为 AAA 级，其中江苏信保集团（江苏再担保）、中债增、中合担保、重庆兴农、重庆三峡占据了债券增信市场 50% 以上的市场份额。由担保公司担保的债券，发行人评级主要集中在 AA+ 级、AA 级、AA- 级，分别占比 18%、58% 和 18%。出现违约风险并由担保公司全额代偿的债券有 12 只，相关担保公司有江苏信保集团、中债增、安徽担保、北京中关村担保等，有力保障了债券市场投资人的利益。

① 在浙江省东阳市、江苏省常州市武进区等区域，都曾因为企业间担保圈的“多米诺骨牌效应”发生过区域性金融风险，政府给出的解决方案，都是成立担保机构或完善现有担保体系，风险最终都得到较好的化解。

② 来自百度搜索，方正固收研究团队：《信用债扩容下的融资担保债券》，2020 年 5 月 7 日发表。

在资金端或财富端，随着信托、银行理财等产品打破刚兑，市面上保本理财产品越来越少，大量的非金融企业及居民面对眼花缭乱的理财产品感到茫然。当风险厌恶型投资者提出保本需求时，担保机构对其投资份额的本金兑付提供担保，可以免除投资者的后顾之忧，同时不影响理财产品的整体发行方案和发行节奏。

7.5.3 专业担保机构的优势与不足

一方面，与金融机构相比，担保机构有自己独特的优势。一是决策链条短，制度上的条条框框少，只要风险可控，看准了就能干。反担保方案设计上比较灵活，比如不动产的抵押率可以适当提高，可以酌情接受五花八门的担保措施等。二是决策效率高，办事流程短，简便快捷，更加符合实体企业对资金需求短、频、急的特点。三是进化出更强大的风险识别能力。类金融机构的客群相比大型金融机构的客群层次要低，物的担保要弱，在激烈的市场竞争中，要行稳致远，必须练就火眼金睛，所以尽职调查时往往比大型金融机构看得更细、更深入，更加关注企业经营的基本面。四是重视贷后管理。担保机构的客群以中小微企业为主，经营上更容易受到外部环境的冲击，所以担保机构从公司文化上比大型金融机构更加注重贷后管理，一旦有风险苗头往往反应较快。

另一方面，金融机构在设计担保方案时，可以选择债务人的非关联第三方企业提供担保，也可以找专业担保机构担保。那么，后一种方案有哪些优势呢？一是代偿快。担保机构以信用立业，如果出风险却拒赔，必然引发诉讼导致信用危机，失信于金融机构，以后就没办法开展业务了。所以，除非经营难以为继，担保机构一般都会代偿，很多时候还会积极、主动地代偿。第三方非关联企业会以担保事项未经股东会或董事会批准，有关合同印章或文件为造假、虚构等瑕疵为由，各种拖延代偿或赖账，而且金融机构通过司法手段威逼它们代偿的时候，还经常要面临地方政府干预。二是专业担保机构有自己的风控体系，会过滤掉一些风险，与金融机构的风控体系形成互补。实务中这样的例子不少，一些金融机构推荐来的业务，担保机构却婉拒不做，后来企业就出事了。形成鲜明对比的是，大部分第三方企业根本不关心担保责任，拿到合同就签字盖章，根本就没想过以后可能会代偿。有的企业虽然有担心，但没有调查手段，唯有通过互保来取得心理上的平衡。三是不额外增加企业风险。今天请别的企业为本公司担保，明天别人就要本公司为其提供担保。本来公司经营很好、风险可控，没想到对方出事，把自己搭进去了。担保机构收取的担保费就是提供担保服务的交易对价，不会反过来要求企业为其担保，所以不会额外增加企业的代偿风险。早些年一些担保机构做得不合规、高风险、坑害企业和金融机构的事，在管理规范的国有担保机构很难发生。四是便于调查。金融机构尽职调查时，第三方企业有时配合度不高，担保机构则会积极配合。

担保机构的不足主要有如下内容：行业形象比不上持牌金融机构，对中高端人才的吸引力较小，人才储备主要靠内部培养；小型担保机构资产规模小，抗风险能力弱，容易出现代偿能力不足；市县级政府控制的担保机构容易受到地方政府的行政干预，业务决策独立性不够，风险难以控制；不同担保机构之间的内部管理规范性差异较大，经营能力与风险管理水平存在较大的差异，容易受到人的因素影响；众多的担保机构良莠不齐，导致金融机构难以区分。

2018 年 8 月，江苏省信用再担保集团有限公司瞿为民董事长向员工提出“把工作当成学问做”的要求，让我受到莫大的鼓励。自 2019 年初开始动笔，历经 500 多个日日夜夜，这本书的写作才算告成。事非经过不知难。一年多的业余时间，全部献给了它。

本书介绍的尽职调查方法体系的形成过程长达八年。2012 年，我遇到了工作以来的至暗时刻，公司的几个项目出现风险，其中还包括我自己经手的项目。这引起了我的深刻反思，尽职调查应该怎样做才能对企业的情况胸中有数？看看身边各银行（包括非银行金融机构）处于尽职调查一线的朋友，我感觉到大多数尽职调查工作都浮于表面。难道尽职调查就是到企业转一转、跟老板谈一谈，听企业的一面之词，然后根据企业提供的财务报表作决策吗？于是，我开始尝试将审计实践中的逆查法运用到尽职调查工作中，逐步摸索出一些经验和体会。2013 年，通过观察身边同事的做法，我开始注重利用访谈工具，再充分借鉴吸收司法审讯、评级、审计、社会沟通、新闻调查实践中的先进经验，总结出一套适用于金融业务尽职调查的访谈方法。就这样，“逆向审计”和“交叉访谈”都有了，加上必不可少的“充分准备”，共同组成“三大工具”（实际上我也称为“三大法宝”），构建起自成体系的尽职调查工作方法论。2017 年以来，上市公司爆雷层出不穷，造假手段不断刷新人们的认知，我又将三大工具与集团化企业尽职调查的工作实际相结合，在一些真实案例中予以检验，提炼出一些心得体会及简易、快速合并报表的“土方法”。

本书写作过程中，得到了很多前辈和朋友的支持，借此机会，表示由衷的感谢。

首先，要感谢江苏省信用再担保集团有限公司及其子公司江苏省信用融资担保有限责任公司和江苏省再保融资租赁有限公司。江苏信保集团胎动于2008年国际金融危机，诞生于2009年，肩负服务小微企业、服务实体经济、服务地方发展的光荣使命，在为中小企业提供担保融资领域，开展了大量的尝试，积累了大量的经验和教训。众多的案例为我本人提供了成长的机会，也为这本书提供了大量的素材。可以说，这本书从一个侧面反映了江苏信保集团在服务实体企业融资上所做的努力。

其次，要感谢生命中遇到的所有老师、领导和同事。特别要说的是，要感谢南京大学商学院院长沈坤荣教授亲自作序，并对本书给出了较高的评价。感谢江苏信保集团的同事华新民、丁静、刘田田、王婷婷和陈广森。华新民让我首次体会到交叉访谈的威力，丁静在企业现场查账的做法让我坚定了使用逆向审计工具的信心，刘田田、王婷婷和陈广森为本书的修改完善提出了宝贵的意见。在第4章的写作中，我与本书第二作者唐海艇配合得非常完美，介绍了信息化、数字化时代的调查方法，为读者提供了前瞻性的视角。

再次，要感谢我的家人。写作需要安静的环境、平和的心境，还要占用大量的业余时间，父母和家人免除了我的后顾之忧。爱妻黄芳女士为我们的小家庭承担了大量工作，她既要做好自己的本职工作，还要关照孩子的学业，打理家庭的琐事，吃了不少苦，还为本书的写作提出了建设性意见。

最后，还要感谢你，我的读者。感谢你一直读到这里，品味着本书的亮点与不足。本书的原创性较高，但受个人知识所限，一定有很多不妥之处，难免贻笑大方，我还在诚惶诚恐地等待着你的回音。如有任何心得、体会、批评或建议，欢迎来信：shaojun0660@163.com，或致信唐海艇：tanghaiting8@126.com。

邵军

二〇二〇年八月